智能证券投资学

王晓龙 黄冬 吴少聪 ◎ 著

论投资，天时地利人和都想到
讲智能，理性个性高效不能少

北京大学出版社
PEKING UNIVERSITY PRESS

内 容 提 要

本书内容属于计算机专业与金融专业二者相交融形成的交叉学科,是目前国内较早提出基于人工智能技术进行证券投资的教材。本书的内容聚焦在智能投资的科学方法和实用技术两个方面,具有以下三大特色。1.理论新颖。本书建立了一个开创性的理论体系,面向具有不同个性偏好的投资用户,以理性、个性和自动化为出发点,论述了围绕趋势、价值和博弈三大投资逻辑的智能技术、投资理念和实现方法。2.实践验证。书中理论均提供实例验证、算法分析和评测对比。实训环节提供盘感训练、模拟投资、自动投资三项比赛,对理论知识进行强化和验证。3.高效赋能。本书提出智能选股、智能决策、行为分析、评测诊断、业绩归因、用户画像、智能点评等一系列智能方法及辅助工具,可以自动高效地帮助投资者提高理性投资的能力和效率。

本书可作为高校人工智能、计算机、金融等专业师生的教材、参考书,也可供金融行业从业人员和证券投资者阅读参考。

图书在版编目(CIP)数据

智能证券投资学 / 王晓龙,黄冬,吴少聪著. — 北京:北京大学出版社,2022.4
ISBN 978-7-301-32920-7

Ⅰ.①智… Ⅱ.①王… ②黄… ③吴… Ⅲ.①智能技术 – 应用 – 证券投资 Ⅳ.①F830.91-39

中国版本图书馆CIP数据核字(2022)第038803号

书　　　名	智能证券投资学 ZHINENG ZHENGQUAN TOUZI XUE
著作责任者	王晓龙　黄　冬　吴少聪　著
责任编辑	王继伟　刘　倩
标准书号	ISBN 978-7-301-32920-7
出版发行	北京大学出版社
地　　　址	北京市海淀区成府路205号　100871
网　　　址	http://www.pup.cn　　新浪微博:@北京大学出版社
电子信箱	pup7@pup.cn
电　　　话	邮购部 010-62752015　发行部 010-62750672　编辑部 010-62570390
印　刷　者	北京宏伟双华印刷有限公司
经　销　者	新华书店
	787毫米×1092毫米　16开本　19.5 印张　349千字 2022年4月第1版　2022年4月第1次印刷
印　　　数	1-4000册
定　　　价	109.00元

未经许可,不得以任何方式复制或抄袭本书之部分或全部内容。
版权所有,侵权必究
举报电话: 010-62752024　电子信箱: fd@pup.pku.edu.cn
图书如有印装质量问题,请与出版部联系。电话: 010-62756370

目录

第一部分 基础篇

第1章 智能证券投资概要 ... 002

- 1.1 智能证券投资学的提出 ... 003
  - 1.1.1 为什么提出智能证券投资学 ... 003
  - 1.1.2 什么是智能证券投资学 ... 003
  - 1.1.3 如何实现智能证券投资 ... 004
- 1.2 个性投资自动化 ... 005
  - 1.2.1 海天4S：一种理性投资的科学方法 ... 005
  - 1.2.2 宏观判势 ... 006
  - 1.2.3 具体实施 ... 006
  - 1.2.4 以史为鉴 ... 006
  - 1.2.5 悟道出师 ... 007
  - 1.2.6 自动化辅助与章节安排 ... 007
- 1.3 自动投资个性化 ... 007
  - 1.3.1 什么是自动证券投资 ... 007
  - 1.3.2 自动证券投资的5L层次结构 ... 008
  - 1.3.3 SADI：一种自动投资智能体结构 ... 010
- 1.4 智能证券投资两种实现方法对比 . 011
  - 1.4.1 智能证券投资两种实现方法的对应关系 ... 011
  - 1.4.2 智能证券投资实现方法的适用人群 ... 012
  - 1.4.3 智能证券投资相关领域 ... 013
- 1.5 评测诊断与实例 ... 014
  - 1.5.1 评测三要素 ... 014
  - 1.5.2 诊断方法：业绩归因 ... 016
  - 1.5.3 个性投资自动化实例：海天4S ... 017
  - 1.5.4 自动投资个性化实例：海知AI-01 ... 018
- 1.6 平台实训：盘感训练 ... 020
  - 1.6.1 实训意义 ... 021
  - 1.6.2 赛前训练 ... 021
  - 1.6.3 比赛测试 ... 022
  - 1.6.4 成绩排名 ... 023
- 1.7 小结 ... 024
- 本章习题与实训 ... 025

第 2 章 基础知识 028

2.1 智能证券投资基础 029
2.1.1 什么是人工智能 029
2.1.2 个性投资自动化基础 029
2.1.3 自动投资个性化基础 030

2.2 股票 032
2.2.1 常用量化因子 032
2.2.2 股票投资的三个要点 035
2.2.3 股票的语义属性 037
2.2.4 单因子选股 038
2.2.5 多因子选股 039

2.3 债券 040
2.3.1 债券分类 040
2.3.2 债券的净价与全价 041
2.3.3 到期收益率 041
2.3.4 剩余年限与骑乘效应 043
2.3.5 债券的信用评级 043
2.3.6 债券选择的三个要点 044
2.3.7 其他常用量化因子 046
2.3.8 可转债 046
2.3.9 债券量化选择 047

2.4 现金及等价物 048
2.4.1 现金及等价物的基本概念 048
2.4.2 货币资金与现金及等价物的关系 048
2.4.3 证券品种中的现金等价物 049

2.5 其他常见证券品种 050
2.5.1 期货 050
2.5.2 权证 052

2.6 证券交易与模拟投资 054
2.6.1 证券交易 054
2.6.2 模拟投资 055

2.7 平台实训：模拟投资 055
2.7.1 实训意义 055
2.7.2 实训内容 055
2.7.3 比赛测试 059
2.7.4 成绩排名 060

2.8 小结 060

本章习题与实训 061

第二部分 应用篇

第 3 章 宏观判势 064

3.1 股市的趋势 065
3.1.1 牛市 065
3.1.2 熊市 067
3.1.3 无趋势 067

3.2 债市的趋势 068
3.2.1 国债的趋势 068
3.2.2 企债的趋势 069

3.3 现金等价物的趋势 069

3.4 股市判势方法 070
3.4.1 三角度宏观判势方法 070

- 3.4.2 三角度宏观判势的特征 ... 070
- 3.4.3 三阶段判势 ... 071
- 3.5 投资策略与交易品种 ... 072
  - 3.5.1 股债金的投资策略重点 ... 072
  - 3.5.2 股市确定趋势策略 ... 074
  - 3.5.3 股市非确定趋势策略 ... 074
  - 3.5.4 半确定性两极逆势反转策略 ... 075
  - 3.5.5 半确定性中段全进全出策略 ... 076
  - 3.5.6 策略约束 ... 077
  - 3.5.7 宏观趋势对应投资品种 ... 077
- 3.6 评测方法 ... 078
  - 3.6.1 仓位配置基准对比法 ... 078
  - 3.6.2 时间细化百分法 ... 079
  - 3.6.3 时间细化百分法示例 ... 082
  - 3.6.4 应用 ... 085
- 3.7 平台实训 ... 085
  - 3.7.1 趋势判断 ... 085
  - 3.7.2 投资操作 ... 086
  - 3.7.3 评测比较 ... 086
- 3.8 小结 ... 086
- 本章习题与实训 ... 087

第4章 具体实施 ... 090

- 4.1 证券品种的选择方法 ... 091
  - 4.1.1 趋势投资选股 ... 091
  - 4.1.2 价值投资选股 ... 091
  - 4.1.3 博弈投资选股 ... 092
  - 4.1.4 债券品种选择 ... 092
- 4.2 证券品种的分类体系 ... 093
  - 4.2.1 个体证券品种 ... 093
  - 4.2.2 群体证券品种 ... 094
  - 4.2.3 总体层次结构 ... 095
- 4.3 证券品种的走势对比 ... 098
  - 4.3.1 多品种对比的立体模型和降维视图 ... 099
  - 4.3.2 基于群体颗粒度的对比 ... 102
  - 4.3.3 基于时间颗粒度的对比 ... 106
  - 4.3.4 基于用户颗粒度的对比 ... 107
  - 4.3.5 结合走势对比的选股方法 ... 108
- 4.4 投资策略和方法 ... 108
  - 4.4.1 趋势投资 ... 109
  - 4.4.2 价值投资 ... 110
  - 4.4.3 博弈投资 ... 111
  - 4.4.4 策略约束和实施方法 ... 111
- 4.5 评测方法 ... 112
  - 4.5.1 排序评分法 ... 112
  - 4.5.2 单一品种（个体和群体）评测 ... 114
  - 4.5.3 个体组合评测（择股） ... 115
  - 4.5.4 群体组合评测（择行） ... 117
- 4.6 平台实训 ... 119
  - 4.6.1 个体和群体证券品种选择 ... 119
  - 4.6.2 伯乐相马看图筛选 ... 119
  - 4.6.3 投资决策 ... 122
  - 4.6.4 投资操作 ... 122
  - 4.6.5 评测比较 ... 122
- 4.7 小结 ... 122
- 本章习题与实训 ... 123

第5章 以史为鉴 126

5.1 复杂收益率计算的常用方法和偏好约束 127
5.1.1 复杂收益率计算方法和偏好约束 127
5.1.2 成本计算法 129
5.1.3 时间加权法 131
5.1.4 均一计算法 133

5.2 多偏好约束满足的 SEA 双加权算法 135
5.2.1 SEA 网格构建 136
5.2.2 基于 SEA 网格的双加权算法 138
5.2.3 双加权收益率算法示例 139
5.2.4 双加权收益率计算的偏好约束满足论证 142
5.2.5 双加权收益率计算方法的应用场景 144

5.2.6 多种方法组合 147

5.3 评测：投资行为分析 148
5.3.1 用户数据预处理 148
5.3.2 总体评测 149
5.3.3 个体分析 151

5.4 诊断：业绩归因 153
5.4.1 "三五"归因法 153
5.4.2 "三五"归因法的约束公式 155

5.5 平台实训 156
5.5.1 总体评测 156
5.5.2 个体评测 157
5.5.3 业绩归因 158
5.5.4 结果点评 158

5.6 小结 159
本章习题与实训 160

第6章 悟道出师 163

6.1 基于海天 4S 的悟道出师之路 164
6.1.1 宏观判势，提出你的观点 164
6.1.2 具体实施，记录你的操作 165
6.1.3 以史为鉴，验证你的决策 165
6.1.4 悟道出师，完善你的理念 165

6.2 知人者智，换位思考 166
6.2.1 市场信息处理 166
6.2.2 市场参与各方分析 167
6.2.3 简单的博弈模型与案例 167

6.2.4 评测方法 169

6.3 自知者明，摆正心态 176
6.3.1 个性偏好认知 176
6.3.2 顺境不忘风险 177
6.3.3 逆境谨防失控 178
6.3.4 评测方法 179

6.4 提高效率，实训辅助 179
6.4.1 社区交流 179
6.4.2 模拟、实盘、比赛 179
6.4.3 操盘回放 180
6.4.4 评测、诊断、提高 181

6.5 小结 182
本章习题与实训 182

第三部分 算法篇

第 7 章 价值投资的多因子策略 186

- 7.1 自动投资总体框架 187
  - 7.1.1 自动证券投资整体结构 ... 187
  - 7.1.2 证券市场环境体系及证券投资者 189
  - 7.1.3 感知量化 190
  - 7.1.4 任务执行 190
  - 7.1.5 评测归因与学习进化 192
- 7.2 自动投资简单示例 193
  - 7.2.1 感知量化（Sensing）...... 193
  - 7.2.2 任务执行（Acting）...... 194
  - 7.2.3 评测诊断（Diagnosing）... 195
  - 7.2.4 学习进化（Improving）... 195
- 7.3 多因子选择自动投资策略 196
  - 7.3.1 策略制定 196
  - 7.3.2 策略执行 198
  - 7.3.3 策略测试 198
  - 7.3.4 策略改进 198
- 7.4 平台实训 199
  - 7.4.1 海知平台自动投资策略介绍 199
  - 7.4.2 海知平台自动投资机器人定制 200
  - 7.4.3 实例分析 208
- 7.5 小结 211
- 本章习题与实训 212

第 8 章 趋势自动投资方法 214

- 8.1 基于双均线策略的自动投资策略 . 215
  - 8.1.1 移动平均的基本概念 215
  - 8.1.2 移动平均线的实例 216
  - 8.1.3 基于移动平均的投资策略 217
  - 8.1.4 自动投资策略的算法实现 218
  - 8.1.5 实验设计与投资结果分析 220
- 8.2 基于回归的 ARIMA 自动投资策略 223
  - 8.2.1 回归概念简述 224
  - 8.2.2 回归分析方法与自动投资任务形式化 225
  - 8.2.3 使用 ARIMA 模型的前提条件 226
  - 8.2.4 ARIMA 模型的基本理论 ... 230
  - 8.2.5 实验设计与投资结果分析 232
- 本章习题与实训 236

第9章 智能博弈决策的模型和算法 239

9.1 基于时序窗口演化的自动投资策略构建 240
9.2 基于遗传算法的自动投资方法 242
9.2.1 策略种群遗传算法 243
9.2.2 自动投资实验设计及结果分析 249
9.3 采用支持向量机的自动投资决策 . 252
9.3.1 支持向量机理论概述 252
9.3.2 结合SVM的自动投资算法实现 253
9.3.3 自动投资结果分析 255
9.3.4 问题与讨论 259
9.4 基于DTW的自动投资方法 260
9.4.1 DTW算法的原理简述 260
9.4.2 结合DTW的自动投资算法实现 262
9.4.3 自动投资结果分析与讨论 265
9.5 基于深度学习的自动投资方法 267
9.5.1 深度学习为何能应用于自动投资 268
9.5.2 基于深度学习的算法交易 268
9.5.3 基于深度学习模型的资产组合管理 271
9.5.4 将深度学习用于自动投资的可靠性 272
本章习题与实训 273

第10章 自动投资相关技术 276

10.1 用户画像 277
10.1.1 用户画像的组成与构建方法 277
10.1.2 投资者用户画像体系的构建 279
10.1.3 用户画像的算法介绍 280
10.1.4 用户画像案例展示 282
10.2 自然语言点评 282
10.2.1 自然语言点评的原理及算法分析 283
10.2.2 自然语言点评系统实例分析 288
10.3 知识图谱 290
10.3.1 知识图谱概述 290
10.3.2 股票知识图谱的构建方法 292
10.3.3 股票知识图谱的应用 294
10.4 小结 296
本章习题与实训 296

参考文献 299

附录:海天投资宏观定性评价体系 304

第一部分

基础篇

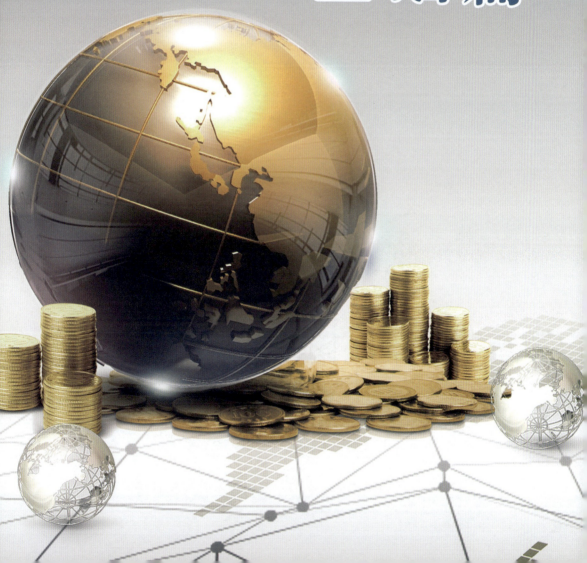

第1章
智能证券投资概要

我遥望海天,
在风云变幻之中,
思索着前进之路,
一道电光闪过:
工欲善其事,必先利其器。

1.1 智能证券投资学的提出

1.1.1 为什么提出智能证券投资学

科学技术的发展和社会的进步促进了学科的发展和交叉融合。人工智能和证券投资的发展已经走到了这一步,交叉学科智能证券投资学应时而生。

近年来人工智能的发展日新月异,一个著名的例子是在 2016 年 3 月,人工智能机器人 AlphaGo,以 4∶1 的总比分战胜了围棋世界冠军、职业九段棋手李世石,随后在 2017 年又以 3∶0 的总比分战胜了世界排名第一的围棋冠军柯洁。可以说在双人棋类博弈最难的围棋方面,人类已经无法与人工智能技术相匹敌。那么,人工智能还能做什么?它的未来发展的更高层次在哪里?

AlphaGo 毕竟局限于一个简单游戏,从参与者数量、博弈规则及博弈信息三个维度来看:围棋博弈的参与者数量只有两方,而现实的真实世界参与者往往众多;围棋的博弈规则简单明确,且规则不随博弈的进行发生改变;而真实世界里规则往往更复杂,甚至在不断改变;在围棋博弈的过程中,所有的信息对于对弈双方而言是完全公开的、完备(完全)的,而在真实世界里,信息经常是不完备的!人们必须在有限的、不完备的信息里作出决策。由此可见,人工智能从简单游戏场景到更复杂、更高层次的发展,需要在以上三维向众人博弈、复杂规则、非完备信息的真实世界提出挑战,而证券投资正是满足上述三维高层次要求的一个应用领域。

我国证券市场已经发展到新的时代,根据中国证券登记结算有限责任公司(简称"中国结算",CSDC)报告,截止到 2018 年 8 月 8 日,我国的上市公司一共有 3649 家,证券投资者达 14124.65 万人;到 2021 年 1 月,证券投资者达 17986.92 万人,股票发行数量,上海:1821,深圳:2374;债券发行数:4734。面对这样大的一个证券投资市场所带来的海量信息,无论是坚持传统金融理论的"学院派"还是信仰实战打拼的"草根派"都越来越难以适应,人们迫切期望着能够提高其工作效率的工具,证券投资发展对人工智能的需求和呼声越来越高。

两个不同学科的发展形成了这个很有潜力的交叉学科:智能证券投资学。

1.1.2 什么是智能证券投资学

顾名思义,智能证券投资学属于人工智能和证券投资的交叉学科。首先定义一下什么是智能。Russell 等人总结了人工智能的定义可分为四种:类人思维、理性思维、类人行为、理性行为，由于第四种定义理性行为智能体比较容易评估，大家普遍接受第四种，理性行为系统为人工智能系统。由此可见，理性投资是智能证券投资学必不可缺的一个作用，国家管理层也更鼓励理性投资理念。

智能证券投资学的另一个作用就是要提高效率，回顾人类发展历程，人们总是通过开发各种提高效率的工具来推动社会的进步，工业化、电子信息化无不如此，例如，我们最早开发的智能拼音汉字输入法[2, 3]，用户只需要输入拼音串，计算机就能根据拼音的上下文信息自动处理同音字，由此来提高工作效率。而智能证券投资学的提出，也是要让计算机多做事，自动处理能做的事。

第三个作用就是适应不同人的各种要求，因为证券投资若想成交，一定会有看多、看空的区别，当不同的偏好碰撞到一起的时候才会产生交易，这可以称为个性化要求。

综上所述，智能证券投资学就是要提高人理性投资效率，其目的在于让计算机多做事，把人从简单重复的劳动中解放出来，更有效率地从事更高层次的决策判断工作。

智能证券投资学的三个作用是：理性投资、自动化、个性化。

1.1.3 如何实现智能证券投资

智能证券投资学是研究提高人理性投资效率的学问，其要点有三："人""理性投资""提高效率"，人的描述在于个性化，提高效率的有效方法是自动化。由此，实现智能证券投资可以从两个方向或者说两条路线展开研究。

一、个性投资自动化

发展思路是：从人的角度出发，研究个人理性投资逐步向自动化发展，先归纳出人的一种理性投资的科学方法，再将该方法自顶向下逐步分解细化为多个人工任务，然后开发出自动系统替代上述尽可能多的人工任务。这一方法要解决的关键问题包括但并不限于以下三点。

（一）构造一个类人证券投资模型和方法。首先要对个人或机构从事证券投资的操作、方法、策略等进行总结，形成一个完整体系的投资模型和方法。其要点是：理性投资、科学归纳及能适应更广大的用户。

（二）对上述模型和方法自顶向下逐步分解细化为多个具体任务。

（三）对（二）中的细化部分，将其中可由计算机替代处理的部分抽象出来，尽可能由计算机实现，从而自底向上逐步提高自动化程度。

该方法主要从人的投资理念出发,通过计算机逐步实现或替代尽可能多的人工任务来实现证券投资的智能化,提高人的工作效率。

二、自动投资个性化

发展思路是:从自动系统角度出发,研究自动化由易到难逐步发展来适应不同人的个性偏好,先实现最低层次简单任务的自动投资智能体,逐步由低向高发展完成更为复杂任务的智能体以满足不同人群的需求。这一方法需要解决的关键问题包括但并不限于以下三种。

(一)构建自动投资层次体系。由于不同人对自动投资的要求不同,自动投资的难度不同,自动投资体系应该由低向高、由易向难划分不同层次,以满足各类用户的需求。

(二)构建面向上述不同层次任务的自动投资智能体,其结构可以分为感知量化(Sensing)、任务执行(Acting)、评测归因(Diagnosing)、学习进化(Improving)四个部分,取这四个部分对应英文单词的首字母组合起来,简称为 SADI 结构。感知量化是对外部世界感知的信息进行量化计算;任务执行是根据量化计算的概率和不同层次个人需求偏好作出的决策进行相关操作以便完成任务;评测归因是对智能体操作的结果评测并分析原因;学习进化是根据上述三部分的进程逐步改进和完善智能体。

(三)由低向高、由易向难逐步完成以上层次的智能投资系统,鉴于众口难调的多用户博弈环境,自动投资智能体会逐步演化为各种个性化智能系统,其中机器学习会起到重要作用。

这两条路线都在向前发展,它们在前进中必然相碰,产生很多的共通之处,具有同一任务环境的智能体在两个研究方向上都会发挥作用。

以下对这两方面逐一作简单介绍。

1.2 个性投资自动化

1.2.1 海天 4S:一种理性投资的科学方法

人工智能系统在大多数情况下可以看作是一个理性行为的智能体,实现个性投资自动化的第一步就是寻求一个尽可能适合大多数人的理性投资科学方法,然后才是逐步自动化。经过二十多年的研究和总结，我们提出一种理性投资的科学方法，它将智能证券投资方法分解为宏观判势、具体实施、以史为鉴、悟道出师四个阶段，分别取每个阶段中的一个字"势""实""史""师"，拼音的首字母合起来称为海天4S方法，海为多，天为空，多空博弈，4S主导。在海天4S方法中，宏观判势研究做什么，具体实施研究怎么做，以史为鉴是根据历史操作评测验证，悟道出师旨在升华进化，后文将对此分别加以介绍。

1.2.2 宏观判势

宏观判势研究"做什么"，这是开展一切工作的首要问题。无论政治家、科学家、企业家、研究生还是投资者，都是如此。政治家研究"目前的形势和我们的任务"；科学家探讨科技发展纲要和撰写项目指南；企业家首先考虑进入哪个行业做哪个产品；研究生最先面临的选择就是读哪个专业好，做哪个课题更有前途，也就是"开题"；而证券投资者最先考虑的宏观决策就是判断大势，投资哪类品种。例如，牛市就应该买股票，熊市的选择有持有债券或者现金等价物或者其他，行话说的"看大势者赚大钱"就是这个道理。

当然，如果你做投资看好的是房产趋势要直接买房子，那就不在本书讨论范围了。

1.2.3 具体实施

具体实施研究"怎么做"。在大方向确定后，细节有时也会决定成败，如何选择投资对象的细分类别，如行业、地域、版块、概念等，如何选择具体品种，在市盈率、成长性、市净率、净资产收益率等方面进行判断，往往需要经验积累、特征抽取和量化分析。在这里，采用一些计算机数据处理算法和工具会有效提高投资者的工作效率。

1.2.4 以史为鉴

在宏观判势和具体实施的过程中，投资者的总体决策、投资策略、操作方法、个性偏好等决定了它的具体操作，所进行的每次操作合并为操作序列，行话称为"交割单"，即投资操作历史。在科学的投资方法中，一个非常重要的环节就是：评测、验证和对比。验证的对象就是操作历史，检验当初的宏观判势是否正确，实施方法、投资策略、时序应变等有无问题，常用的方法是通过比较来验证，正所谓有比较才有鉴别。

1.2.5 悟道出师

经过判势、实施和评测三个阶段,最后就到了提高自己,悟道升华的时候,相当于研究生撰写论文的阶段。但此处更加强调的是悟出自己的唯一的道,也就是不论市场如何变换,都能拿出自己的应对办法,最终总体上获得成功。做到这一点,才算是悟道出师。悟道出师是一个渐进的过程,往往需要若干个4S阶段轮回甚至多个牛熊来回才可能达到小成或者大成阶段。

1.2.6 自动化辅助与章节安排

第三部分就是研发自动系统替代人工。分别在海天4S里细化为多个任务,开发多个智能系统来替代人工或者辅助人们决策。

宏观判势:例如,判势机器人,判断市场牛市和熊市的概率各是多少?股票债券现金的建议比例等;智能投顾:对未来宏观走势预判等。

具体实施:自动判别和辅助工具比较多,如量化多因子筛选、择股、择行预判,自然语言处理、风险预警等。

以史为鉴:宏观和微观的自动评测,基于评测结果的因果诊断等,最好量化为百分制。例如,你的总体分数是多少?为什么会这样?什么原因?

悟道出师:伯乐相马、操盘回放、用户画像,以及私人投顾、智能私教等智能系统,都可以帮助用户更好地了解市场、了解自己,进而克服缺点,发扬成绩,最后按照自己的风格走出成功之路。

个性投资自动化是从投资者的角度出发,逐步分解理性投资过程,利用人工智能技术来提高投资者的效率,更适合偏向实际应用的读者。为此,本书应用篇重点介绍这一方法,分别在本教材第3、4、5、6章介绍海天4S的投资理念、方法、策略、评测、案例和实训教程。

1.3 自动投资个性化

1.3.1 什么是自动证券投资

自动证券投资是逐步实现证券投资自动化的一类方法及技术,为了便于读者理解自动证券投资的相关概念,我们引入"自动驾驶"的相关概念及层次结构进行类比说明。

"自动驾驶"一般是指"自动驾驶汽车",其目的在于通过人工智能、视觉计算、雷达监控和全球定位等方法及系统的协同合作,让计算机能够在没有任何人类主动操作的前提下自动、安全、高效地操作机动车辆。随着自动驾驶中自动化程度的逐步加深,整个自动驾驶体系可划分为 Level-0—Level-5 六个层次:无驾驶自动化人工驾驶支持、驾驶辅助、部分自动驾驶、有限自动驾驶、高度自动驾驶及完全自动驾驶,具体情况如图 1-1 所示。

"自动驾驶"的理念在于通过将计算机运算等技术方法替代传统人工驾驶过程中的步骤与环节,逐步提高机动车辆驾驶的自动化程度。"自动证券投资"的理念则与"自动驾驶"有共通之处,即采用机器学习等智能技术与方法逐步替代证券投资过程中的人工环节,从而实现证券投资的自动化与智能化。

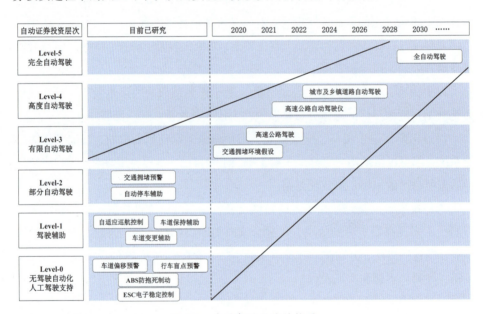

图 1-1　自动驾驶层次结构图

1.3.2　自动证券投资的 5L 层次结构

类似于图 1-1 所示的自动驾驶层次结构,自动证券投资的层次结构分为五个层次,对自动证券投资进行五个层次划分的依据主要在于:投资者对于证券投资的自动化需求程度。随着层次的逐渐提高,证券投资的自动化程度也越来越高。

以下分别对自动证券投资各层次结构的内容加以介绍。

Level-1：信息量化。信息量化是整个自动证券投资体系的基础，这一部分的自动投资主要以金融市场各类信息的量化计算及整理分析为主。从金融市场环境中获取的海量异构信息无法直接应用于自动证券投资中，需要通过数据量化、图文分析、知识表达等方式对信息进行感知、整理分析、量化处理及概率计算。

Level-2：个性归纳。在人工智能体系中，决策 = 概率 + 效用。上一层是外部市场的概率计算，个性归纳就是效用的体现。个性归纳的另一种表达形式就是用户画像，通常可以基于投资者的历史投资行为，对投资者业绩进行归因，对投资偏好及投资需求进行挖掘与归纳，从而进一步构建投资者喜爱的投资策略，完成他所希望的投资。

Level-3：自动投资推荐。这一层次的自动投资能够主动根据量化得到的市场信息、投资者的个人偏好、投资历史进行针对性的分析并提出个性化建议，然后根据投资者随后的行为和市场变化不断提出新的建议，从而帮助投资者更方便、更省心地进行投资决策。无论投资者是否接受其建议，系统都会尽心地根据时间进展变化提出新的建议，某种意义上可视为一种"私人投资顾问"，而对于初学者而言，更像是"智能私教"。如果用自动驾驶来类比，相当于导航助驾系统。

Level-4：受控自动投资。自动投资根据投资者的宏观指令，解析细化为连续的具体投资操作，并自动执行，在遇到个别特殊情况下（如涉及高风险操作或敏感操作时），需请示投资者，等待投资者指令或者将投资操作行为的控制权移交给投资者。投资者只需在宏观上把握或控制投资进程，具体的操作由系统自动完成。如果用自动驾驶来类比，相当于智能代驾。

Level-5：完全自动投资。这一形式中智能体受最小程度的投资者控制干预，能够几乎完全自主地根据市场环境信息及投资者相关需求偏好生成相应的投资策略，进行完整的证券投资操作，并具备机器学习、自我进化的能力。

自动证券投资决策的实现依赖两个重要的组成因素：概率和效用。前者用以描绘市场投资获利的可能性、相关资讯信息的可信度等对市场投资的"信念"；后者则表达投资者在采取某一投资行为的前提下的投资获益期望。图 1-2 所示为自动证券投资 5L 层次结构，在图 1-2 所示的结构中，信息量化便是对市场概率的模型构建和量化计算，而个性归纳、自动投资推荐、受控自动投资及完全自动投资都在解答投资获益效用的问题。

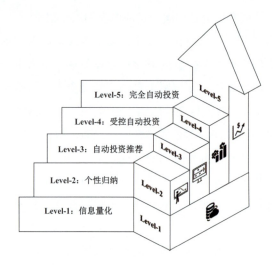

图 1-2　自动证券投资 5L 层次结构图

1.3.3　SADI：一种自动投资智能体结构

前文中对自动证券投资的五层结构体系进行了介绍，要实现上述不同层次的功能通常可采用构建自动投资智能体的方法进行，为此本书提出了一种自动投资智能体结构——SADI，如图 1-3 所示，更简洁直观地帮助读者理解及实现不同层次的自动证券投资。

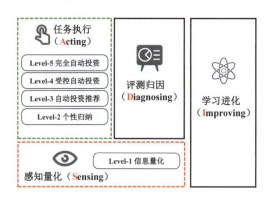

图 1-3　SADI 智能体结构示意图

SADI 结构分为四个组成部分：感知量化（Sensing）、任务执行（Acting）、评测归因（Diagnosing）和学习进化（Improving）。在前文所述的自动证券投资五层结构中，结构中的 Level-1 即信息量化构成了智能体的感知量化部分，为所有层次智能体所必需。结构中的 Level-2 至 Level-5 四层结构体现了自动证券投资的不同投资需求，对应着智能体所应执行的不同任务，故这四层结构的析取或者合取（其中一个或多个）构成了智能体的任务执行部分。拥有了感知量化与任务执行后，智能体具备了基本结构与功能，但要实现一个完整的智能体，还需要评测归因与学习进化两个部分。评测归因是智能体评价自身投资策略及投资回报优劣并寻求原因的途径，对于智能体而言这是其自身"智能"程度的一个重要体现，学习进化是智能体不断提高自身性能，获得更高投资收益，制定更加精准的投资策略的保障，通过评测归因与学习进化，智能体结构中形成了一个完善的反馈到提升的循环结构。

分别对应前面五层次自动投资各层结构的 SADI 称为 SADI-5L 智能体。例如，SADI-1L 简单版相当于任务执行部分，不考虑 Level-2 至 Level-5 层的需求，只是对感知量化进行处理。在任务执行部分，分别采用 Level-2 至 Level-5 层任务的自动投资智能体，可以简称为 SADI-2L 型至 SADI-5L 型自动投资机器人。

SADI-5LMT 是多类型（Multiple Types，简写为"MT"）的 SADI-5L 智能体，可被需求不同、看法不同及多空观念不同的多类投资用户采用。例如，SADI-2L 价值投资型、SADI-2L 趋势投资型、SADI-2L 保本型、SADI-2L 做多型、SADI-2L 做空型等。

综上所述，自动投资个性化是从自动投资智能体的角度出发，根据用户的需求制定所需完成的任务，更适合掌握计算机算法设计和人工智能技术的读者。为此，本书将在第 2 章简单介绍对应 Level-1 层量化因子选股的方法，这相当于一种 SADI-1L 型机器人的简化版。在第 7 章则介绍一种相当于 SADI-2L 型自动投资机器人的设计和应用。在本书的应用篇中，主要介绍如何使用低层次自动投资系统和工具，而自动投资算法设计、系统实现以及更高层次的一些讨论将放到本书的算法篇介绍。

1.4　智能证券投资两种实现方法对比

1.4.1　智能证券投资两种实现方法的对应关系

智能证券投资的实现主要有两类方法：个性投资自动化与自动投资个性化。

二者在层次结构上有共通之处：在个性投资自动化方法中，强调通过构建类人证券投资模型并进行任务细分以逐步实现自动化；而在自动投资个性化中，情况则恰好相反，通过构建一个已经具备高度自动化的投资体系及面向投资任务的拟人智能体逐步实现投资的个性化。

在图 1-4 左边的个性投资自动化的实现方法中，提出了海天 4S 体系，分别为宏观判势、具体实施、以史为鉴和悟道出师；而右边的自动投资个性化实现，提出了 SADI 智能体结构，分别为感知量化、任务执行、评测归因和学习进化。无论是自动投资个性化还是个性投资自动化，这两类方法的最终目标始终是一致的，均是实现既具备高度投资自动化，同时又兼顾投资个性化的智能证券投资，只不过个性投资自动化是在个性化的基础上进行自动化构建，而自动投资个性化则是在自动化的基础上进行个性化定制，两种方法都是同一目标相向发展，最后殊途同归实现个性化自动投资智能体。

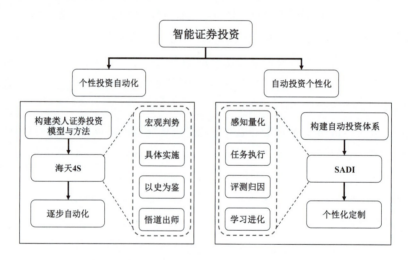

图 1-4　智能证券投资两种实现方法对应结构图

1.4.2　智能证券投资实现方法的适用人群

由上文可知，智能证券投资可分为两类实现方法：个性投资自动化及自动投资个性化，这两类实现方法也对应不同的适用人群。

个性投资自动化比较适合目前的证券投资用户，容易接受。你觉得哪个细化部分有利于提高你理性投资的效率，你觉得比较好，你就用哪一块，觉得不好，你可以放弃，选择比较多，可行性就比较好。特别是投资操作经验较为丰富的人群，拥有了具备自身特色的投资方法，可以借鉴个性投资自动化方法，对自身投资理念进行凝炼，形成系统化的投资体系，借助人工智能的方法和工具，针对性地提高投资效率和投资收益。

而自动投资个性化目前比较适合对计算机编程和算法比较熟悉的人员，实用性尚需市场检验，但未来发展潜力大。发展好的话，未来的面向人群可以是仅具备基本投资知识的人群。这类人群对于投资需求较为明确，但时间、精力、市场投资经验和针对性操作能力有所限制，通过筛选和测试不同型号、不同类别的SADI结构自动投资机器人，找到适合自己投资风格的类型，提高工作效率和投资效果。

1.4.3 智能证券投资相关领域

智能证券投资涵盖了诸多学科的相关知识理论，包括：金融学、经济学、社会学、心理学、博弈论、计算机科学及人工智能等。作为一个交叉学科，其研究受到了来自各个相关领域的学者们的广泛关注。部分相关会议及刊物列举如下，为读者进行相应的拓展阅读提供参考。

相关会议：

1. WWW（International World Wide Web Conference）
2. AAAI（AAAI Conference on Artificial Intelligence)
3. IJCAI（International Joint Conference on Artificial Intelligence）
4. ACL（Annual Meeting of the Association for Computational Linguistics）
5. NIPS（Annual Conference on Neural Information Processing Systems）
6. VLDB（International Conference on Very Large Data Bases）
7. ICDM（International Conference on Data Mining）
8. WSDM（ACM International Conference on Web Search and Data Mining）
9. EMNLP（Conference on Empirical Methods in Natural Language Processing）
10. ECAI（European Conference on Artificial Intelligence）

相关期刊：

1. *Journal of Information Technology*
2. *IEEE Transactions on Fuzzy Systems*
3. *Applied Soft Computing*
4. *Expert Systems With Applications*
5. *Future Generation Computer Systems-The International Journal of eScience*

6. *Neurocomputing*
7. *Information Sciences*
8. *IEEE Transactions on Knowledge and Data Engineering*
9. *Decision Support Systems*
10. *IEEE Intelligent Systems*
11. *Journal of Finance*
12. *Journal of Financial Economics*
13. *Review of Financial Studies*

1.5 评测诊断与实例

1.5.1 评测三要素

实践是检验真理的唯一标准！人工智能的一个重要问题就是研究如何对智能体进行评价。对于智能证券投资的评测，本书采用三要素进行评测：投资收益率、投资风险和流动性。在自动证券投资智能体的体系中，市场信息的量化计算、制定策略的投资逻辑，以及对智能体整体投资优劣进行量化评测都需要涉及这三个要素，因而证券投资三要素对智能证券投资具有重要的指导意义。

一、投资收益率

证券投资收益，是指投资者在一定时期内进行投资，其所得与支出的差额，即证券投资者在从事证券投资活动中所获得的报酬。在财务管理中通常使用相对数，即证券投资收益率，一般以收益额与投资额之比表示，其公式为：

$$收益率 = \frac{收益额}{投资额} \times 100\%$$

证券投资收益的内容包含：股票投资收益、债券投资收益和现金等价物的收益。

股票投资收益，是指股票持有人因拥有股票所有权而获得的超出股票实际购买价格的收益，它由股利、资本利得和资本增值收益组成。股票投资基金的收益也可以归为股票收益，来源主要有两个：一个是由于买卖基金的价格差异所产生的资本利得，另一个是因为基金分红所产生的投资收益。

债券投资收益，是指投资人因持有债券而获得的报酬。债券投资收益来自两个方面。一是债券的利息收益,这是债券发行时就决定的。除了保值贴现债券和浮动利率债券,债券的利息收入一般不变。二是资本利得,即因债券价格上涨而得到的资本收入或因债券价格下降而受到的资本损失。

现金等价物的收益来源主要是利息收入等。

二、投资风险

投资风险是对未来投资收益的不确定性,在投资中可能会遭受收益损失甚至本金损失的风险。例如,股票可能会被套牢甚至退市、债券可能违约导致不能按期还本付息等都是投资风险。投资者需要根据自己的投资目标与风险偏好选择金融工具。再如,分散投资是有效的科学控制风险的方法,也是最普遍的投资方式,将投资在债券、股票、现金等各类投资工具之间进行适当的比例分配,既可以降低风险,又可以提高回报。

投资风险是风险现象在投资过程中的表现。具体来说,投资风险就是从做出投资决策开始到投资期结束这段时间内,由于不可控因素或随机因素的影响,实际投资收益与预期收益有偏离,这种偏离既有前者高于后者的可能,也有前者低于后者的可能;或者说既有蒙受经济损失的可能,也有获得额外收益的可能,它们都是投资的风险形式。

投资风险的计算模型、方法、公式有很多,最简单、直观的就是历史最大回撤评估,但这是一个事后评估的方法。

三、规模/流动性

规模是评价证券投资的一个重要因素。高收益、低风险、大规模这被称为不可能三角。考虑到规模主要针对机构投资者,本书采用另一个评价指标:流动性。流动性对于个人投资者而言在一定时期内并不一定是必需的,而对于机构投资者(如公募基金等)而言,流动性则是首要考虑的投资因素,缺乏流动性的资产不具备投资价值。

流动性有多种用法或含义,本书所指的流动性主要指证券品种的流动性,指证券品种买卖活动的难易。例如,股票的买卖是否容易。一般说来,流动性好的证券品种大资金更愿意介入,而流动性差的品种机构往往会回避,不过中小投资者由于资金量少,可以有更多选择。

判断证券品种的流动性最简单、直观的方法就是看它的成交量,或者是它在同类品种中的成交量排名。

投资收益率、投资风险和流动性构成了智能证券投资评测三要素,由于投资者的立场和偏好不同,对三要素的看重程度也就有所不同,中小投资者更偏重收益率，大资金更关注防备风险，而开放基金管理人需要时刻关注流动性以防备随时赎回的要求。

1.5.2 诊断方法：业绩归因

智能证券投资评测三要素用于评价投资者的投资结果或者投资业绩，但投资者的投资业绩是由哪些因素引起的？这就是一个诊断过程，试图从投资者的投资结果或业绩找出原因所在，简称为业绩归因。原因一般指投资者当初的投资决策缘由，目前常见的证券投资方法可以分为以下三大类。

1. 趋势投资。趋势投资源于道氏理论，一般认为：股票价格运动有三种趋势，上升、下降或平衡趋势，一旦趋势形成，会持续相当长的时间，投资者应顺势而为。

2. 价值投资。价值投资更注重的是企业的内在价值和未来的成长空间。源于本杰明·格雷厄姆，经沃伦·巴菲特发扬光大。

3. 博弈投资。博弈在人工智能的研究中起源甚早，随着AlphaGo在双人棋类博弈中显示出的巨大优势，多人博弈乃至群体博弈的研究日益兴起。实际上，博弈投资方法在证券投资中的应用也很常见，如"跟庄""赌了"等投资思路，人工智能的决策公式："决策 = 概率 + 效用"也可以归属于这类范围。

投资者和智能系统的决策一般都会或多或少地受到上述三类方法的影响。

为了便于读者记忆，以上三类方法可以借助我国传统文化中用于重大决策考量的三大因素（天、地、人）进行一一对应，即天时、地利、人和。

所谓天时，在证券投资中就是"择时"，即投资者在趋势投资中对总体判势的把握能力；地利分为两部分："择股"和"择行"，即投资者在价值投资中个体选择和群体选择的掌控能力；人和也分为两种："知人"和"知己"，即投资者在博弈投资中了解多空双方和了解自己的认知能力。知人是投资者在自己的能力圈内，在对时序变化的多空双方博弈认识中，不断调整自己投资组合的适应能力；知己是投资者的个性偏好、投资风格、心态性格等综合能力的集合，可以由用户画像描述，表明在投资期间投资者个性风格和市场的适合程度。

投资结果由三要素评测，决策起因由三种投资方法影响，细化为五因素描述，"三三五"评测归因方法清晰表达了评测诊断的对应关系。重要的是，如何对"三三五"进行量化计算，以便于智能系统和投资者容易理解。后面的章节将对此作详细介绍。

1.5.3 个性投资自动化实例：海天 4S

实例为采用海天 4S 方法的多个投资组合的一个成功示例，其评测的三要素为：收益率、风险和流动性。

一、收益率

图 1-5 是上证指数 1994 年至 2016 年共 23 年间的走势图，上证指数从 1994 年年初的 833 点，到 2016 年年末的 3103 点，上涨了（3103-833）/833 × 100% = 272%；图 1-6 为上证指数和实例 23 年间收益率的走势对比图，该实例在 1994 年至 2016 年 23 年间收益率从 1 上涨到 421.6，涨幅（421.6-1）/1 × 100% = 42060%；图 1-7 是双方在 1994 年至 2016 年 23 年间的年度收益率对比。

需要指出的是，过去的实例只是历史，并不代表着未来也是这样。

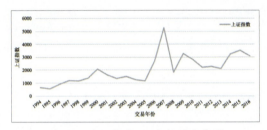

图 1-5 上证指数 23 年间的走势图

二、风险

为简单直观起见，风险评估采用历史最大回撤估值，图 1-6 中实例的历史最大回撤：-35%（以年为单位）、-66%（以日为单位）、-90%（以分为单位），说明风险还是不小的。

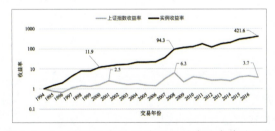

图 1-6 上证指数和实例 23 年间收益率的走势对比图

三、规模 / 流动性

规模上看，实例较小，说明小资金的波动比较大。流动性普遍在 50 分（均值以上，具体计算方法在本书第五章中介绍），少数时候低于 50 分。

业绩归因：判势择时能力强，择行和择股能力一般，知人和知己能力较强。

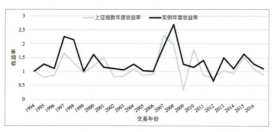

图 1-7　上证指数与实例 23 年间的年度收益率对比图

1.5.4　自动投资个性化实例：海知 AI-01

实例系统海知 AI-01 处于自动投资 Level-2 层次，相当于 SADI-2L 型的一个简化版，包括感知量化和任务执行部分，其任务执行部分简介如下。

一、智能投资策略

一个完整的智能投资策略一般由以下部分组成：

（一）设定股票池；

（二）选股策略；

（三）仓位管理策略；

（四）风险控制策略。

仓位管理策略涉及宏观决策和宏观风控，包括股票、债券、现金的仓位比例和单只股票的仓位限制。选股策略主要根据目前持仓和股票池里的股票表现，对股票进行打分，卖出得分最差的前 n 只股票，买入得分最高的前 n 只股票。风险控制策略是具体股票的风险控制，一个简单的方法是对股票进行止盈、止损等操作。一般来说，具备设定股票池、选股、仓位管理这三个功能的策略，就是可以进行自动投资的策略。

二、海知 AI-01 智能投资策略

（一）海知 AI-01 智能投资机器人

海知 AI-01 智能投资机器人基于海知平台智能投资接口进行自动投资。机器人根据程序事先设定好的投资策略，每个交易日定时进行自动投资。

（二）海知 AI-01 智能投资机器人智能策略说明

海知 AI-01 智能投资机器人使用移动均线策略，即如果当前选中的股票过去

5 日的收盘价均值大于昨日收盘价，意味着股票处于下跌趋势，应当抛出该股票；反之，如果股票过去 5 日收盘价均值小于昨日收盘价，意味着股票处于上涨趋势，应当买入或跟进持仓该股票。这种移动均值策略，是一种高频交易策略，即便是在投资准确率较高的情况下，也容易因为高频交易带来的高额手续费影响收益率。

三、评测展示与分析

从 2018 年 1 月 31 日开始，海知 AI-01 智能投资开始运行。机器人每天根据数据分析结果，通过海知智能投资接口的实盘模拟功能进行实盘模拟交易。机器人投资当前持仓如图 1-8 所示，海知 AI-01 智能投资机器人的设定如下。

设定股票池：上证 50。

选股策略：基于收盘价 5 日移动均线进行评分，上涨趋势买入，下跌趋势卖出。

仓位管理策略：最大持仓周期为 5 天（持仓的股票会在开始持仓的 5 天之后卖出）。

风险控制策略：无。

图 1-8　机器人投资当前持仓

图 1-9　机器人投资总体总结

截止到 2018 年 10 月 8 日，机器人投资总体总结如图 1-9 所示。从整体结果上看，由于中美贸易战的影响，在熊市状态下，海知 AI-01 并没有达到盈利的目的。从图 1-10 机器人投资总体对比图中可以看出，海知 AI-01 在熊市条件下，获得了相对更好的投资结果。海知 AI-01 在熊市条件下，收紧了投资策略，将更多的资金保留下来。在整体总结板块，可以清晰发现，海知 AI-01 的收益率略微大于市值，海知 AI-01 能够预测股票的未来走势，高频交易造成的高昂手续费是造成未能获取超额收益的直接原因。在整体总结板块，还可以明显发现海知 AI-01 的收益率曲线较为平稳，在上证和深证大幅下跌的时候，海知 AI-01 具有较强的止损能力。

从"投资结果"的角度看：在投资期间，其收益率勉强可以接受，算是及格水平，风控和流动性较好；而从"业绩归因"来看：择时、择股、择行属于一般水平，适应和适合能力普通。

图 1-10　机器人投资总体对比图

1.6　平台实训：盘感训练

为了让读者尽快进入证券投资者角色，给大家一个投资股票的感性认识，本书第一次实训的内容为盘感训练。一些好的走势的上市公司股票常常被称为黑马或者白马，盘感训练就是采用一种简化的模拟投资场景，随机提供一些股票的历史走势，看看你是否具备伯乐的眼光，能预测到该股票的未来走势。

1.6.1 实训意义

盘感训练提供一个简化的投资场景，可以让投资者更容易地理解投资决策、基本操作、投资结果评测等之间的关系，并对主要的投资方法有一个初步的认识。

1. 趋势投资：投资场景给出了最近 30 日的历史走势供参考。

2. 价值投资：投资场景给出了 3 个主要的价值投资特征供参考，有关特征的语义可以在网上查询或者在第 2 章的基础内容里得到。

3. 博弈投资：投资场景给出了 n 只股票与大盘指数的走势对比，类似于一种赛马博弈场景。

上述三种简化因素以一种游戏场景出现，可以帮助学员尽快体验投资者的感觉。正如学习外语要掌握语感那样，经常进行盘感训练也会帮助投资者掌握盘感，能提高投资者对股票走势的熟悉程度，增加投资者对股票未来走势判断的准确性，借助测试排名，投资者可以更好地总结经验教训，提高投资水平。

通过盘感训练可以更好地理解本章内容，投资者的海天 4S 方法和智能体的 SADI 结构都可以在盘感训练中找到与之对应的。例如，宏观判势和感知量化对应着游戏场景给出的三种投资方法的简化信息上，要求投资者或智能体做出理性的宏观决策或感知。具体实施和任务执行对应着投资者的具体操作，以史为鉴和评测诊断对应着已经经历过的游戏结果，悟道出师和学习进化对应着一次次游戏后投资者提升盘感训练的水平。

1.6.2 赛前训练

一、登录注册

单独进行盘感训练，用户可以不用登录即可进行操作，比赛结束后，用户收益跑赢所有股票收益时，用户可以选择是否将成绩计入排行榜中，若需要则登录海知理财平台，尚未有账号的用户可以自行进行注册。

当用户参加盘感训练大赛时，需要进行登录操作，之后才能参与比赛。

二、教学关卡

用户进入盘感训练页面，若对盘感训练的规则以及训练方式不了解，用户可以进入教学关卡进行学习。在教学关卡，用户可以根据页面提示进行点击，一步一步引导用户，帮助用户快速上手，理解盘感训练规则。

三、训练操作

训练开始时，用户将得到一只至多只(根据关卡而定)随机股票历史价格的走势图，以及股票相应的市盈率、市净率和利润增长率。用户通过对这些已知数据和历史走势来分析、选择或者更换其中一只看涨的股票持有或者选择不持有任何股票，该训练的目的就是经过一系列的选择后获得尽可能高的收益。

场景的上方为 n 只股票走势的侧视图，场景下方为 n 只股票走势的正视图。结合两个视图可以清晰对比某只股票出现过的最高价格的走势。

具体操作只有两种。

（一）做多：用鼠标点击你选择的股票（马），即表示你全仓持有该只股票。

（二）空仓：返回你最初位置，表示你空仓不看好任何股票。

用户可以在每次判断股票的走势并选择的同时，观察到股票实际的走向与自己的推断是否一致，经过反复练习和总结经验，从而对具体股票的走势有更加敏锐和深刻的感知，甚至可以考虑把这种技能运用到模拟或者真实的市场环境下进行实践。

四、相关说明

（一）所有比赛均使用真实历史数据；

（二）本比赛只有用户跑赢了所有股票的收益成绩才能进入排行榜；

（三）用户在进行盘感训练之前可以不用登录，但如果希望自己跑赢的成绩被记录下来需要进行登录；

（四）用户如果想要参加一些盘感训练的比赛，则需要进行登录报名才行。

1.6.3 比赛测试

一、评测方法

学员在了解盘感训练的基本规则后，学员可以进行单人训练或者多人训练，不断提升看盘能力。同时对学员的看盘能力进行测试，可以通过参加盘感训练比赛进行盘感比赛测试，测试后系统会对学员的看盘能力给出评分以及排名，学员可以通过查看比赛排名和比赛评分了解自身的看盘能力的真实水平。

二、创建比赛

创建盘感训练比赛的目的主要是将学员组成一个团体，在团体中比较每个参赛人员对股票走势判断的能力，方便学员与同一团体中的学员之间进行比较，学员通过排名可以了解自身对股票走势判断能力在团体中所处的位置，形成参照，增强彼此间的竞争意识。

用户可以在赛场模块的创建比赛中进行盘感训练比赛的创建,目前支持的盘感训练比赛分为两类:一类是高校盘感训练大赛,另一类是自组盘感训练大赛。其中高校盘感训练大赛创建后需要经过管理员的审核,待审核通过后比赛才能进行,自组盘感训练大赛不需要进行审核,用户创建成功后直接生效。

三、参加比赛

对于盘感训练中的参加比赛模块,用户需要从赛场入口进入,选择类型为盘感训练类的比赛进行参加,参加比赛成功后,进入盘感训练的参加比赛模块可以看到已经参加的对应的盘感训练比赛列表参加比赛。

每场比赛设定了关数,用户完成所有的比赛关卡后或者在该场比赛截止后,赛场列表中将提示用户该场比赛已结束。对于用户已经参加了比赛,但还未进行比赛操作或者尚未完成所有比赛关卡的,在比赛截止日期内,比赛列表中均显示该场比赛在进行中,用户可以进入操作。

1.6.4 成绩排名

成绩排名分为训练排行榜和比赛排行榜。

一、训练排行榜

对于单人训练排行榜,每关尚未上榜的用户,用户跑赢了所有股票的收益成绩才能进入排行榜;对于已经上榜的用户,用户除了需要跑赢所有股票的收益外,还需要跑赢已经记录在榜的成绩后,排行榜才会对比赛成绩进行更新。因此,排名可以激励用户不断挑战游戏来打破自己的最好成绩,提高自己的看盘能力,同时提升自己在整体中的排名。

二、比赛排行榜

用户参加比赛,每个场次的比赛排名均会被记录下来。对于用户已经完成的比赛关卡,系统会对用户进行综合排名,计算对比大盘胜率和用户盘感训练的得分。用户可以看到自己成绩在整体用户水平中的位置,了解自己真实的看盘能力在参赛人员中所处的位置。

1.7 小结

本章对于智能证券投资进行了简要概述,在此进行要点回顾。

- 智能证券投资学是研究提高人理性投资效率的学问,其目的在于让计算机多做事,把人从简单重复劳动中解放出来,更有效率地从事更高层次的决策判断工作。
- 个性投资自动化是从个人理性投资逐步向自动化发展,先归纳出人的一种理性投资的科学方法,再将该方法自顶向下逐步分解细化为多个人工任务,然后开发出自动系统替代上述尽可能多的人工任务。
- 自动投资个性化是从自动化逐步发展来适应不同人的个性偏好,先实现最低层次简单任务的自动投资智能体,逐步由低向高发展完成更为复杂任务的智能体以满足不同人群的理性选择。
- 一种理性投资的科学方法分为宏观判势、具体实施、以史为鉴、悟道出师四个阶段,分别取每个阶段中的一个字,即"势""实""史""师",合称为海天 4S 方法。
- 自动证券投资可分为五个层次:信息量化、个性归纳、自动投资推荐、受控自动投资、完全自动投资。
- 一种面向任务的自动投资智能体结构分为感知量化(Sensing)、任务执行(Acting)、评测归因(Diagnosing)、学习进化(Improving)四个部分,简称为 SADI 结构。
- 智能证券投资评测三要素:投资收益率、投资风险、流动性。
- 常见证券投资方法可以分为三大类:趋势投资、价值投资、博弈投资。
- 智能证券投资诊断五要点:择时、择股、择行、知人、知己。
- 实训环节非常重要。盘感训练能提高投资者对股票走势的熟悉程度,增加投资者对股票未来走势判断的准确性。

本章习题与实训

一、选择题

1. （单选）什么是智能证券投资？

   A. 研究提高人理性投资效率的学问

   B. 研究提高计算机投资效率的学问

   C. 研究如何赚钱的学问

   D. 研究如何使用计算机投资的学问

2. （多选）如何实现智能证券投资？

   A. 自动投资个性化

   B. 个性投资具体化

   C. 个性投资自动化

   D. 自动投资简单化

3. （单选）智能证券投资的三个要点是：

   A. 自动化、个性化、无风险

   B. 自动化、理性投资、无风险

   C. 自动化、个性化、理性投资

   D. 理性投资、个性化、无风险

4. （单选）下列有关个性投资自动化说法正确的是：

   A. 从人的角度出发，研究个人理性投资逐步向自动化发展

   B. 从自动系统角度出发，研究自动化由易到难逐步发展来适应不同人的理性选择

   C. 从人的角度出发，研究自动化由易到难逐步发展来适应不同人的理性选择

   D. 从自动系统角度出发，研究人理性投资逐步向自动化发展

5. （单选）下列有关自动投资个性化说法正确的是：

   A. 从人的角度出发，研究个人理性投资逐步向自动化发展

   B. 从自动系统角度出发，研究自动化由易到难逐步发展来适应不同人的理性选择

C. 从人的角度出发，研究自动化由易到难逐步发展来适应不同人的理性选择

D. 从自动系统角度出发，研究人理性投资逐步向自动化发展

6.（选择填空）个性投资自动化首先归纳出人的一种 ____，然后将其自顶向下逐步分解细化为多个人工任务，最后开发出 ____ 替代上述尽可能多的人工任务。

    A. 自动系统

    B. 理性投资的科学方法

    C. 自动投资层次体系

    D. 理性智能投资系统

7.（选择填空）自动投资个性化首先将人的需求由易到难构建 ____，然后建立面向上述任务的 ____，最后逐步开发出完成以上层次的各种 ____ 供不同用户理性使用。

    A. 自动投资智能体

    B. 理性投资的科学方法

    C. 自动投资层次体系

    D. 理性智能投资系统

8.（多选）个性投资自动化和自动投资个性化二者之间有什么关系？

    A. 个性投资自动化比较适合目前的用户，容易接受，可用性好

    B. 自动投资个性化比较适合目前的用户，容易接受，可用性好

    C. 个性投资自动化比较适合目前的研究人员，可用性尚不确定，但未来潜力大

    D. 自动投资个性化比较适合目前的研究人员，可用性尚不确定，但未来潜力大

    E. 两种方法各自发展、殊途同归

9.（多选）智能证券投资的评测指标有哪些？

    A. 收益

    B. 收益率

    C. 风险

    D. 投资额

    E. 规模/流动性

二、填空题

1. 海天 4S 方法依次包含 ____、____、____、____。

2. 自动证券投资层次结构自底向上依次是：____、____、____、____、____。

3. 一种自动投资智能体结构 SADI 依次包含 ____、____、____、____。

4. 智能证券投资五要点：____、____、____、____、____。

5. 常见的证券投资方法有：趋势投资、____、____。

三、简答题

1. 用自己的语言定义：智能证券投资、自动证券投资。

2. 为什么需要智能证券投资？

3. 请用自己的语言简述海天 4S 的投资方法。

4. 自动证券投资可分为五个层次，都有哪些？

5. 简述面向任务的自动投资智能体结构。

6. 列举你所知道的智能投资领域相关会议及刊物并简述其基本信息。

四、平台实训

1. 进入盘感训练，观看教学演示，参加单人训练，体验投资感觉。

2. 单人训练通过第 6 关。

3. 参加盘感训练比赛（www.haizhilicai.com），注册登记成绩，检测自己的盘感能力。

基础知识

千里之行,
始于足下,
不积跬步,
无以至千里,
打好基础,
是智能投资的前提。

2.1 智能证券投资基础

2.1.1 什么是人工智能

人工智能是一个热门的研究领域，其中包含了诸多不同的研究方向，涵盖范围从通用领域研究（如知识学习和信息感知）到特定任务探索（如下国际象棋、推断数学定理、金融投资、疾病诊断等）。可以说，当今几乎所有的智能活动都与人工智能存在一定程度的关联。我们已经见识到了自动驾驶、AlphaGo 等许多人工智能令人振奋的表现，但对于人工智能本质的研究还在进一步的探索中。本书依据文献 *Artificial Intelligence: A Modern Approach*，给出了关于人工智能的四种主要定义类型（见表 2-1）：

表 2-1 人工智能的四种主要定义类型

像人一样思考的系统	理性地思考的系统
"新的令人激动的努力，要使计算机能够思考……从字面上完整的意思就是：有头脑的机器。"（Haugeland，1985） "[使之自动化]与人类的思维相关的活动，诸如决策、问题求解、学习等活动。"（Bellman，1978）	"通过对计算模型的使用来进行心智能力的研究。"（Charniak 和 McDermott, 1985） "对使得知觉、推理和行动成为可能的计算的研究。"（Winston, 1992）
像人一样行动的系统	**理性地行动的系统**
"一种技艺，创造机器来执行人需要智能才能完成的功能。"（Kurzweil, 1990） "研究如何让计算机能够做到那些目前人比计算机做得更好的事情。"（Rich 和 Knight, 1991）	"计算智能是对设计智能化智能体的研究。"（Poole 等人，1998） "AI……关心的是人工制品中的智能行为。"（尼尔森，1998）

本书主要采用以"理性地行动的系统"为人工智能的定义，这更容易进行研究和测试。前文中介绍，智能证券投资的研究将在个性投资自动化和自动投资个性化两方面展开，下面介绍其基础知识。

2.1.2 个性投资自动化基础

实现个性投资自动化首先需要对智能投资的场景进行分析。个性投资自动化也好，自动投资个性化也好，其智能证券投资的操作对象都是证券市场中可进行投资交易的证券品种。这些证券品种的信息收集、特征分析、量化计算等是进行智能证券投资的前提条件。常见的证券品种包括股票、债券、现金及等价物、期货、权证等，本章从 2.2 节开始将对几种常见证券品种及其量化指标进行简要介绍。

2.1.3 自动投资个性化基础

在前文中，我们介绍了人工智能的概念，明确了自动投资个性化的实现需要围绕智能体的设计及实现展开，接下来我们将对什么是智能体及自动投资智能体 SADI 结构作进一步叙述。

一、什么是智能体

在人工智能的研究中，智能体通常是指某种能够自主行动的东西，以计算机程序、机器人等形式存在。智能体能够实现自主控制的操作、感知周遭环境、适应变化以及协同其余智能体承担某一任务等。

从自动投资理性化的角度出发，为了实现自动投资体系的智能化，本书提出了自动投资智能体及其 SADI 结构，智能体的概念围绕自动证券投资这一任务得以进一步具体。自动投资智能体是能够自主进行金融数据收集、市场信息感知、投资决策生成/执行、评测诊断及学习进化的智能体。自动证券投资智能体应是一个"理性的智能体"，这一智能体应依据用户的期望进行对应的证券投资操作，准确而又高效地执行用户的投资需求与投资理念。

当明确了自动投资智能体的概念后，我们应对该智能体的具体结构及各部分功能进行了解，下文将对本书提出的一种自动投资智能体结构（SADI）进行阐述。

二、自动投资智能体 SADI 结构概述

本书在 1.3.3 小节中对 SADI 结构的各部分组成情况已经进行了简单阐述，本部分相比于前文会在更加宏观的角度对 SADI 结构中各个组成部分的功能及它们如何衔接协作共同构成一个完整的智能体结构，并执行投资任务的相关内容进行阐述。自动投资智能体的 SADI 结构如图 2-1 所示。

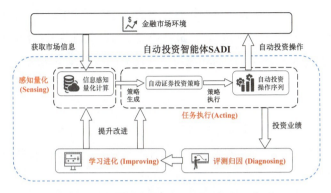

图 2-1　自动投资智能体 SADI 结构示意图

由前文可知自动投资智能体的 SADI 结构包含感知量化（Sensing）、任务执行（Acting）、评测归因（Diagnosing）和学习进化（Improving）四个组成部分，对该智能体各部分的功能描述如下。

（一）感知量化（Sensing）：自动证券投资智能体为了能够进行高效、准确的证券投资需要从金融市场环境中获取必要的市场信息，实时感知其所在的金融证券市场的行情、起伏波动、信息披露、政策走向及投资者投资意向等，对这些来源多样、结构复杂的信息数据进行量化分析。感知量化部分是自动投资智能体感知市场、理解市场的凭靠。

（二）任务执行（Acting）：在对金融市场进行感知后，自动投资智能体需要响应用户的投资需求与投资风格以完成特定的投资任务，根据用户投资理念的各种层次（个性归纳、自动投资推荐、受控自动投资及完全自动投资），精准制定对应的投资策略并进行高效执行，从而完成投资任务的相关操作。

（三）评测归因（Diagnosing）：感知量化与任务执行二者的组合实现了一个单向的证券投资过程，此时智能体已经具备最基本的功能。但对于一个理性投资的智能体还远远不够，智能体还需要知道其自身的投资表现是否符合预期、策略制定及策略执行是否准确有效。为此，智能体需要"评测归因"部分对智能体能否进行正确的投资操作、投资过程中所产生的投资风险与投资收益、对于市场变动的响应速度、投资策略制定的精确度等方面进行评测诊断与业绩归因。可以说，智能体的评测诊断在于对自身投资表现优劣的"知其然"，而业绩归因则在于对投资表现优劣的"知其所以然"。

（四）学习进化（Improving）：自主学习与提高是智能体区别于一般程序、机器人的重要特性。通过学习进化，智能体形成了一个完善的反馈提升结构：通过感知量化与任务执行完成相应的投资任务，通过评测归因对投资任务完成情况进行评测，同时对投资业绩进行归因，最终通过学习进化进行针对性的改良与提高。学习进化是智能体适应多样市场环境与投资任务的核心，是实现智能体不断提升改善的驱动力。

通过对 SADI 结构中四个部分的阐述分析，我们勾勒出一个典型的自动证券投资智能体结构。在实际证券投资场景中，投资需求、市场环境的变数及涵盖范围显然是十分庞大的，这意味着构建自动证券投资智能体的时候需要进行全面而细致的思考与分析。

在这四部分中，感知量化从金融市场环境中获取信息进行处理，是构建智能体的基础。需要处理的信息主要有两类：

（一）可以定量描述的结构化信息，如股价、利率、市盈率等；

（二）可以定性描述的非结构化信息，如新闻、消息、公告、报告、利好利空的情感表达等。

其中，可定量描述的结构化信息将作为"量化因子"在后文中进行更加详细地描述，单个量化因子及多个量化因子的选择为基于因子的投资方法奠定了基础。另外，可定性描述的非结构化信息的研究在本书的算法篇中阐述了对其进行自动量化与模糊感知，读者可自行阅读自然语言处理相关的文献以进一步了解非结构化信息的处理方式。

2.2 股票

股票是股份公司发行的所有权凭证，每股股票都代表股东对企业拥有一个基本单位的所有权，可以转让、买卖。

股票投资是证券投资的重要组成部分，如何辨别股票的好坏，是证券投资的基础。辨别股票的一种常用方法是特征抽取。股票特征可以分为两种，一种是基于数据比较的定量特征，称为股票的量化因子，另一种是基于语义的定性特征，称为股票的语义属性。

2.2.1 常用量化因子

量化因子可以分为价格类因子、规模类因子、价值类因子、成长类因子等。

价格类因子主要有：

1. 价格：股票交易的成交价，最近发生的称为现价；

2. 开盘价：股票在指定时间段第一个交易日开盘时的价格，常见的是股票在指定交易日开盘时的价格；

3. 收盘价：股票在指定时间段最后一个交易日收盘时的价格，常见的是昨收盘，即股票上个交易日收盘时的价格；

4. 涨幅：指定时间段的涨幅，常见的是日涨幅，即与昨收盘价相比，股票价格的涨跌百分比；

5. N 日均线：最近连续 N 个交易日收盘价之和除以 N，常见的有 5 日均线、30 日均线等；

6. 最高价：指定时间段股票出现过的最高的价格；

7. 最低价：指定时间段股票出现过的最低的价格；

8. 买入价：股票指定时刻的买入价格；

9. 卖出价：股票指定时刻的卖出价格；

10. 成交额：股票指定时间段一共成交的金额总数；

11. 换手率：股票指定时间段成交的股数占发行总股数的百分比。

规模类因子主要有：

1. 总股本：公司已发行的普通股股份总数（包含 A 股、B 股和 H 股的总股本）；

2. 流通股本：公司已发行的境内上市流通、以人民币兑换的股份总数（A 股市场的流通股本）；

3. 总市值：是指在某个特定时间内，交易所挂牌交易全部证券（以总股本计）按当时价格计算的证券总值；

4. 流通市值：是指在某个特定时间内，当时可交易的流通股股数乘以当时股价得出的流通股票总价值；公式：流通市值 =A 股市场的收盘价 × A 股市场的流通股数；

5. 成交量：某个时间段具体的交易股数；

6. 流通比：市场上流通的股数占总股本的比例；

7. 换手率：指在一定时间内市场中股票转手买卖的频率，是反映股票流通性强弱的指标之一；公式：换手率 =[指定交易日成交量（手）×100/ 截至该日股票的自由流通股本（股）] ×100%。

价值类因子主要有：

1. 静态市盈率 (Price Earnings Ratio，简称 P/E)：以上一年度每股盈利计算的静态市盈率，股价/年度每股收益（Earnings Per Share，简称 EPS）；

计算公式：静态市盈率=（股票在指定交易日期的收盘价 × 截至当日公司总股本）/归属母公司股东的净利润；

2.滚动市盈率（P/E Trailing Twelve Months，简称 P/E TTM）：股价/最近12个月每股收益；

计算公式：滚动市盈率=（股票在指定交易日期的收盘价 × 截至当日公司总股本）/归属母公司股东的净利润 TTM；

3.市净率（Price-to-Book Ratio，简称 P/B）：每股股价与每股净资产的比率；

计算公式：市净率=（股票在指定交易日期的收盘价 × 截至当日公司总股本）/归属母公司股东的权益；

4.市销率（Price-to-Sales，简称 PS）：市销率为股票价格与每股销售收入之比，市销率越小，通常被认为投资价值越高；

计算公式：市销率=（股票在指定交易日期的收盘价 × 截至当日公司总股本）/营业总收入；

5.市现率（Price Cash Flow Ratio，简称 PCF）：每股市价为每股现金净流量的倍数；

计算公式：市现率=（股票在指定交易日期的收盘价 × 截至当日公司总股本）/现金及现金等价物净增加额。

成长类因子主要有：

1.净利润：是指企业当期利润总额减去所得税后的金额，即企业的税后利润；

2.净利润同比增长率：净利润同比增长率=当期的净利润-上月（上年）当期的净利润/上月（上年）当期的净利润 ×100%；

3.净利润环比增长率：净利润环比增长率=（本期的某个指标的值-上一期这个指标的值）/上一期这个指标的值 ×100%；

4.主营利润：主营业务利润，又称基本业务利润，是主营业务收入减去主营业务成本和主营业务税金及附加费用得来的利润；

5.营业利润同比增长率：同比增长率就是指公司当年期的净利润和上月同期、上年同期的净利润比较；利润同比增长率=当期的利润-上月（上年）当期的利润/上月（上年）当期的利润 ×100% ；

6.营业利润环比增长率：营业利润环比增长率=（本期的某个指标的值-上一期这个指标的值）/上一期这个指标的值 ×100%；

7.每股收益：指企业应当按照属于普通股股东的当期净利润除以发行在外普

通股的加权平均数从而计算出的每股收益；

8.净资产收益率：净资产收益率＝归属母公司股东的净利润 ×2/（期初归属母公司股东的净资产＋期末归属母公司股东的净资产）×100%；

9.总资产净利率：总资产净利率＝净利润 ×2/（期初总资产＋期末总资产）×100%；

量化因子的划分还可以有更多的实现方法，多的有数百个，这里就不一一介绍了。投资者由于个性偏好不同都会考虑从不同的角度来分析问题，都会涉及不同的量化因子，在这些考虑中，重要的投资要点有以下三个。

2.2.2 股票投资的三个要点

一、市盈率

市盈率（Price Earnings Ratio，简称 P/E 或 PER）是最常用来评估股价水平是否合理的指标之一，由股价除以年度每股收益（EPS）得出。其意义在于：假定公司未来收益不变，以当前股价和每股收益计算得到的市盈率等于收回成本的时间（多少年），所以一般作为股票是便宜还是昂贵的指标。投资者计算市盈率，主要用来比较不同股票的价值。理论上，股票的市盈率越低，表示该股票的投资风险越小，越值得投资。

例如，一公司最近一年每股收益 0.25 元，当前股价 5 元，那么，市盈率 =5/0.25=20，投资者需要 20 年收回成本，前提是公司未来收益不变。

需要注意的是，市盈率不能出现负数，如果某股票的每股收益为零或者为负值，则市盈率为无限大，可以用一个足够大的正整数或者不适用表示，换句话说，以当前股价和每股收益在数年内不能收回成本。

我国上市公司收益每年公布年报，每季度公布季报，市盈率计算可以按照最近一个整年也就是去年的年报收益计算，也可以以最近的 4 个季度合计作为最近的一年（不一定是整年）收益计算，这样可以表示更新的数据，缺点是季报往往不需要审计。

二、成长性

成长性又称增长性，表示对未来公司盈利增长的预期。市盈率计算现有数据有一个假设：公司未来收益不变，也就是增长性为 0，这常被称为静态市盈率，或者称为当前市盈率。

静态市盈率只是对历史客观事实的反映，但投资者更关心的是对未来的预期，如果公司未来增长性不等于零，而是个预测值 i，那么就有了预测市盈率，或者称为动态市盈率。

动态市盈率的计算公式是以静态市盈率为基数，乘以动态系数。该系数为 $1 \div (1+i)^n$，其中 i 为企业未来 n 年每股预期收益的可持续增长性比率。

比如说，某上市公司目前股价为 24 元，每股收益为 0.3 元，静态市盈率为 24/0.3=80，去年同期每股收益为 0.2 元，去年到今年的增长性为 50%，即 $i=50\%$，预测该企业未来保持该增长速度的时间可持续 5 年，即 $n=5$，则动态系数为 $1 \div (1+50\%)^5 = 13\%$。相应地，动态市盈率为 $80 \times 0.13 = 10.4$ 倍，也就是说，5 年后该公司的预期市盈率降 10.4 倍。

预期市盈率理论告诉我们，投资股市一定要选择有持续成长性的公司。理解了这一点，我们就不难理解为什么有些业绩很差的公司股票却成为市场的宠儿。

成长性的考虑有两种方法。

（一）过去一段时期的考虑

分析股票成长性的目的在于观察企业在一定时期内的经营能力发展状况，从而更好地选择股票。成长性比率是衡量公司发展速度的重要指标，也是比率分析法中经常使用的重要比率，这些指标主要有以下几种。

主营业务收入增长率，即本期的主营业务收入减去上期的主营业务收入之差再除以上期主营业务收入的比值。通常具有成长性的公司多数都是主营业务突出、经营比较单一的公司。主营业务收入增长率高，表明公司产品的市场需求大，业务扩张能力强。如果一家公司能连续几年保持 30% 以上的主营业务收入增长率，基本上可以认为这家公司具备成长性。

主营利润增长率，即本期主营业务利润减去上期主营利润之差再除以上期主营利润的比值。一般来说，主营利润稳定增长且占利润总额的比例呈增长趋势的公司正处在成长期。一些公司尽管年度内利润总额有较大幅度的增加，但主营业务利润却未相应增加，甚至大幅下降，这样的公司质量不高，投资这样的公司，需要警惕。这里可能蕴藏着巨大的风险，也可能存在资产管理费用居高不下等问题。

净利润增长率，即本年净利润减去上年净利润之差再除以上年净利润的比值。净利润是公司经营业绩的最终结果。净利润的连续增长是公司成长性的基本特征，如其增幅较大，表明公司经营业绩突出，市场竞争能力强；反之，净利润增幅小甚至出现负增长也就谈不上具有成长性。

（二）未来市场预期上的考虑

有些公司过去业绩不好甚至亏损，但未来预期可能非常好，这也会成为一些投资者的投资理由。对未来的预期有时要考虑规模限制,如果一个企业在过去 N 年内都保持高速增长,但到了足够大甚至行业独大的规模,其高成长性的持续性会不会发生问题?例如,微软、腾讯、茅台,这有待于历史验证,而现价说明了当前市场的认知。一般来说,成长性好的股票市盈率比较高。

三、风险控制

证券市场上存在上市公司报表数据出错甚至造假、信息披露违规等可能,因此在股票选择上就要有所考虑和防控。例如,康美药业 2016—2018 年有预谋、有组织、系统地实施财务造假,康得新上百亿造假!凯迪退(000939)2018 年 5 月发布关于中国证监会对公司涉嫌信息披露违规立案调查的风险提示性公告,在复牌以后接近 30 个跌停。在此之后,又于 2019 年 4 月 27 日停牌,2020 年 11 月 5 日起复牌又是接近 20 个跌停,最后以 0.15 元退市。图 2-2 给出了凯迪退复牌后连续跌停的走势图。图 2-2 为凯迪退复牌后连续跌停的走势图。

图 2-2 凯迪退复牌后连续跌停走势

2.2.3 股票的语义属性

股票一方面可以用数据表达不同的量化因子区分,另一方面也可以用自然语言描述的语义来分类。语义属性是人类对一个具体对象的性质和关系等抽象方面的刻画。一个对象往往具有多个属性,对象之间的比较实质上是对象的属性之间的比较。由于对象的属性相同或相异,客观世界中就形成了多个不同的对象类别,即具有相同的单个或多个属性的对象形成一类。证券品种的语义属性概念,描述了证券品种成员的性质和证券品种成员之间的关系,具有以下 4 种基本性质:

1. 每个语义属性在客观世界存在唯一的对应实体;
2. 语义属性的含义明确而不存在歧义,且易读、易懂;
3. 语义属性是一种类别群体的概念,是一个证券品种成员的集合,且具有上下位的关系，即上位语义属性是其下位语义属性的超集，下位语义属性是其上位语义属性的子集；

4.每个语义属性至少包含一个证券品种成员，每个证券品种成员至少属于一个语义属性。

借助语义属性对股票市场进行多样划分，投资者可以得到多个股票群体进行特定总结和分析，以便更好地了解市场情况，把握市场趋势，对涨跌现象进行一定程度的归因，最后筛选出感兴趣的股票。通过语义属性，我们可以认识到每只股票并不是孤立的，存在相同语义属性的股票之间存在一定的关联，而股票间的相互影响和影响程度可以通过挖掘语义属性的信息进行定性甚至定量的分析，如"白酒"属性涨跌对贵州茅台的影响、贵州茅台涨跌对"贵州"属性及其成员的影响等。

目前，常见的股票品种的语义属性有三大类，即行业类、地域类和概念类，且分别以行业类型、所在地域和所属概念为基本语义对股票个体进行分类。当一只股票具有多个语义属性时，我们称该股票是兼类的。对于兼类的股票，它所包含的多个语义属性间可能还存在上下位关系，或属于不同的分支和层次。

语义属性主要描述的是群体概念。量化因子也可以用于描述群体，但更多的是描述个体证券品种。不同的投资方法、不同的投资思路关注的量化因子不一样，前面已经介绍，目前投资的主要方法有三类。

1.趋势投资。主要关注描述股票历史走势的价格类因子，如 N 日均线等。

2.价值投资。主要关注价值类和成长类因子。

3.博弈投资。除了上述因子外，更关注规模类因子等。

在量化因子的考虑中，帮助投资者提高效率的工具有单因子选股和多因子选股。

2.2.4 单因子选股

所谓单因子选股，就是按照股票的某一属性对上市公司所有股票进行筛选。一般来说，因子来源有三个方面：公司层面因子、外部环境因子、市场表现因子。公司层面因子来自公司微观结构，与公司的生产经营非常相关，一般是指公司的财务指标，反映了公司的盈利、运营能力等，比如股票的市盈率、市净率、净利润、基本每股收益、净资产收益率等。外部环境因子主要是政策、法律、宏观经济、社会习俗和技术发展等，它们同样与企业的发展关系紧密，比如经济增长率、利率、行业环境等。市场表现因子主要是指股票在交易过程中表现出的价格和交易量等指标，比如股票的资金流向、是否有大单进入、各类技术面指标等。

海知平台提供单因子选股方法，当你比较关注股票的某一个属性，比如你青睐股票的低市盈率（市盈率是某种股票每股市价与每股盈利的比率），因为低市盈率意味着公司的盈利不错，符合价值投资理念，未来该股票可能会大幅上涨。以查找"静态市盈率大于 1 小于 7 的股票"为例，主要有以下几个步骤：

1. 进入海知理财首页导航栏的实时数据下的股票选项；
2. 选择量化（数据）类→价值→市盈率（静），会弹出一个静态市盈率输入框；
3. 在静态市盈率输入的最小值框填写 1，最大值框填写 7；
4. 点击查询按钮即可，可以看到当前查询结果共计 50 条，点击表头可以进行排序，如图 2-3 所示。

图 2-3　海知理财单因子选股方法示意图

2.2.5　多因子选股

单因子筛选股票用途比较局限，很多情况下投资者的要求不止一项，这时需要使用多因子筛选。多因子筛选出的股票构成一个候选集，投资者还可以按照单一属性对这些候选集股票进行排序。

海知平台提供一种简单的多因子选股方法，当你比较关注股票的某几个属性，以查找"静态市盈率低于 20，现价小于 50 的股票"为例，主要有以下几个步骤：

1. 进入海知理财首页导航栏的实时数据下的股票选项；
2. 选择量化（数据）类→价值→市盈率（静），会弹出一个静态市盈率输入框；然后选择量化（数据）类→价格→现价，会弹出一个现价输入框；
3. 在市盈率（静）输入的最大值框填写 20，在现价输入的最大值框填写 50；
4. 点击查询按钮即可，可以看到当前查询结果共计 50 条，点击表头可以进行排序，如图 2-4 所示。

图 2-4　海知理财多因子选股方法示意图

2.3　债券

2.3.1　债券分类

一、按照发行主体分类

（一）国债。国债往往是为了弥补国家财政赤字筹措资金。国债以国家的税收作为还本付息的保证，国债的风险最小、流动性强，利率低，免税，号称金边债券。

（二）地方政府债。以当地政府的税收能力作为还本付息的保证，安全性仅次于国债，而且通常免税。

（三）金融债券。银行、保险公司、证券公司、信托投资公司、资产管理公司等金融机构资金来源不足时发行的债券。相对于其他非金融机构债券，违约风险相对较小，具有较高的安全性。

（四）企业债券。以本身的经营利润作为还本付息的保证，是一种风险较大的债券，与之对应的就是利率较高。企业债券还可以分为国企债和民企债。

二、按照还本付息方式分类

（一）定期固定利率债券。固定利率债券通常一年或者半年付息一次，收益确定，但有市场利率波动风险。

（二）浮息债券。票面利率是随市场利率的变动而相应变动，常见的浮动利率债券的利率根据市场基准利率（如上海银行间同业拆放利率，简称 Shibor）加上一定的利率差来确定。

（三）x+y 型债券。也就是带"回售选择权"的债券。回售选择权指的是某个时间债券持有者有权将债券以 100 元的价格卖还给公司。x 是回售时间，y 是到期时间。如果债券净价跌破 100 元，你可以考虑到 x 时间时，将债券回售给公司，提前收回资金，回避风险。如果债券价格上涨，你可以放弃回售权，继续持有债券。例如，发行 7 年债，第五年可以选择以面值回售还本还息，$x=5$，$y=2$，这是 5 + 2 的债券，可以看作 5 年期，也可以看作 7 年期，对投资者比较方便。

（四）分期还本债券。这种债券可减少一次集中偿还的财务负担。通常是在存续期的最后几年，每年还一部分，例如，发行 8 年期债，除每年付息外，最后 5 年，每年还 20% 的本金。

（五）贴现债券（零息债）。例如，以 80 元的发行价格认购了面值为 100 元的 3 年期的贴息债券，那么，3 年后可兑付 100 元的现金，其中 20 元的差价即为债券的利息。

2.3.2 债券的净价与全价

净价是指扣除按债券票面利率计算的应计利息后的债券价格，而全价等于净价加上应计利息。应计利息是债券自上一次付息后累计未付的利息。在债券买卖时，债券卖出的结算价格应是债券的市场价格加上应计利息，即买主应向卖主支付债券市场价格加应计利息。其计算公式为：应计利息 = 票面利率 /365 × 已计息天数 × 债券面值 (100)。

与净价和全价交易相对应的是净价交易和全价交易。目前债券一般采用的是净价报价，全价结算。如果你发现买卖债券时付出的资金和报价差距较大时不要惊讶，因为是全价结算。

净价报价的优点是能真实地反映债券价格的变动情况，有利于投资人分析和判断债券走势，在走势图上看是连续的。而全价报价在走势图上会在付息后出现向下的跳空缺口，幅度跟利息高低相关，这会给人一种大幅下跌的错觉。

2.3.3 到期收益率

债券收益率是投资于债券上每年产生出的收益总额与投资本金总量之间的比率，通常用年利率表示。决定债券收益率的主要因素有，债券的票面利率、期限、面值、持有时间、购买价格和出售价格。债券收益率的一个最重要的表达就是到期收益率。

到期收益率一般采用两种计算方式：单利和复利。单利和复利都是计息的方式。

通俗来讲，单利就是本金固定，到期后一次性结算利息，而本金所产生的利息不再计算利息。复利其实就是利滚利，即把上一期的本金和利息作为下一期的本金来计算利息。根据债券的品种不同，收益率计算的公式也不完全相同，主要分为以下几种情况。

对剩余流通期限在一年以内的到期一次还本付息债券，到期收益率采取单利计算。计算公式如下：

$$y = \frac{FV - PV}{PV} \div \frac{D}{365} \tag{2-1}$$

式中，y 为到期收益率，PV 为债券全价（包括成交净价和应计利息，下同），D 为债券交割日至债券兑付日的实际天数，FV 为到期本息和。

对一年以上每年付息为 C 的债券，设：M 为债券面值，N 为债券的剩余流通期限（年），等于债券交割日至到期兑付日的实际天数除以 365，C 为当期债券票面年利息，考虑到付息后 C 可以作为该债券收益率同样为 y 的再投资，则：

$$PV(1+y)^N = C(1+y)^{N-1} + C(1+y)^{N-2} + \cdots + C(1+y) + C + M \tag{2-2}$$

公式 (2-2) 等式右边为到期收益。

若将公式 (2-2) 两边都除以 $(1+y)^N$，则有：

$$PV = \frac{C}{(1+y)^1} + \frac{C}{(1+y)^2} + \cdots + \frac{C}{(1+y)^{N-1}} + \frac{C+M}{(1+y)^N} \tag{2-3}$$

例如，

有一个 3 年期债券，每年票面利息为 6%，面值 100，全价（净价＋利息）=98.5，则有：

$$98.5 = \frac{6}{1+y} + \frac{6}{(1+y)^2} + \frac{(6+100)}{(1+y)^3} \tag{2-4}$$

求解上述式中到期收益率 y，可以用计算机逐步逼近算法计算。

不处于最后付息周期的固定利率附息债券和浮动利率债券的到期收益率同样采取复利计算，公式如下：

$$PV = \sum_{t=1}^{n-1} \frac{C/f}{(1+y/f)^{w+1}} + \frac{M}{(1+y/f)^{w+n-1}} \tag{2-5}$$

也可以写成：

$$PV = \frac{C/f}{(1+y/f)^{w+1}} + \frac{C/f}{(1+y/f)^{w+2}} + \cdots + \frac{C/f}{(1+y/f)^{w+n-1}} + \frac{M}{(1+y/f)^{w+n-1}} \tag{2-6}$$

式中，f为债券每年的利息支付频率，$W = D / (365 \div f)$，D为从债券交割日距下一次付息日的实际天数，n为剩余的付息次数，C为当期债券票面年利息，在计算浮动利率债券时，每期需要根据参数C的变化对公式进行调整。通常收益率计算也需要计算机程序迭代计算。

2.3.4 剩余年限与骑乘效应

剩余年限，是指债券距离到期时间还有多久。

即使是同一家公司，不同的剩余年限的到期收益率也不同。常见的情况是，剩余年限长的债券到期收益率较高，这样就产生了一种获利模式，就是所谓的骑乘效应。

例如，同一家公司债券，或者同类型债券，一年期和二年期债券分别为4%和5%，假设这种情况持续一年以上，那么买入一年期债券的收益率只有4%，而如果买入二年期债券，一年后抛出，其收益率可达6%，这就是骑乘效应。

骑乘效应的条件：

1. 收益率曲线随着剩余年限的增加而增加，呈现的是向上倾斜的曲线；
2. 假定未来收益率曲线依然保持上述状态。

骑乘效应的风险在于剩余年限长的不确定性更大，未来收益率曲线变化可能带来不好的影响，或者随着时间的变化，信用可能下降。

2.3.5 债券的信用评级

债券信用评级是以企业或经济主体发行的有价债券为对象进行的信用评级。债券信用评级大多是企业债券信用评级，是对具有独立法人资格企业所发行某一特定债券，按期还本付息的可靠程度进行评估，并标示其信用程度的等级。这种信用评级，是为投资者购买债券和证券市场债券的流通转让活动提供信息服务。国家财政发行的国库券和国家银行发行的金融债券，由于有政府的保证，因此不参加债券信用评级。地方政府或非国家银行金融机构发行的某些有价证券，则有必要进行评级。

进行债券信用评级的主要原因是方便投资者进行债券投资决策。投资者购买债券是要承担一定风险的，如果发行者到期不能偿还本息，投资者就会蒙受损失，这种风险称为信用风险。债券的信用风险因发行后偿还能力不同而有所差异，对广大投资者尤其是中小投资者来说，事先了解债券的信用评级是非常重要的。由于受到时间、知识和信息的限制，无法对众多债券进行分析和选择，因此需要专业机构对准备发行的债券还本付息的可靠程度,进行客观、公正和权威的评定,也就是进行债券信用评级,以方便投资者决策。

债券信用评级的另一个重要原因,是减少信誉高的发行人的筹资成本。一般来说,资信等级越高的债券,越容易得到投资者的信任,能够以较低的利率出售;而资信等级低的债券,风险较大,只能以较高的利率发行。

根据标准普尔,一般将债券按信用评级分为以下几类。

表2-2 债券信用评级情况表

级别	评定
AAA	最高评级,偿还债务能力极强
AA	偿还债务能力很强,与最高评级差别很小
A	偿还债务能力较强,但相对于较高评级的债务/发债人,其偿债能力较易受外在环境及经济状况变动的不利因素的影响
BBB	目前有足够偿债能力,但若在恶劣的经济条件或外在环境下其偿债能力可能较脆弱
BB	相对于其他投机级评级,违约的可能性最低。但持续的重大不稳定情况或恶劣的商业、金融、经济条件可能令发债人没有足够的能力偿还债务
B	违约可能性较"BB"级高,发债人目前仍有能力偿还债务,但恶劣的商业、金融或经济情况可能削弱发债人偿还债务的能力和意愿
CCC	目前有可能违约,发债人须依赖良好的商业、金融或经济条件才有能力偿还债务。如果商业、金融、经济条件恶化,发债人可能会违约
CC	目前违约的可能性较高。由于其财务状况,目前正在受监察,在受监察期内,监管机构有权审定某一债务较其他债务有优先偿付权
SD/D	当债务到期而发债人未能按期偿还债务时,纵使宽限期未满,标准普尔亦会给予"D"评级,除非标准普尔相信债款可于宽限期内清还。此外,如正在申请破产或已做出类似行动以致债务的偿付受阻时,标准普尔亦会给予"D"评级。当发债人有选择地对某些或某类债务违约时,标准普尔会给予"SD"评级(选择性违约)
NP	发债人未获得评级

2.3.6 债券选择的三个要点

一、到期收益率

债券选择最先考虑的就是收益率,收益率当然是越高越好,但收益率高的债券往往风险也高,这就需要投资者全面权衡。

二、剩余年限

到期收益率随着剩余年限的不同而不同,一般呈向上倾斜状态,也就是剩余年限长的债券往往收益率较高。这通常是对不确定性的一种补偿,因为时间越长不确定性越高。

三、风险/信用

风险指的是债券会不会违约,也就是到期收益率是否会得到保障。如果债券违约,到期收益率无法得到保障,不要说利息,就连本金也可能拿不回来,这是一种极惨的后果!不违约收益有限,违约风险无限,债券的这种性质迫使投资者对一些信用等级较低的企债怀有戒心,一有风吹草动,价格就可能大幅波动。图2-5给出16金茂01的走势图。

图 2-5　16 金茂 01 走势示意图

评价风险的一个指标是信用评级,例如 AAA 表示最高评级,偿还债务能力极强。但市场上经常发生信用等级滞后的情况,再如评级 AAA 的华信债 136093 一两天内就从 90 多元跌到 60 元,然后停牌,之后评级机构才将之降级到 C,投资者无法及时作出反应。图 2-6 给出了华信债(136093)的走势图。

债券的违约一开始民企较多,后来也发展到一些国企上。19 紫光 01 在上市一年多由于违约影响,在 2020 年 11 月 23 日最低跌到 11.52 元,之后停牌。

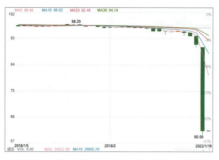

图 2-6　华信债（136093）走势示意图

2.3.7　其他常用量化因子

常用量化因子除了到期收益率、剩余年限和信用外，还有以下几种。

1. 票面利率，是在债券上标出的一年的利息与票面金额的比例，与银行利率很相似。

2. 折算率，也称为标准券折算率，是指一单位债券所能折成的标准券代表的金额与一单位债券的面值之比。

3. 发行方性质，是指发行债券的企业的性质，目前主要包括民营企业债券、地方国有债券、中央国有债券、中外合资债券、外商独资债券、公众企业债券、集体企业债券等。

4. 公司是否上市，是指发行债券的公司是否在股票市场上市。

5. 是否提前还本，是指发行债券公司是否会提前还本付息。

2.3.8　可转债

可转换公司债券（可转债）是一种特殊的债券。可转换债券是债券持有人可按照发行时约定的价格将债券转换成公司的普通股票的债券。如果债券持有人不想转换，则可以继续持有债券，直到偿还期满时收取本金和利息，或者在流通市场出售变现。如果持有人看好发债公司股票增值潜力，在宽限期之后可以行使转换权，按照预定转换价格将债券转换成股票，发债公司不得拒绝。该债券利率一般低于普通公司的债券利率，企业发行可转换债券可以降低筹资成本。可转换债券持有人还享有在一定条件下将债券回售给发行人的权利，发行人在一定条件下拥有强制赎回债券的权利。

可转债的特点：下跌有限，上涨无限。下跌有限是指价格跌到一定程度，其债券的利息收益会产生很大的吸引力，也就是所谓的债券底；上涨无限是指可转债的对应股票上涨并没有限制,一旦这种大幅上涨情况出现,可转债转为股票的性质,可以使收益也随之不受限制。

但是,债券打破刚兑之后,情况有了改变。可转债的债券底受到质疑,债券存在违约的可能,股票也存在退市的可能,这样可转债的特点已经变为和股票一样:下跌无限,上涨无限。

2.3.9 债券量化选择

一、单因子选择

债券的单因子选择和股票的单因子选择类似,是根据某个因子来进行筛选,只是在因子种类上有所不同。

以查找"票息大于 1 小于 5 的债券"为例,主要有以下几个步骤:

(一)进入海知理财首页导航栏的实时数据下的债券选项;

(二)在票息输入的最小值框填写 1,最大值框填写 5,其他因子置为空;

(三)点击查询按钮即可,可以看到当前查询结果共计 1232 条,点击表头可以进行排序,如图 2-7 所示。

图 2-7 海知理财债券单因子选择示意图

二、多因子选择

债券的多因子选择和股票的多因子选择类似,是根据多个因子来进行筛选,只是在因子种类上有所不同。

以查找"票息大于 1 小于 5、剩余年限从 0 到 2 的债券"为例,主要有以下几个步骤:

(一)进入海知理财首页导航栏的实时数据下的债券选项;

(二)在票息输入的最小值框填写 1,最大值框填写 5,在剩余年限的最小值框填写 0,剩余年限最大值框填写 2,其他因子置为空;

（三）点击查询按钮即可，可以看到当前查询结果共计 692 条，点击表头可以进行排序，如图 2-8 所示。

图 2-8　海知理财债券多因子选择示意图

2.4　现金及等价物

2.4.1　现金及等价物的基本概念

一、现金

现金是指企业库存现金以及可以随时用于支付的存款。这里的现金概念范围比较宽，"现金"不仅包括"现金"账户核算的库存现金，还包括企业"银行存款"账户核算的存入金融企业、可以随时用于支付的存款，也包括"其他货币资金"账户核算的外埠存款、银行汇票存款、银行本票存款、信用保证金存款和在途货币资金等其他货币资金。现金的主要特点是可以随时用于支付。

二、现金等价物

现金等价物是指企业持有的期限短、流动性强、易于转换为已知金额现金、价值变动风险很小的投资，期限短一般是指自购买之日起 3 个月内到期。其主要特点是，金额确定、流动性强、易变现、期限短，根本属性是一种投资。由定义可知，短期债券投资可以称为现金等价物，因为其金额确定、容易变现且期限短；而股票投资不能称为现金等价物，因为其变现金额不能确定。

2.4.2　货币资金与现金及等价物的关系

现金流量表中的"现金"不能等同于会计中的"库存现金"，因为"现金"中，还包含可以随时用于支付的银行存款。如果企业的货币资金中，均为可随时用于支付或可随时变现的款项，则资产负债表的"货币资金"等同于"现金及等价物"，如果包含了不可随时变现的款项，则"货币资金"中应剔除这部分内容，方等于"现金及现金等价物"。

常见的不能随时用于支付使用受限的货币资金包括以下两种。

1. 银行承兑汇票保证金：因为其不能随时用于支付，不符合现金流量表准则的定义，所以在现金及现金等价物中予以扣除。

2. 定期存款：定期存款是否作为现金等价物，在很大程度上取决于管理者的持有意图。用于满足短期内对外支付对现金的需求的定期存款才可能作为"现金等价物"，而具有明确的持有至到期的意图的定期存款不能作为"现金等价物"。已被质押或担保的定期存款、企业已按定期存款利率计提存款利息这两种存款不应作为现金及现金等价物。

除了以上两种情况之外的其他定期存款，企业均可以"随时支取"定期存款，因此可以作为现金及现金等价物。

2.4.3 证券品种中的现金等价物

一、现金

证券账户里的现金都可以享受活期利率，收益率 y 按照第三方银行活期存款利息计算。例如，中国银行 2021 年的活期利率为 0.3%。

二、逆回购

逆回购为资金融出方将资金融给资金融入方，收取有价证券作为抵押，在未来收回本息，并解除有价证券抵押的交易行为。沪深股市提供一天至多天的逆回购品种，上海交易代码以 204 开头，后面是时间代码，例如，204001 为一天的逆回购，204003 为三天的逆回购；深圳的逆回购交易代码以 1318 开头。逆回购一天的资金第二天一早就可以使用，相当于变现能力极强的现金等价物，而收益往往比活期存款高得多。例如，204001 在 2022 年 1 月 28 日为截止日期的最近 30 日均线为 2.707。

三、特种货币基金

部分券商会为投资者提供一种可以在市场收盘后进行申购且在第二个交易日便能使用的特殊货币基金，这些基金的收益率高于活期储蓄数倍，其年化收益率一般在 2% 至 4%，不会影响投资者进行其他类型的证券投资，被视为与现金等价物相同。

另外，还有一类比较特殊的货币基金，如余额宝。

四、基于资金量的打新股

早期的申购新股有一种形式是按照申购的资金量比例配售新股，由于中签率通常很低（小于1%），申购时期资金冻结的时间很短（2—3天），持有的资金申购成功的新股短时间可以上市，所以随时变现能力很强，可以近似于现金等价物，打新的收益率波动较大，一般都不错。

2.5 其他常见证券品种

2.5.1 期货

一、期货的相关概念

（一）期货

期货不是市场上真实交易的货物，而是一种以金融资产或某种大宗商品为标的，可用来像真实货物交易一样的标准化合约。

（二）期货合约

期货合约是一种标准化的合约，由期货交易所统一制定，规定了交易者交割的标的物的确定时间、地点、价格、数量和标准。

（三）标的物

标的物是指期货的品种，范围极其广泛，包括许多实物大宗商品和金融资产。其中，实物大宗商品包含了糖、铜、锡、黄金、羊毛、猪肉、苹果等。金融资产包含了股票指数、短期国库券、长期国库券、外汇等。

（四）期货交易

期货交易是指交易者双方在期货交易所，按照交易所制定的详细期货合约标准化条款，进行买入卖出期货合约的一种交易行为。

（五）期货的品种

期货品种如表2-3所示。

表 2-3 期货品种

期货	商品期货合约	农产品期货（小麦、棉花、玉米等）
		金属工业品期货（铜、铝、锌、银等）
		能源化工期货（原油、汽油等）
	金融期货合约	外汇期货
		利率期货（中长期债券期货、短期利率期货）
		股指期货（上证50股指期货、中证500股指期货）

二、国内现有期货交易所：

（一）上海期货交易所：是依照有关法规设立的，履行有关法规规定的职能，按照其章程实行自律性管理的法人，并受中国证监会集中统一监督管理。上海期货交易所上市交易的有黄金、白银、铜、铝、锌、铅、螺纹钢、线材、燃料油、天然橡胶、沥青11种期货合约。

（二）大连商品交易所：1993年2月28日成立，目前主要交易品种有农产品期货（玉米、黄大豆、豆油等）和工业品期货（焦炭、焦煤、铁矿石等）。

（三）郑州商品交易所（以下简称郑商所）：1990年10月12日成立，1993年正式推出标准化合约。郑商所目前上市交易棉花、菜籽油、白糖、小麦、精对苯二甲酸（PTA）等期货品种和白糖期权。

（四）中国金融期货交易所：2006年9月8日在上海正式挂牌成立，专门从事金融期货、期权等金融衍生品交易与结算的公司制交易所。

三、期货市场的基本特点

期货交易是建立在现货交易的基础上，是契约交易的发展与延续。为了使期货合约这种特殊的商品便于在市场中流通，保证期货交易的顺利进行和健康发展，所有交易都是在有组织的期货市场中进行的。因此，期货交易具有以下一些基本特征。

（一）合约标准化

期货合约是标准化的合约。交易所统一制定合约的各种标准，标的物的品级、数量、质量、交割的时间和地点都是预先规定好的，只有价格是变动的。

（二）场内集中竞价交易

交易者所有的期货交易必须是在期货交易所内进行集中竞价成交。那些处在场外的广大客户如果想要参加期货交易的买卖，就只能委托期货经纪公司作为代理交易。

（三）保证金交易

交易者在买卖期货合约时必须缴纳一定金额为保证金（一般为合约价值的5%—15%）来作为履约保证，交易者缴纳保证金后可进行数倍于保证金的交易。所以保证金交易又称为杠杆交易。

（四）双向交易

和普通货物的单向交易不同，期货交易是双向交易，即交易者可以看涨买入，即"买空"；也可以看空卖出，即"卖空"。无论标的物上涨或者下跌都具备可操作性。

（五）"T＋0"交易结算制度

期货投资者在当天买入或者卖出某种期货合约后再卖出或者买入同一合约，提高了资金的流动性。

（六）当日无负债结算

也是所谓的盯市操作，即在每天交易结束后，保证金账户要进行调整，如果投资者的保证金低于规定标准，就必须追缴保证金，做到"当日无负债"。

四、期货市场作用与功能

随着全面深化改革的实施，我国的市场经济得到了进一步的发展，期货市场交易也在逐步稳健发展，其优势也逐步体现，在国民经济发展过程中发挥出了越来越大的作用。

期货市场最突出的两个基本功能为：价格发现功能和套期保值功能。随着期货市场的发展，越来越多的企业和投资者对这两个功能加深了认识，也逐步利用这两个功能为自己服务。并且期货交易所具有的独特投资魅力也让越来越多的投资者投入其中。

2.5.2 权证

一、权证概念

权证是指基础证券发行人或其以外的第三人发行的，约定持有人在规定期间内或特定到期日，有权按约定价格向发行人购买或出售标的证券，或以现金结算方式收取结算差价的有价证券。

二、权证种类

（一）根据买卖方向的不同，权证可以分为认购权证和认沽权证。

认购权证是指在特定的期限或者到期日，持有人有权按照事先约定好的价格向发行人买入标的证券，认沽权证是指持有人有权按照约定时间和价格卖出标的证券。

（二）根据权利行使期限的不同，权证又可以分为欧式权证和美式权证。

欧式权证和美式权证的区别在于，欧式权证持有人只能在权证到期日当天行使自己的权利，而美式权证的持有人在权证到期日前的任何交易时间都可以行使自己的权利。

（三）根据发行人的不同，权证可分为股本权证和备兑权证。

由上市公司发行的权证称为股本权证，而证券公司等金融机构发行的则称为备兑权证。

（四）根据权证行使价格是否高于标的证券价格，权证可分为价内权证、价平权证和价外权证。

（五）根据结算方式可将权证分为证券给付结算型权证和现金结算型权证。

权证如果采用证券给付方式进行结算，其标的证券的所有权发生转移；如采用现金结算方式，则仅按照结算差价进行现金兑付，标的证券所有权不发生转移。

三、权证基本构成要素

权证的基本构成要素有：发行人、看涨和看跌权证、到期日、执行方式、交割方式、认股价（执行价）、权证价格、认购比率、杠杆比率。

（一）发行人

股本权证的发行人为标的上市公司，而衍生权证的发行人为标的公司以外的第三方，一般为大股东或券商。在后一种情况下，发行人往往需要将标的证券存放于独立保管人处，作为其履行责任的担保。

（二）看涨和看跌权证

当权证持有人拥有从发行人处购买标的证券的权利时，该权证为看涨权证；当权证持有人拥有向发行人出售标的证券的权利时，该权证为看跌权证。

（三）到期日

到期日是权证持有人可行使认购（或出售）权利的最后日期。该期限过后，权证持有人便不能行使相关权利，权证的价值也变为零。

（四）执行方式

在美式执行方式下，持有人在到期日以前的任何时间内均可行使认购权；而在欧式执行方式下，持有人只有在到期日当天才可行使认购权。

（五）交割方式

交割方式包括实物交割和现金交割两种形式。其中，实物交割指投资者行使认股权利时从发行人处购入标的证券，而现金交割指投资者在行使权利时，由发行人向投资者支付市价高于执行价的差额。

（六）认股价（执行价）

认股价是发行人在发行权证时所订下的价格，持证人在行使权利时以此价格向发行人认购标的股票。

（七）权证价格

权证价格由内在价值和时间价值两部分组成。当正股股价（指标的证券市场价格）高于认股价时，内在价值为两者之差；而当正股股价低于认股价时，内在价值为零。但如果权证尚没有到期，正股股价还有机会高于认股价，那么权证仍具有市场价值，这种价值就是时间价值。

（八）认购比率

认购比率是每张权证可认购正股的股数，如认购比率为 0.1，就表示每十张权证可认购一股标的股票。

（九）杠杆比率

杠杆比率又称执行比率，是正股市价与购入一股正股所需权证的市价之比，即杠杆比率 = 正股股价 /（权证价格 ÷ 认购比率）。

2.6 证券交易与模拟投资

2.6.1 证券交易

证券交易实际上是证券投资的泛化表述，证券投资即投资者通过购买股票、债券以及其他金融产品，用来获取差价、利息的投资过程与投资行为。

相对于国家而言，证券投资市场可以起到合理化运用社会资金、推动企业发展等重要作用。相对于个人来讲，理性、科学的证券投资，可以最大限度地发挥流动资产的作用，最直观的效果就是使得资产增值。（个人流动资产：现金、活期存款等随时可变现的资金）

2.6.2 模拟投资

模拟投资，实际上是现实投资的一个虚拟化、理想化产物。在模拟投资中，用户可以使用虚拟的资产进行证券交易。在模拟投资过程中，投资者把关注的重点放在如何进行理性投资，以及如何提高自己的投资水平上，而无须担心投资失误造成的实际资产亏损。同时，模拟投资系统会为用户提供历史交割数据处理、收益统计、对比等数据分析，直接降低用户在投资期间的时间投入成本，从而让投资者在最短的时间内掌握投资的方式与技巧。

2.7 平台实训：模拟投资

2.7.1 实训意义

实训在海知平台进行，模拟投资能全面训练、提高、验证投资者的各项投资能力，借助各类评测比较，投资者可以更好地总结经验教训，提高投资水平。

其优点在于：

1. 近 100% 真实的模拟现实训练，全面培养盘感、判势、择股等投资能力；

2. 低成本练兵，可多重尝试各种投资理念和方法，有利于解决分歧、验证思路；

3. 便于评测：统一评测平台，知人者智，自知者明。

2.7.2 实训内容

一、登录注册

所有参与海知模拟投资的用户均需要进行注册登录操作。注册后，海知平台将为每个用户的账户中发放 100 万元的初始虚拟资金，供用户进行模拟证券交易。注册后，用户可以在"模拟→总体概况"页面中实时查看自己的资产配比、持仓信息以及收益情况；同时，用户也可以在"我的主页"页面查看更详细的"收益趋势"曲线以及投资"总体概况"。图 2-9 为注册用户在"模拟→总体概况"页面的持仓样例；图 2-10 为注册用户在"我的主页"页面的信息样例。

图 2-9 "模拟→总体概况"页面的持仓样例

图 2-10 "我的主页"页面的信息样例

二、证券品种选择

海知平台为用户提供单因子和多因子选择股票与债券的工具。

股票：提供上海证券交易所与深圳证券交易所的上市股票的各类信息，包括常用的量化因子、股票的最新公告、新闻信息、财务指标信息、分红信息、上下游产业链关系等。

债券：提供上海证券交易所与深圳证券交易所上市的流动性较好的常见债券的各类信息，包括常用的量化因子、债券的最新公告、新闻信息等。

投资者在进行模拟投资之前，可进入"实时数据"页面进行股票/债券的选择工作，同时可以在"实时数据"页面点击具体的某只股票/债券，查看更详细的新闻、财务指标等信息。

三、模拟操作

模拟操作为模拟投资环节的核心内容，具体可以分为以下几个环节。

（一）证券买入操作

证券的买入页面如图 2-11 所示，"可用现金"表示当前用户可用来购买证券的持有现金；"证券代码"对应选择证券的上市代码；"买入价格"为用户手动输入的想买入证券的价格；"买入数量"为用户手动输入想买入证券的数量，以手为单位，同时用户可以快捷买入，根据仓位设定买入量（全仓买入、半仓买入、1/3 仓买入以及 1/4 仓买入）；"有效期至"表示下单后的有效截止日期。

图 2-11　证券买入页面展示样例

（二）证券卖出操作

证券的卖出页面如图 2-12 所示，"证券代码"代表将要卖出的证券；"卖出价格""卖出数量"分别代表证券卖出的定价与数量；"有效期至"表示下单后的有效截止日期。

图 2-12　证券卖出页面展示样例

（1）查看委托

用户在买卖证券后，可在"委托"页面中查看自己的委托订单。用户可以在此界面查看委托订单的最新买卖状态（成功或者挂单）、买卖价格、数量、成交量、金额、是否支持撤单等详细信息。

（2）撤单

用户在买卖证券后，可在"撤单"页面中对未成交的委托订单（挂单状态的订单）进行撤单操作。

（3）成交查看

在买卖证券成功后，用户的操作记录会存放在"成交"页面中，用户可以在此界面回顾自己的买卖操作过程。

（4）历史交割查看

在"历史交割"页面中，用户可以查看自己的资产变动的所有细节，包括系统奖金发放、股票分红、股票买卖造成的资产变动都会在"历史交割"页面显示。

同时，平台在"历史交割"页面提供"交割单导出"以及"实盘分析"接口。"交割单导出"供用户导出投资过程中的交割单，进行分析与处理。"实盘分析"接口为用户智能化分析交割单，并提供一系列评分诊断决策，将在书中的后序内容进一步说明。

四、模拟投资说明

（一）申报价格保留小数点后两位数字；

（二）交易时间与沪深 A 股的开市时间一致，一般为周一至周五，上午 09:30 至 11:30，下午 13:00 至 15:00；

（三）交易价格按照实盘价格成交，目前支持全部沪深 A 股和债券，包括创业板；

（四）所有买卖均实行 $T+1$ 制度，即当天买入的股票只能在第二个交易日卖出；

（五）手续费按照交易金额的万分之三收取，手续费不足 5 元按 5 元收取；

（六）大约可买入的数量根据可用金额和当前最新价计算获得；

（七）买卖交易的股票数量不受实盘的买卖委托数量的限制；

（八）股票价格到了跌停板后不再成交，直到停板被打开；

（九）不能买入已经涨停的股票，不能卖出已经跌停的股票。

2.7.3 比赛测试

一、评测方法：收益率

在了解模拟投资的基本操作流程和股票买卖的基本原理后，用户可以选择参加模拟投资类比赛进行模拟投资，模拟投资成绩取决于用户在参与模拟投资赛期间的收益率。收益率越高，排名越靠前。

二、创建比赛

创建模拟投资比赛的目的是将多个用户组成一个团体，用户在比赛过程中，不仅可以通过排名查看自己在当前群体中的投资水平，而且可以通过和他人的对比，发现自己的投资漏洞与不足。

用户可以在"赛场"模块的"创建比赛"中进行模拟投资比赛的创建，目前支持的模拟投资比赛分为三类，即定期大赛、高校模拟投资大赛以及自组模拟投资大赛。

（1）定期大赛

海知平台的定期大赛针对模拟投资用户，根据赛事的持续周期，分为周赛、月赛、季赛、年赛。赛事结束后，每位用户的排名会记录在"英雄榜→定期大赛排名"中，同时海知平台会在社区公布赛事结果，并在获胜者账户中发放获胜奖励。

（2）高校模拟投资大赛

高校模拟投资大赛主要面对各个高校的班级群体，高校模拟投资大赛创建后需要经过管理员的审核，待审核通过后比赛才能进行。

（3）自组模拟投资大赛

自组模拟投资大赛面向任何模拟投资用户组成的团体，不需要进行审核，用户创建成功后直接生效。

三、参加比赛

对于定期大赛，用户可在"英雄榜→报名定期大赛"页面中进行相关赛事的报名；对于高校模拟投资大赛与自组模拟投资大赛，用户可以在"赛场"模块中选择比赛类型为"高校模拟投资大赛"以及"自组模拟投资大赛"的比赛进行报名。

2.7.4 成绩排名

用户的成绩排名由用户参赛期间的收益率决定，系统会在每天收盘后，自动算出用户在参赛期间的总收益率，用户可以通过比赛详情页面的"英雄榜"看到自己的排名在整体用户中的位置，从而了解自身的投资水平。

2.8 小结

- 智能体的评测诊断在于对自身投资表现优劣的"知其然"，而业绩归因则在于对投资表现优劣的"知其所以然"。
- 证券投资品种主要有三类：股票、债券、现金及等价物。
- 股票投资三要素：市盈率、成长性、风险控制。
- 债券选择三要素：到期收益率、剩余年限、风险/信用。
- 股票和债券可以通过单因子或者多因子筛选。
- 模拟投资的认真程度决定了与实际操盘的差别程度，越认真，差别越小；越不认真，差别越大。
- 实训评测可以帮助投资者更好地总结经验教训，提高投资水平。

本章习题与实训

一、选择题

1.（单选）静态市盈率（P/E）的计算方法为 ____。

　　A. 股价年度涨幅 / 年度每股收益

　　B. 股价 / 年度每股收益

　　C. 股价年度平均涨幅 / 年度每股收益

　　D. 股价 / 股价年度平均涨幅

2.（单选）某只股票 2019 年的每股收益为 0.5 元；2018 年的每股收益为 0.4 元，股价始终保持在 50 元，假设股票的每股收益每年涨幅保持不变，2 年后该只股票的市盈率为 ____。

　　A. 72　　　　　　　　　　　　B. 58

　　C. 86　　　　　　　　　　　　D. 64

3.（单选）结合智能证券投资学理论，下列不属于证券选择关键要点的是 ____。

　　A. 信用风险　　　　　　　　　B. 到期收益率

　　C. 债券所属市场　　　　　　　D. 债券剩余年限

4.（单选）下列证券评级中的最优评级为 ____。

　　A. AAA　　　　　　　　　　　B. AA+

　　C. A　　　　　　　　　　　　D. C

5.（单选）在投资过程中，有关决策的定义正确的是 ____。

　　A. 决策 = 收益 + 偏好

　　B. 决策 = 偏好 + 风险控制

　　C. 决策 = 收益 + 流动性

　　D. 决策 = 概率 + 偏好

6.（单选）有关模拟投资的要点，下列说法错误的是 ____。

　　A. 投资环境近 100% 真实的模拟投资训练

　　B. 投资环境完全真实模拟投资训练

　　C. 便于评测

D. 便于多重尝试

7.（单选）你选择投资品种的方法是____。

A. 趋势投资

B. 价值投资

C. 博弈投资

D. 以上三种都有

二、填空题

1. 股票投资三要素：____、____、____。

2. 常用的股票量化因子种类：____、____、____、____。

3. 证券投资品种类别：____、____、____。

三、判断题

可转换债券是债券持有人可按照发行时约定的价格将公司股票转换成债券的证券品种。　　　　　　　　　　　　　　　　　　　　　　　　（　　）

四、简答题

1. 请尝试用自己的语言定义下列术语及概念：人工智能、理性投资。

2. 简述对于人工智能四种主流定义的认识与理解。

3. 股票的价值类因子主要有哪些？

4. 股票和债券投资选择三要素中你认为最重要的要素是哪一项？举例说明相关理由。

五、实训

1. 单因子选择：按照你认为最重要的量化因子选择股票和债券，并结合其他信息，确定至少三个品种（包括股票和债券），加入你的自选股，并简单给出选择理由。

2. 多因子选择：按照你认为最重要的量化因子组合选择股票和债券，完善你的自选股组合，说明理由。

3. 参加比赛，在你的自选股中，精选出操作品种进行模拟投资操作，品种数量在3个以上，包括股票和债券，仓位在三分之二以上。

第二部分

应用篇

宏观判势

多空对战，
判势为先，
波峰波谷难把握，
潮起潮落要看真，
只有把握好大趋势，
才能够好风凭借力，
送我上青云。

3.1 股市的趋势

趋势主要是指市场运动发展的方向，试图发现或挖掘股市规律的一种方法就是判断股市走势。从股市的历史发展来看，股价在没有阻力或者其上升或下降的动力足以消化阻力的情况下，往往会循着既定的轨迹惯性发展，表现为股价上升（或下降）的波峰（或波谷）一波比一波高（或低）的形态，直到阻力逐步累积到大于上升或下降的动力时，才出现原有趋势的改变。趋势主要有三种形态：上升趋势的"牛市"、下降趋势的"熊市"和无趋势。

在股票市场上投资，趋势投资是最常见的一种方法。把握好市场的大趋势即市场究竟出于哪种阶段，成功的概率就高。在"牛市"形成下盈利机会往往大于风险，而在"熊市"阶段逆市操作往往风险大于收益。这就是股票市场上的"顺势而为"的投资理念。

考虑到海外股市投资对大多数国人还有难度，本书内容主要论及1994年以后的沪深市场。不考虑之前的是因为，沪深交易所是在1992年至1993年通过联网发展到全国各地才成为全国市场的。

3.1.1 牛市

所谓"牛市"，也叫多头市场，是指市场对后市普遍看涨，形成上升时间较长和幅度较大的行情，对应的是股指震荡上行的多头市场走势。牛市取义于牛角的向上昂起。

"牛市"可以分为大牛市和局部牛市。

大牛市的特征为：涨幅高（往往在100%以上）、时间长（多在一年以上）、范围广（无论沪深，几乎不论板块，均同向上涨）。

局部牛市则在上述三个特征上有所折扣：涨幅在20%以上，时间为几个月以上，范围可以在一个市场甚至一个板块内展开。

从历史发展看，1994年以来A股的大牛市主要有三个。

1. 上证指数从1996年1月的512点涨到1997年5月的1510点，深证成指从1996年1月的924点涨到1997年5月的6103点，上证指数涨了两倍，深证成指涨了五倍多。由于上证指数涨幅相对较小，在随后的1997年5月—1999年5月两年的震荡回落行情后，上证指数又掀起一个局部牛市，并在2001年6月创出新高2245点，而深证成指并没在对应期间创出新高。

2.上证指数从2005年6月的998点涨到2007年10月的6124点，深证成指从2005年6月的2590点涨到2007年10月的19600点，上证指数涨了5.13倍，深证成指涨了6.56倍。

3.上证指数从2014年3月的1974点涨到2015年6月的5178点，深证成指从2014年3月的6959点涨到2015年6月的18211点，上证指数涨了1.6倍，深证成指也涨了1.6倍。

图3-1为上证指数和深证成指1994—2005年历史行情走势，图3-1至图3-7均截取自东方财富网（投资者广泛使用的金融数据在线平台）。

图 3-1　上证指数和深证成指 1994—2005 年历史行情走势

图 3-2 为上证指数和深证成指 2005—2020 年历史行情走势，其中上证指数2005 年 6 月至 2007 年 10 月行情表现为典型的牛市。

图 3-2　上证指数和深证成指 2005—2020 年历史行情走势

3.1.2 熊市

所谓"熊市",也叫空头市场,是指市场对后市行情普遍看淡,形成下跌时间较长和幅度较大的行情,与"牛市"相反,"熊市"对应的是股指震荡下行的空头市场走势。熊市取义于熊掌的向下拍落。

"熊市"分为大熊市和局部熊市。

大熊市的特征为:跌幅高(往往在50%以上)、时间长(多在一年以上)、范围广(无论沪深,几乎不论板块,均同向下跌)。

局部熊市则在上述三个特征上有所折扣:跌幅在20%以上,时间为几个月以上,范围在一个市场甚至一个板块内展开。

从历史发展看,1994年以来A股的大熊市都是在大牛市之后。

3.1.3 无趋势

无明显趋势的市场包括平衡市、震荡市等,上下趋势不明显。

平衡市场:多空力量相当,股价趋势呈水平方向运动的市场。在平衡市态下,股价线与移动平均线处于缠绕状态,并可依缠绕移动平均线的日数来判定平衡市的大小。平衡市场通常持续的时间较短,常出现在多(空)头市场发展的中间阶段,或多空市场相互转化的过渡时期,是一种暂时的平衡中间市态。

震荡市:股价跌宕起伏,股市前景不明的市场行情。其特征是短线投资增多,市场人气不稳,股价大起大落。

无明显趋势市场的主要特征在于以下两点。

1. 大盘不会永远在平衡市中维持。早晚会出现的方向性选择,在选择时常常伴随利好或者利空的消息出台。

2. 没有明显趋势。可能大盘涨小盘跌,小盘涨大盘跌,可以很活跃,股价跌宕起伏,股市前景不明,其中可能包含小型的牛市、熊市板块。

在平衡市中,股价不会一直跌或一直涨,而是像电波一样在一水平线上下波动。如图3-3所示。

图 3-3 两次大牛市前的一年期间为无明显趋势市场

3.2 债市的趋势

债市的趋势是整体向上,但它的波动比股票小,收益率的预期通常没有股票高。

3.2.1 国债的趋势

国债是最安全的债券,它的收益近乎无风险收益,图 3-4 给出了 2003 年 2 月—2019 年 11 月国债指数 000012 走势的月线图,图中可以观察到:国债除了早期 2004 年前后由于规则不健全导致的波动外,2005 年以后基本上是稳步向上的形态。其向上的斜率跟国债的票面利率相关。

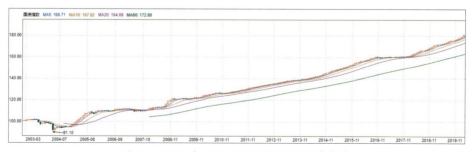

图 3-4 2003 年 2 月—2019 年 11 月国债走势

3.2.2 企债的趋势

企债风险比国债高,但它的收益也高于国债,图3-5给出了2003年6月—2019年11月企债指数000013走势的月线图,图中可以观察到:企债总体走势基本上是稳步向上的形态,但其波动和回调幅度明显比国债大得多,与承担的风险相对应的补偿是企债长期的收益率比国债高。

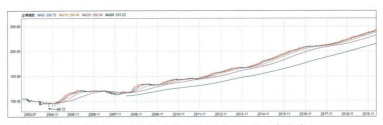

图3-5　2003年6月—2019年11月企债走势

3.3　现金等价物的趋势

现金和等价物的收益以利息为主,理论上走势应呈现一个没有回调的向上曲线,其向上的斜率跟利率相关。以国债拟回购为例,图3-6给出了2006年5月—2018年10月国债回购204007的年化利率走势图,可以看出:对应期间的年化利率在3%左右。也就是说,如果你坚持做一周或者一天的拟回购,可望收到3%左右的几乎无风险的收益。这比银行目前一年期利率要好,而且灵活性相当于活期。

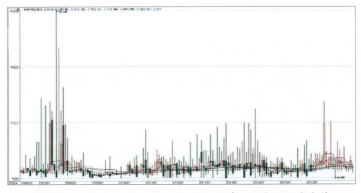

图3-6　2006年5月—2018年10月国债回购年化利率走势

3.4 股市判势方法

3.4.1 三角度宏观判势方法

股市的未来走势一方面取决于过去历史，另一方面取决于未来预期，受到多方面因素影响，经多方博弈产生结果，可以说，股市的趋势是由于投资者或者智能体不同程度上采用了趋势投资、价值投资和博弈投资这三种方法共同作用下合力产生的。判断趋势可以从这三个角度着手考虑。

1. 历史走势。知道一个人的过去和现在，就大致对他的短期未来有一个较好的预期。股市参与各方都有自己的习惯和偏好，多方合力下形成了股市走势的惯性。牛市是涨多跌少，总体向上，熊市是涨少跌多，总体向下，一旦趋势形成，没有别的因素干涉或者阻力不足，惯性难以改变。

2. 价值估值。牛熊市产生和发展的一个重要因素就是对上市公司的价值估值。经济形势向好，公司盈利增加，成长性好，市盈率低，都是股市走牛的支持力；反之，经济形势严峻，公司盈利减少，市盈率高高在上，都是股市走熊的原因。

3. 博弈环境。股市除多空参与各方外，管理层采取的政策以及外围股市的影响都对多空博弈双方产生重要影响。

A股受政策面影响较大，政策做多，为牛市增加助力，政策施压，容易由牛转熊。牛市末期要特别注意政策的变化，同样，熊市中末期政策的变化也容易产生转向，历史上很多尖底的局部牛市或者多头行情都是由政策面引起的。政策面不仅包括新闻公布，管理层也常用新股发行节奏表示对市场的关注。

一个市场的指数走向很容易受到相关市场走势的影响，例如上证指数和深证成指相关性就很大，港股、美股也对A股有足够大的影响。

3.4.2 三角度宏观判势的特征

利用三角度宏观判势的一些特征，可以更细致地判断是牛市、熊市还是其他趋势。

一、历史走势特征

（一）均线。牛市大盘和个股均线呈现多头排列，股价依托均线上行；熊市大盘和个股均线呈现空头排列，股价依托均线下行。

（二）K线。牛市阳多阴少，上涨容易下跌难；熊市阴多阳少，下跌容易上涨难。

（三）成交量。牛市量能稳步放大，天量之后还有天量；熊市量能逐步萎缩，地量之后还有地量。

（四）板块特征。牛市总有一个甚至多个热点板块推动大盘，轮动上涨；熊市无明显热点板块，板块上涨无持续性，往往昙花一现。

（五）牛市久盘必涨，熊市久盘必跌。

二、价值估值特征

（一）牛市前期整体估值已经严重低估，市盈率低，后期经过大幅上涨整体估值已经脱离基本面，市盈率很高，熊市反之。

（二）成长性预期的估值判断，牛熊心态不一样，估值也不一样。

（三）上涨看势（预期成长性），下跌看质（当前基本面）。

三、博弈环境下政策面、消息面和外围影响特征

（一）牛市遇利空消息，低开高走，或下跌后，依然上涨。熊市遇利多消息，高开低走，或短暂时间上涨后，依然下跌。

（二）牛市开户人数不断增加，股吧或者论坛开始热闹，社会人群关注股市和政策，熊市反之。

（三）牛市新股发行速度正常或增加，上市后大涨。熊市发行速度减慢甚至停止，上市后涨幅有限，甚至破发。

（四）牛市受外围股市影响，往往跟涨不跟跌，熊市受外围股市影响，往往跟跌不跟涨。

3.4.3 三阶段判势

牛市、熊市的发展大体可以分为三个阶段。

牛市发展的三个阶段。

1. 牛市初期。战略投资者和有远见的投机者都知道尽管现在市场萧条，但形势即将扭转，因而就在此购入那些勇气和运气都不够的卖方所抛出的股票，并逐渐抬高其出价以刺激抛售。财务报表情况仍很糟，实际上在这一阶段股市总是处于最萧条状态，公众为股市状况所迷惑而与之完全脱节，市场活动停滞，但也开始有少许回弹。

2. 牛市中期。这是一轮十分稳定的上涨，交易量随着公司业务的景气度提升而不断增加，同时公司的盈利开始受到关注。也正是在这一阶段，技巧娴熟的交

易者往往会得到最大收益。

3. 牛市后期。随着公众蜂拥而上的市场高峰的出现,第三阶段来临,所有信息都令人乐观,价格惊人地上扬并不断创造"崭新的一页",新股不断大量上市。这一阶段的最后一个时期,交易量惊人地增长,垃圾股(即低价格且不具投资价值的股票)也卷入交易并且涨得更凶狠,但越来越多的高质量股票此时拒绝追从。

熊市发展的三个阶段。

1. 熊市初期。这一阶段是出仓或分散(实际开始于前一轮牛市后期),在这一阶段,有远见的投资者感到交易的利润已达到一个反常的高度,因而在涨势中抛出所持股票。尽管弹升逐渐减弱,交易量仍居高不下,公众仍很活跃。但由于预期利润的逐渐消失,行情开始显弱。

2. 熊市中期。第二阶段为恐慌阶段,买方减少而卖方变得更为急躁;价格跌势突然加速,当交易量达到最高值时,价格也几乎直线落至最低点。恐慌阶段通常与当时的市场条件相差甚远。在这一阶段之后,可能存在一个相当长的次等回调或一个整理运动。

3. 熊市后期。坚持过来的投资者此时或因信心不足而抛出所持股票,或由于目前价位比前几个月低而买入。商业信息开始恶化,跌势依然持续。垃圾股可能在前两个阶段就失去了其在前一轮牛市的上涨幅度,稍好些的股票跌得稍慢些,在熊市最后一个阶段,这些股票就往往成为下跌主角。当坏消息被证实,几乎所有人都看跌,而且预计行情还会继续看跌,这一轮熊市就结束了。熊市里管理层对市场的多次呵护处于无效状态!每次只能短短反弹,然后跌得更深!因为每次反弹都被主力用来出货!值得注意的是,政策底后往往还需要等待市场底。

从历史走势来看:熊末牛初、牛市中期、熊市中期和牛末熊初都可能出现一段时间的无趋势走势,这也是我们观察到的A股大牛市通常出现的"宽底尖顶"走势,而局部牛市往往出现"尖底尖顶"的走势。

3.5 投资策略与交易品种

3.5.1 股债金的投资策略重点

前面讨论了股票、债券、现金等价物的走势。股票的预期收益最好,但大幅波动带来的风险也大；现金等价物的走势是没有风险的非负向上趋势，但收益率相对较低；债券处于两者之间，趋势向上，收益预期比股票小，波动相对也小。考查2003年至2021年股指、债指收益情况（见表3-1），表中股指简化为按照上证指数和深证成指的均值计算，债指简化为按照国债和企债的均值计算，股票市场的年化涨幅只有个位数，其中上证指数和深证成指年涨幅分别接近5%和9%，略强于债券指数，但波动极大，其中经历了两个大牛市，最大涨幅高达500%，最大熊市跌幅高达73%。由此可以得出，股债金的投资策略重点在于判断股市是否有投资机会。

表3-1 2003—2021年股指、债指涨幅表

	上证指数	深证成指	国债	企债	股指	债指
2003/7/1	1486.00	3224.00	101.53	104.67	2355.00	103.10
2021/1/1	3473.00	14470.00	183.78	249.44	8971.50	216.61
总涨幅	2.33	4.48	1.81	2.38	3.80	2.10
年涨幅（%）	4.96	8.95	3.44	5.08	7.93	4.33

图3-7给出了2003—2021年间股指、债指的对比图，从中可以清晰地看出股票市场的波动极大，而债市指数相对稳定。

图3-7 2003年1月1日至2021年10月1日股指、债指对比图

3.5.2 股市确定趋势策略

确定性趋势就是投资者可以看懂趋势并且股市未来走势符合投资者预期的情况。在这种情况下,顺势而为是最常见、最有效的投资方法,行话"看大势赚大钱"说的就是这个道理。对于确定性的牛熊市,顺势而为的常见操作方法就是"追涨杀跌",更为激进的顺势操作方法是:牛市不等回涨,熊市不做反弹,这体现了顺势而为的紧迫性;而对于确定的无趋势市场或震荡市,操作方法就是"高抛低吸"。

一、牛市投资策略

如果确定是牛市,那么首先就应该尽快满仓股票,其次是考虑哪些板块或者哪些股票未来涨幅更高。有持仓限制的投资者在持仓限制内变化仓位。

二、熊市投资策略

如果确定是熊市,那么首先就应该尽快空仓股票,其次是考虑债券与现金等价物的配置比例和仓位。有持仓限制的投资者在持仓限制内变化仓位。

三、无趋势策略

对于确定的无趋势、震荡市市场,首选高抛低吸法,跌下来就买,涨起来就抛。其次要考虑的就是投资股票、债券、现金等价物这三个不同投资市场的收益预期和仓位比例。

这种策略只适合自有资金的投资者,证券基金受限于规则不适合这种方法,但可以在更细的行业划分或者板块中考虑这种思路。

3.5.3 股市非确定趋势策略

实际上,确定性走势的情况是比较少见的,多数情况是投资者难以判断目前是处于哪种市场或者虽有判断预期但未来走势并非如此,这时候的策略有以下几种。

一、试错法

如果对目前是处于牛市、熊市还是无趋势市场不清楚,或者心里已经有了较大的把握,但还不完全确定,就可以采用试错法。

若怀疑牛市到来,先建一定仓位,设置一个止损位,一旦跌破这个止损位,便认定是原先判断错误,为了避免进一步的亏损要及时主动止损,如果判断正确,就陆续增加仓位,直至满仓股票。

若怀疑熊市到来，设置一个止盈位，先抛一部分仓位，获利为安，再跌再抛一部分，直至全部抛掉。如果判断错了，有两个选择：一是宁可错过，不能做错，选择债券和现金等价物市场，二是以一定比例仓位返回股票市场。

若怀疑是无趋势市场，先以小资金高抛低吸，找到感觉后，逐步加仓。

试错法是通过逐渐调整投资在股票、债券、现金等价物之间的不同资金比例，将资金逐渐集中在强势市场上，通过试错，寻找概率和赔率都有利的市场机会。

二、定投定抛

定投一般指每隔一段固定的时间，以固定的金额进行投资，也可以引申到每隔固定的指数价位以固定的金额进行投资。由于同样的金额在较低的价位可以买到更多的仓位，定投的成本汇总起来比投入期间指数价位的均价要低，简单容易实现是定投的魅力。定抛也是这样，抛出时由于很难把握高点，每隔一定指数价位就抛出固定仓位也是一个简单易行的抛出方法。

三、分散策略

通常我们对大势的判断没有那么确定，为防备风险，这时候往往采取分散策略，在股票、债券、现金等价物之间确定一个投资比例，例如6：2：2。这个投资比例可以在一定范围里变动，主要是为了防范风险。一般认为，在不同的投资市场分散投资是有利于降低风险的。

四、股债平衡

常见的股债平衡为50：50，设置不平衡调仓位置，例如差距10个点，有两种情况，45：55，或者55：45，这时候平衡到50：50，这种方法相对简单，比较适合平衡市或者震荡市，单边市如牛市也会保住部分盈利，熊市会降低成本。

对于偏向牛市或者熊市的时候，也可以调整比例如60：40、70：30等，或者反之。

五、价值投资

价值投资是股票投资的另一种常用方法，不判股市牛熊，只追求最有投资价值的上市公司股票长期持有。

3.5.4 半确定性两极逆势反转策略

逆势策略适用于长期趋势发生根本改变的反转情况。白天的尽头是黑夜，黑夜的尽头是白天。逆势反转情况发生的时机很少，一旦抓住了逆市反转，将获取所有策略中最大的收益。巴菲特说"别人贪婪的时候我恐惧，别人恐惧的时候我贪婪"用的正是这种策略。

然而逆势是违背人性的，很难把握，通常要将上述多种策略组合应用。逆势策略应用最好的情况就是大牛市的抄底逃顶，但没有可能抄底最低点和逃顶最高点，通常我们把在极点左边交易的叫左侧交易，在极点右边交易的叫右侧交易。下面就抄底逃顶做更详细的讨论。

1. 大牛市抄底。三次大牛市之前的市场都有一段时间的无趋势平底时间，而这段时间是最难熬的，常见的方法就是右侧交易，当大牛市逐渐崭露头角时，就可以适度仓位介入了，一旦确认，就满仓介入。

2. 大牛市的逃顶。大牛市的顶部多以尖顶出现，逃顶以左侧交易部分仓位或者全仓为好，一旦确认顶部，不论左侧、右侧，立即全仓退出，不能犹豫。退出以后，相当一段时间尽量不再进入。

3. 局部牛市的抄底逃顶。局部牛市的底顶型比较复杂，有尖顶尖底形态，也有其他形态，一般是始终部分仓位介入。

注意：底和顶都是一段区间范围，不要过高要求。比如2014年5月大牛市启动，5月至10月的1991—2400都可以看作底部，同样，之后4600—5178都可以看作顶部区域。

3.5.5 半确定性中段全进全出策略

确定性判断趋势是比较难的，但某些时候如牛市中段和熊市中段的确认相对容易些，由此产生了一些半确定性的投资策略，这里我们介绍一种全进全出策略。

如果确定牛市成立，立即满仓进入股市，一旦判断牛市结束，立即全部离开股市，回避熊市和平衡市以及非确定性趋势，在此阶段将资金投入债券或者现金等价物。

如果把牛市投资比作"吃鱼"，从鱼头吃到鱼尾，是很难做到的，一个简单的方法就是不追求鱼头鱼尾，能吃到美味的鱼中段就好。

全进全出策略理论上是一种收益非常高的策略，其目标是参与每一个（大）牛市，回避每一个熊市，但做到这一点是很难的，有时候需要结合试错法来判断趋势，发生错误时也会产生亏损，这时就需要仓位限制来化解风险。

全进全出策略另一个优点就是花费在股市的时间和精力比较少，比较适合中小投资者，也可以和其他策略结合起来。

3.5.6 策略约束

不同投资者的投资风格和个性偏好是不同的。

1. 收益。小资金投资者更看重高收益,大资金偏好稳定收益。

2. 风险。小资金投资者可以冒较大风险,大资金厌恶风险,巴菲特曾经说过:"投资最重要的三件事是:不要亏损、不要亏损、记住前两条。"

3. 流动性。散户或者自然人自有资金可以不考虑流动性,如果套牢可以不动,但机构投资者不行,例如开放式基金就要保持足够流动性以便面对赎回情况。

不同的偏好导致采取的策略约束不同,可以对上述不同策略进行组合以满足各种偏好。

3.5.7 宏观趋势对应投资品种

描述股市宏观趋势的常见指数有:

1. 上证指数(000001)

2. 深证成指(399001)

3. 创业板指(399006)

常见债券指数:

1. 国债指数(000012)

2. 企债指数(000013)

紧密跟踪指数的主要指数基金有:

1. 上证 50 ETF(510050)

2. 沪深 300 ETF(510300)

3. 中证 500 ETF(510500)

4. 创业板 ETF(159915)

5. H 股 ETF(510900)

6. 纳指 ETF(513100)

7. 德国 30 ETF(513030)

8. 金融 ETF(510230)

9. 黄金 ETF(518880)

10. 国债 ETF(511010)

除了宏观的趋势投资外,如果做个体品种的趋势投资,可以选择具体的股票品种和债券品种(见第四章),更简单有效的办法是选择一揽子股票集合的指数基金或债券基金，后者波动幅度较小，可以避免单一个体品种风险，流动性比单一品种好，免印花税，也比较节省时间和精力。

3.6 评测方法

实践是检验真理的唯一标准，无论投资者采用何种判势操作策略，最后总要落实在行动上，那么，评测投资者的判势能力或者择时能力最好的方法就是对投资者历史操作进行客观评测。

本书中讨论的投资品种主要集中在三大类：股票、债券、现金等价物，投资者宏观判势决定了其在三大类的仓位配置，评测方法忽略具体品种，只考虑具体品种归属的三大类别不同仓位在指定时间段对应指数的不同涨幅，计算收益率对比分析，由此评测投资者的判势能力。下面介绍具体方法。

3.6.1 仓位配置基准对比法

目前一种常见的判势评测法是仓位配置基准对比法，基金从业资格考试里也常采用该方法，其源于 Brinson 方法，设指定时间 T，投资者在股票、债券、现金的仓位分别为 e, b, c，在时间 T 股票、债券、现金的指数涨幅分别为 pe, pb, pc，则投资者的判势能力收益率 Ys：

$$Ys = e \cdot pe + b \cdot pb + c \cdot pc \tag{3-1}$$

设对比基准仓位配置比例为 8：1：1，则基准收益率 Bs：

$$Bs = 0.8 \times pe + 0.1 \times pb + 0.1 \times pc \tag{3-2}$$

那么，投资者基于判势主动操作产生的超额收益率可以通过计算以上两种收益率之差 $Ys-Bs$ 来体现，差距为正，表示投资者判势能力要好于基准收益率，反之亦然。

例如，

在指定时间 2018 年 1 月 1 日—2018 年 1 月 31 日，投资者在股票、债券、现金的仓位比例为 5：3：2，在此期间股票、债券、现金的指数、投资者和基准判势能力收益率如表 3-2 所示。

表 3-2　仓位配置基准对比判势评测示例

	起始指数	到期指数	涨幅（%）	投资者持仓	投资者收益率（%）	基准持仓	基准收益率（%）
股票	3307	3480	5.231	50%	2.6157	80%	4.18506
债券	213.49	214.07	0.272	30%	0.0815	10%	0.02717
现金	100	100.25	0.25	20%	0.05	10%	0.025
合计				100%	2.7472	100%	4.23723

可以看出：指定时间段涨幅最好的是股票，涨了 5.2%，投资者在此期间的收益率为 2.75%，比基准收益率 4.24% 差，说明投资者判势能力相对较弱，对股市上涨的趋势估计不足。

上述方法的优缺点如下。

优点：不考虑具体品种，只考虑指定期间股债金的仓位比例，通过收益率比较可以量化评测投资者的判势能力，直观地对投资者和基准值进行比较。

缺点：主要问题有两个。

1. 计算准确性问题。固定仓位很难符合实际情况，哪怕基准可以理想化固定仓位，但投资者的仓位随着行情和持有品种变化是不断改变的，实际情况如何准确地计算？

2. 评价体系问题。对有些投资者来说，仅仅比较基准是不够的，只知道投资者和基准哪个好还不够，还应该知道基准是好还是坏？进一步说，其他大多数投资者怎么比较，最佳是什么？最差是什么？投资者和基准大约处于最佳和最差中的什么位置？

解决第一个问题的基本思路是将指定时间细化为 n 个子时间段，当 n 足够大时，子时间段的仓位变化可以忽略，然后对子时间段的收益率汇总计算；解决第二个问题的思路是将收益率对比转为 100 分制评价，100 分最好，0 分最差，均值为 50 分，这样的评测体系很容易被理解。

结合上述两点的评测方法称为时间细化百分法。

3.6.2　时间细化百分法

时间细化百分法的实现方法主要分为两部分。

一、时间细化计算收益率

时间细化就是将指定时间段按照较小时间粒度细化为多个时间段，时间粒度是指对一段时间的描述，它可以是月、周、天、时、分、秒等。细化的时间粒度可以相同，也可以不同。为简单起见，以下仅讨论时间粒度相同的情况，时间粒度内的仓位变化可以进行简化忽略，例如采用粒度时间中的平均仓位，或者最后时刻仓位近似为整个时间粒度的固定不变仓位。从极限理论可以得知，当时间粒度足够小时，这种简化不影响计算准确度。

指定时间段的判势收益率计算步骤为：

Step-1: 设指定时间段为 T，细化为 n 个时间粒度，时间粒度相同，均为 t，则指定时间段可以分成 T/t 个粒度时间：

$$n = \frac{T}{t} \tag{3-3}$$

Step-2: 在任意一个时间粒度 i ($i \in [1, n]$) 内，投资者在股票、债券、现金的仓位分别为 e_i、b_i、c_i，在对应期间股票、债券、现金的指数涨幅分别为 pe_i、pb_i、pc_i，则投资者收益率 Ys_i 和基准收益率 Bs_i 根据仓位按照公式 3-1 和 3-2 分别计算。最佳收益率 Y_{imax} 为 100% 仓位配置 max (pe_i, pb_i, pc_i)，也就是满仓配置 e、b、c 中涨幅最大者；最差收益率 Y_{imin} 为 100% 仓位配置 min (pe_i, pb_i, pc_i)，也就是满仓配置 e、b、c 中涨幅最小者。

Step-3: 指定时间 T 收益率 Y_n 是对所含 n 个时间粒度收益率的汇总计算，公式为：

$$Y_n = (1 + y_1)(1 + y_2) \cdots (1 + y_n) - 1 \tag{3-4}$$

按照上述公式可以计算出指定时间段的投资者收益率 Ys、基准收益率 Bs、最佳收益率 Y_{max} 和最差收益率 Y_{min}。

时间细化部分的考虑要点在于时间粒度的选择，理论上时间粒度足够小的时候，对准确度无影响。但是粒度越小，n 越大，会受到粒度数据的获取和计算资源限制，这需要进行一定的权衡，时间粒度常用单位有分、时、天等。

在本书中，采用如下几个公式定义股票、债券以及现金等价物的指数涨幅：

股票指数涨幅 = $\dfrac{\text{上证指数涨幅} \times \text{上证指数流通市值} + \text{深证成指涨幅} \times \text{深证成指流通市值}}{\text{上证指数流通市值} + \text{深证成指流通市值}}$

债券指数涨幅 = $\dfrac{\text{国债涨幅} \times \text{国债市值} + \text{企债涨幅} \times \text{企债市值}}{\text{国债市值} + \text{企债市值}}$

现金指数涨幅 = 1 天国债回购 (204001) 涨幅均值

（注：国债指数代码 000012，企债指数代码 000013，逆回购指数代码 204001）

二、收益率转为百分制评价

将时间细化后计算的判势收益率转为百分制评价,要求 100 分最好,0 分最差,均值为 50 分,实现方法有下面几种。

(一)数据统计法

收集所有用户的数据,将其时间细化计算判势收益率后排序,收益率最高的接近 100 分,最低的接近 0 分,分数按照计算收益率大小线性分布排序,并保证所有用户的等分均值为 50 分。(参见 4.5.1 节排序评分法)

优点:转换分数简单直观,容易理解。

缺点:收集市场全部数据几乎无法做到,如果只是收集到一个小的集合群体数据集,与真实市场广大用户比较存在误差。

(二)最佳最差归一法

为了回避数据收集困难,理论上可以将每个时间粒度最佳收益率按照公式(3-4)计算得出最佳收益率 $Y_{\max}$,将每个时间粒度最差收益率按照公式计算得出最差收益率 $Y_{\min}$,再按照下面公式归一到百分制评分:

$$Score = \frac{Y_s - Y_{\min}}{Y_{\max} - Y_{\min}} \times 100 \qquad (3\text{-}5)$$

优点:理论上可行,特别是 n 较小的时候。

问题:当 n 很大的时候,最佳和最差收益率差距过大,计算出来的实际收益率会集中在某一区段上,分数分布离散性不好。这时候可能还需要再做一个分数影射 M(Score),将大多数评分按照收益率排序线性分布在 10—90 分,均值 =50 分,但由于缺乏全部数据,实现起来并不容易。

考虑到指数表达了平均情况,可以采用指数对应法。(参见 5.3.2 节总体评测)

(三)指数对应法

基本思路:大盘指数是个体品种的平均走势,设基准的仓位配置比例满足市场均值,基准收益率等于 50 分,大多数投资者收益率处于大盘指数的最大涨幅和最大跌幅之间,可按照收益率线性映射到 10—90 分,剩余少数收益率采用几何级数增长映射到两端,以便包括各种极端情况。

实施方法:设指定时间 T,在对应期间股票、债券、现金的指数涨幅分别为 pe, pb, pc,最大涨幅(指定时间内从指数低点到之后高点的最大涨幅)分别为 $Pe_{\max}$, $Pb_{\max}$, $Pc_{\max}$,这些指数涨幅的最大值为 $P_{\max}$,最大跌幅(指定时间从指数高点到之后低点的最大跌幅)分别为 $Pe_{\min}$, $Pb_{\min}$, $Pc_{\min}$,这些指数跌幅的最小值

为 P_{min}，则：

1. 若 $Bs \leq Ys < P_{max}$，则 Ys 评分：

$$Score = \frac{Ys - Bs}{P_{max} - Bs} \times 40 + 50 \tag{3-6}$$

若 $P_{min} \leq Ys < Bs$，则 Ys 评分：

$$Score = \frac{Ys - P_{min}}{Bs - P_{min}} \times 40 + 10 \tag{3-7}$$

2. 若 $P_{max} < Ys$，则 Ys 在此之上的涨幅按照不超过 1、2、5、10、20、50、100、200、500、1000 倍对应 91—100 分，超过 1000 倍的算 100 分；

若 $Ys < P_{min}$，则 Ys 在此之下的涨幅按照 P_{min} 剩余部分的 90%、80%、70%……依次比例减分直到 0 为止。

例如，给定指定时间 T，在对应期间股票、债券、现金的指数涨幅分别为 15%、5%、2%，最大涨幅分别为 35%、6%、3%，P_{max}=35%，最大跌幅分别为 −25%、−2 %、0%，P_{min}=−25%，设基准的股票、债券、现金比例为 8：1：1，Bs=0.8×15%+0.1×5%+0.1×2%=12.7%，则投资者收益率 Ys 的评分计算方法为：

若 Ys = 12.7%，则得 50 分；

若 12.7%< Ys <35%，则得分在 50—90 分区间，计算公式为 3-6。

若 −25% ≤ Ys <12.7%，则得分在 10—50 分区间，计算公式为 3-7。

得分在 10 分以下及 90 分以上的计算方法：

若 Ys=35%，则得 90 分；

若 35%<Ys ≤ 35% + 1×100%，则得 90+1 分；

若 35%+1×100%<Ys ≤ 35% + 2×100%，则得 90+2 分；

若 35%+2×100%<Ys ≤ 35% + 5×100%，则得 90+3 分；

以此类推，直至当前总收益率 ≥ 35% + 1000×100%，则得 100 分。

若 Ys=−25%，则得 10 分；

若 −25%−0.1(k+1)×75%<Ys ≤−25% − 0.1k×75%，则得 10−k 分。

3.6.3 时间细化百分法示例

对用户 "asuer" 进行分析，指定时间段为 2020 年 9 月 11 日至 2021 年 6 月 11 日。

一、时间细化计算收益率

时间粒度设为天。投资者和对比基准在几个关键时间点的数据见表 3-3。在指定时间内任意一个交易日 i ($i \in [1, n]$) 内，股票、债券、现金的指数涨幅 pe_i，pb_i，pc_i 分别为第 i 天收盘对比前一天收盘的涨幅，股债金指数计算简化为：股指 = 上证指数 + 深证成指；债券指数 = 国债指数 + 企债指数。投资者收益率 Ys_i 根据当天仓位按照公式 3-1 计算，并在此基础上按照公式 3-4 计算指定时间段投资者收益率 Ys。考虑到基准仓位为理想的不变仓位，基准收益率可以简化为对应仓位乘以经历时间段的股债金涨幅，而不必逐日计算。指数对应法不需要计算最佳收益率和最差收益率。

表 3-3　投资者和对比基准的数据

日期	股指涨幅	债指涨幅	现金涨幅	投资者仓位	基准仓位
2020/09/11	0.00%	0.00%	0.00%	（9.6：0：0.4）	(8：1：1)
…					
2020/11/11	4.26%	0.50%	0.50%	（9.5：0：0.5）	(8：1：1)
…					
2021/01/11	12.55%	0.99%	1.00%	（9.5：0：0.5）	(8：1：1)
…					
2021/03/11	6.27%	1.65%	1.49%	（9.5：0：0.5）	(8：1：1)
…					
2021/06/11	11.23%	2.90%	2.27%	（9.5：0：0.5）	(8：1：1)

图 3-8 表示三大类别指数在对应时期的涨幅走势曲线。图 3-9 表示投资者在指定时期内的三大类别持仓占比图。

图 3-8　股票、债券、现金在指定时期内的指数涨幅走势

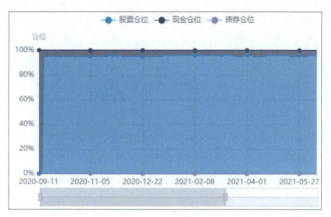

图 3-9　投资者在指定时期内的三大类别持仓占比图

二、收益率转为百分制评价

示例采用指数对应法，计算指数最大涨幅 P_{max} 和指数最大跌幅 P_{min}。指数最大涨幅 P_{max} 对应 90 分，指数最大跌幅 P_{min} 对应 10 分。图 3-10 给出了用户判势收益率、基准判势收益率和指数最大涨幅、指数最大跌幅对比。图 3-11 给出了用户和基准收益率根据公式 3-6 和公式 3-7 计算的指定期间判势得分形成的走势图。总体来说，投资者得分处于基准值附近，显示出投资者在此期间的判势能力一般。

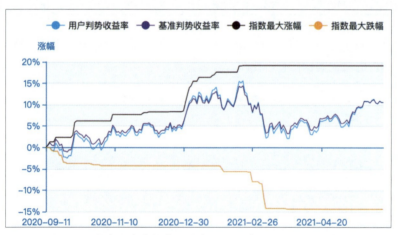

图 3-10　用户、基准判势收益率和指数最大涨幅、跌幅对比

图 3-11　用户和基准判势得分走势

3.6.4　应用

时间细化百分法计算的是指定时间的总收益率，通过它细化后的分时走势、多日均线（粒度）走势和股票、债券对应走势的对比，可以总结投资者的个人偏好和用户画像。

三大类评价宏观判势比较适合对这三类投资没有限制的投资者，特别是自然人，而对这三大类投资比例有所限制的机构如股票基金或者债券基金，可能更关注细分类别例如行业、板块的仓位配置。

3.7　平台实训

本章实训内容将判势、操作和评测结合起来，更有利于提高判势能力。

3.7.1　趋势判断

每周写一次关于股市趋势走势的判断报告，内容包括：

1.大盘分析，谈谈你对最近一段时期的大盘走势的理解，牛市？熊市？震荡市？无趋势？

2.未来预期：关于未来会如何发展谈谈你的看法，有几种可能？概率预期？

3. 操作策略：① 以往的预期和已经完成的操作是否符合上次的预测；② 依据你的走势预期判断，你将进行的操作、仓位配置计划等。

3.7.2 投资操作

模拟投资操作，使用量化选择工具，选择股票、债券等，或者直接选指数基金。

3.7.3 评测比较

总评分：在参加模拟投资比赛后，系统会在每个交易日定期算出每位参赛者的判势能力收益率以及折算得分，所有交易日的等分均值为总得分，得分越高，证明投资者对当前的市场形势更清晰，判势能力也就越强。

历史得分曲线：投资操作过程中每个交易日的得分构成历史得分曲线，投资者可以通过回顾历史得分来总结经验教训，提高自己。点击总得分，可以观看历史得分曲线。

得分对比：参赛用户可以通过得分对比了解自身的判势能力在整个参赛群体当中所处的位置，评分越高，排名越靠前。

3.8 小结

- 股市的历史趋势是波动很大，总体上大致向上的趋势。
- 债市的历史趋势是波动较小，总体趋势明显向上，收益率的预期通常没有股票高。
- 现金及等价物的历史趋势是总体向上，没有回调的单调上升趋势，但收益率预期较低。
- 股市的趋势分为三种：牛市、熊市和无趋势。
- 三角度宏观判势：历史走势、价值估值、博弈环境。
- 股债金的投资策略重点在于判断股市是否有投资机会。
- 股市确定趋势策略：牛市追涨入场、熊市杀跌离场、震荡市高抛低吸。
- 股市非确定趋势策略：试错法、定投定抛、分散策略、股债平衡、价值投资。
- 策略约束：不同投资者的投资风格和个性偏好对投资三要素——收益、

风险、流动性要求不同。
- 评测方法：判势能力评测是对投资者历史操作的股票、债券、现金的仓位配置进行客观评测。

本章习题与实训

一、选择题

1.（单选）有关市场趋势的判断，下列说法错误的是 ____。

   A. 在牛市趋势下操作，通常盈利机会大于风险

   B. 在熊市阶段逆势操作，通常盈利机会大于风险

   C. 无论是牛市还是熊市都存在盈利机会

   D. 无论是牛市还是熊市都存在风险

2.（单选）有关大牛市的界定特征，下列说法正确的是 ____。

   A. 涨幅 >50%，持续时间 > 一年

   B. 涨幅 >80%，持续时间 > 一年

   C. 涨幅 >100%，持续时间 > 一年

   D. 涨幅 >100%，持续时间 >0.5 年

3.（单选）有关大熊市的界定特征，下列说法正确的是 ____。

   A. 跌幅 >100%，持续时间 > 一年

   B. 跌幅 >50%，持续时间 > 一年

   C. 跌幅 >100%，持续时间 >0.5 年

   D. 跌幅 >50%，持续时间 >0.5 年

4.（单选）有关国债和企业债，下列说法正确的是 ____。

   A. 国债的风险、收益均高于企业债

   B. 国债的风险、收益均低于企业债

   C. 国债是完全无风险收益债

   D. 国债的波动和回调幅度大于企业债

5.（单选）有关三阶段判势法，下列说法错误的是 ____。

   A. 牛市发展的三个阶段为：初期、中期、后期

B. 熊市发展的三个阶段为：初期、中期、后期

C. 从历史走势来看，熊末牛初、牛市中期、熊市中期和牛末熊初都可能出现一段时间的无趋势走势

D. 牛市和熊市每个阶段表现形式基本相同

6.（单选）有关股市判势投资策略，下列说法错误的是____。

　　A. 顺应投资市场趋势的常见操作方法是"追涨杀跌"

　　B. 在牛市或熊市只能采用试错法进行投资

　　C. 面对无明显趋势的市场，可以采取定投定抛、分散投资、股债平衡、价值投资等策略

　　D. 对于确定的无趋势市场或震荡市的常见操作方法是"高抛低吸"

7.（单选）有关半确定性趋势策略，下列说法正确的是____。

　　A. 两极逆势反转策略适用于短期趋势发生突变的反转情况

　　B. 两级逆势反转策略比较容易把握

　　C. 中段全进全出策略更加适合非专业投资者，花费在股市的时间和精力相对较少

　　D. 中段全进全出策略可以让投资者做到参与每一个牛市、回避每一个熊市

8.（单选）有关投资策略的约束条件，下列说法错误的是____。

　　A. 不同投资者的投资风格和投资偏好是不相同的

　　B. 小资金厌恶风险、大资金可以冒较大风险

　　C. 相比于散户，机构投资者更看重流动性

　　D. 偏好不同导致了采取的投资操作策略不同

9.（单选）在投资期间，股票、债券、现金指数的涨幅分别为5%、2%、1.5%，投资者的股债金仓位配置比例为5：3：2，假设股债金基准仓位配置比例为8：1：1，且投资者的持仓占比不发生变化，则在这段时间内投资者的判势收益得分为____。

　　A. 52.83

　　B. 48.63

　　C. 36.67

D. 65.66

二、填空题

1. 有关三角度宏观判势，影响股市未来走势的因素包括：____、____、____。

2. 分别举例三角度宏观判势的特征：____、____、____。

三、判断题

在震荡市场状态下，股价线与移动平均线处于缠绕状态。　　　　（　）

四、简答题

1. 判断当前市场形势属于哪一类型？理由？

2. 分别举例指出历史上某一特定时期市场形势属于典型的牛市或熊市，不要和书中相同。

五、计算题

表中给出了某位投资者在一段时期的持仓数据以及对应的指数数据。根据表中的数据，计算在给定时间内的用户判势收益百分制得分（给出计算过程，所有结果保留小数点后两位）。

	起始指数	到期指数	投资者持仓	基准持仓
股票	3200	3300	40%	80%
债券	210	215	30%	10%
现金	100	100.3	30%	10%

六、实训

1. 在上次实训的模拟投资实验中，回顾自己的投资决策，目前实际的投资结果符合你当时的预期吗？分析并总结。

2. 通过评测诊断模块查看当前排名以及判势得分，自己的判势得分和判势水平如何？是否对自己的投资效果产生了影响？分析并总结。

3. 从和其他人对比的角度，结合模拟投资排行榜的择时得分以及收益情况，当前班级中谁的择时表现"较好"，给出你的看法并说明原因。

4. 按照平台实训的趋势判断内容，每周写一份趋势判断简要报告（3—10行），发在海知社区操盘日记栏目，供日后检验评测用，可以在周末写。

具体实施

在明确了做什么之后,
怎么做的细节往往决定成败!
要认真做好每一个环节,
更要用心做好每一个环节。

4.1 证券品种的选择方法

个体证券品种选择能力会影响到投资者的直接收益,证券的品种、数量随着市场多样化的高度发展与日俱增,直接选择的难度不断加大。常用方法是二级选择,先是构建多只证券品种组成的候选集,再从候选集中选出真正交易的证券品种。

从不同的角度看市场,就有不同的候选集构建方法,从目前主流的趋势投资、价值投资和博弈投资来看,构建候选集的证券品种主要有三种方法。

4.1.1 趋势投资选股

趋势投资考虑的一个重要方面就是技术面的一系列指标,这些指标主要有:多日均线、指数平滑异同移动平均线(Moving Average Convergence Divergence,简称 MACD)、随机指标(Stochastic Indicator,简称 KDJ)、乖离率(BIAS)等,在此基础上构建候选集。所有分析都建立在这样一个理论基础之上:证券价格过去的变化可以用来预测未来价格变化。技术分析师们相信这些价格模式反映了投资者对众多经济、政治和心理因素不断变化的态度。技术分析广泛应用于股票指数、个股、债券、外币等许多投资。那些相信或者至少留意技术分析的投资者更在意的是股价过去的记录而不是公司现在的真实价值。

技术面选股的一个很重要的指标就是均线,主要有 5 日、10 日、20 日、30 日、120 日、250 日日均线。

4.1.2 价值投资选股

价值投资主要考虑基本面,其理论基础是:任何证券都有一个内在价值。例如,普通股的价值取决于以下因素:市盈率、成长性、市静率、净资产收益率、未来期望收益、红利分配以及这些因素的不确定性。基本面分析师认为证券的内在价值是可以估计的,而且证券最终应该以其内在价值出售。基本面分析师寻找那些低估或者高估的证券,这些证券的价格偏离其内在价值,他们希望从未来的价格调整中获利。

提高人基本面选股的效率方法可以通过前面章节所述的单因子选股和多因子选股构建候选集。

4.1.3 博弈投资选股

从博弈投资决策生成的角度来看,可以分为概率计算+个性偏好两部分。

一、概率计算的自动投资算法

一种常见的计算机辅助选股的方法是基于概率计算的量化候选回测,借助计算机统计候选和历史回测来辅助投资者决策,其步骤为:

(一)对基本面、技术面、多种量化因子以及其他方法综合考虑构建候选集;

(二)在候选集中按照某种排序规则选出代表品种;

(三)将这些品种代入历史数据集测试其表现;

(四)如果表现不满意,转(一),否则选股结束。

二、基于个性偏好的选股方法

(一)自然语言选股

表达个性偏好最自然的方式就是自然语言选股,人们可以用自然语言来描述自己喜好的品种,例如,

"最近涨得不错的投资品种有哪些?"

"看看有哪些不会赔钱只能盈利的品种?"

"人工智能板块里的市盈率低的有哪些?"

"银行股的领头羊?"

自然语言选股需要对自然语言处理,解析为多个因子的查询语句,并将查询结果返回给用户,进而构建投资品种候选集。

(二)走势对比选股

有比较才有鉴别,类似于赛马,可以从多个品种的走势对比中进行选择。

(三)专家、专家系统推荐

影响个性偏好决策的另一种形式就是他人推荐。三人行必有我师,倾听别人好的建议,查询互联网上的信息,甚至参考计算机专家系统自动给出的建议,来确定候选集里的品种。

4.1.4 债券品种选择

在第二章中介绍过,债券的选择要点有三个:到期收益率、剩余年限、风险/信用。投资者所处位置不同,对这三个指标的考虑不同。

1. 到期收益率。回避收益率太高的债券,这往往意味着更高的风险,尤其是在2018年以后打破刚兑带来的债券风险。例如中国银行保险监督管理委员会党委

书记、主席,中国人民银行党委书记郭树清提及非法集资风险时强调:"收益率超过6%就要打问号,超过8%就很危险,10%以上就要准备损失全部本金。"

2. 剩余年限。年限越长不确定性越高,要避免选择低等级的年限长的债券,例如等级 AA 或者等级 AAA 的债券;相对而言,国债的剩余年限长短对于防范风险不那么重要。

3. 风险/信用。至关重要!相对于个人投资者,机构投资者更注意风险防范。

4.2 证券品种的分类体系

市场上已经存在一些传统的股票板块分类方法,主要是依据地域、行业或者某种特定的概念进行分类,但还不够完善。

我国股票市场已经有 4000 多只股票,而且数量还在不断增长,投资者要直接对这么多只股票进行宏观了解,并快速定位到符合个人偏好的股票,成为一件越来越难的事情。就像在数千名学生中了解一个学生的表现,仅知道学生的成绩是不够的,还需要知道这个学生在班级内的表现,以及这个班级在年级甚至学校中的表现。同理,在金融市场上要想了解一只证券品种的表现,一个好的办法就是了解这只证券品种在群体的表现以及这个群体在更大的群体甚至整个金融市场的表现。也就是说需要建立一个由个体组成群体,群体和个体、群体和群体组成大群体乃至总体的多层次的市场体系。

目前,市场中对证券品种的层次构建通常采用的是一种人工的划分方式。常见的划分特征有证券品种所属的行业、地域、概念等,这些属性只是描述证券品种的部分属性,本书旨在建立一套更加完善的证券品种动态分类体系,研究它们之间的关系,便于投资者更清晰地了解市场全貌。

4.2.1 个体证券品种

个体证券品种通常具有一个或多个类别属性,用以表示某一类别的特征信息,属性又被称为标签,常见的属性有以下几种。

一、地域属性

证券品种对应上市公司所属的地域,例如上海板块、新疆板块。

二、行业属性

证券品种所属的行业,如石油化工、电力设备、重工机械等;行业还可以细分,例如根据对经济周期的反应来划分行业。可分为以下几种。

(一)周期型行业。行业表现与经济活动运行密切相关的行业,例如汽车制造、建筑、造纸、石油石化等。

(二)防守型行业。行业表现对经济活动相对不那么敏感的行业,包括电力、燃气、制药等公共事业公司。

(三)增长型行业。销量额迅速增长而且往往不受经济周期影响的行业,例如IT、互联网等新兴行业。

三、概念属性

例如雄安概念、儿童医疗概念、壳资源概念等。

四、量化属性

按照量化指标中的特征分类,例如低市盈率板块、小市值板块等。

五、市场指数

按照市场动态变化的一些类别,例如50成分股、沪深300成分股等。

六、用户属性

某一个用户或某些用户所偏好的投资品种,例如巴菲特持仓股、王XX持仓股、高校大赛状元持仓股等。

七、聚类属性

根据计算机算法聚类而成,例如同涨同跌的联动关系、时序跟随的轮动关系等。

八、自定义属性

随个人偏好而定,例如投资者自选类别等。

4.2.2 群体证券品种

同时具备一个或多个相同属性的证券品种个体或群体构成一个新的证券品种群体。群体的属性由这个或者这些共同的属性确定,群体指数由群内所有个体综合计算得出,例如银行板块指数、上证指数、深证成指等。常用的指数计算公式为:

$$群体指数 = \frac{计算期总市值}{基期总市值} \times 基期指数 \qquad (4-1)$$

也可以采用流通股本的计算方法进行计算：

$$群体指数 = \frac{计算期样本总市值/流通总市值}{基期样本总市值/流通总市值} \times 基期指数 \qquad (4\text{-}2)$$

指数计算还需考虑的情况有：

1. 群体组成情况随时间变化而变化，有时需要事先指定需要计算的时间区间；

2. 群体内个体存在变动的情况，如新股及次新股等个体的属性会随时间变化而发生变化，使得部分个体不再属于原先的群体；

3. 群体之间存在合并的情况；

4. 群体可能会新增抑或消失，如新概念的出现会导致新群体的诞生，同时某些概念随时间的逐步淡化也会导致某些已有的群体逐步丢失其成员个体而消失。

4.2.3 总体层次结构

由所有的证券品种个体和群体构成总体。例如，股票市场由上证和深证所有个体构成，其中又可以分为层次不同的多个群体。从总体自顶向下展示的多层次分类体系的顶层如图 4-1 所示。

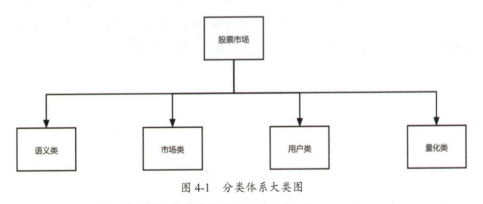

图 4-1　分类体系大类图

在图中，将股票市场按照语义、市场分析、用户行为以及量化分析四个不同的角度对股票市场进行分类。

一、语义类

语义类主要是根据股票群体自身的一些固有含义属性进行划分，主要包含地域、行业以及概念三个类别，这三个类别同时也是市场上比较流行的对股票的划分依据，如图 4-2 所示。

地域类就是按照股票上市的所在地区对股票进行划分，行业类就是按照上市公司主要经营产品所属的行业对股票进行分类，例如银行、证券、保险、通信设备、公交等。概念类是按照股票所具有的一些属性，按照不同属性拥有的不同特征进行分类，例如第五代移动通信技术（5th Generation Mobile Communication Technology，简称 5G），ST（Special Treatment）板块、黄金概念、阿里巴巴概念等。

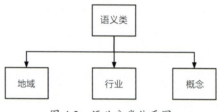

图 4-2　语义分类体系图

由于市场情况在不断变化和更新中，因此类别属性和股票的上市和退市一样，也会存在着更新和消亡。比如随着近几年市场中 5G 概念的兴起，股票市场中就出现了 5G 概念，而原先的 4G 概念也就在时间的更替中消失。

以行业类为例进行完整结构论述，目前海知平台将行业划分为 66 个不同的类别，每个类别中又包含了相应的股票。当然随着时间的推移，行业类别可能会发生调整，但并不会改变整体的框架结构，具体的行业结构如图 4-3 所示。

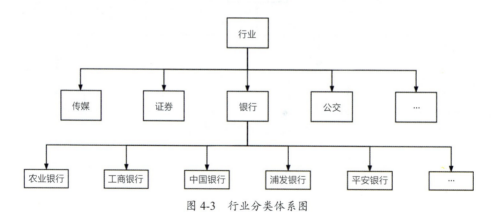

图 4-3　行业分类体系图

二、市场类

市场类可以细分为根据市场变化的市场指数、系统聚类和用户自选类。例如，对于中国股市最具代表性也是投资者最为关注的上证指数、深证成指、创业板、沪深 300 等。这些指数数据通常能够反馈市场整体的情形，帮助投资者快速了解市场行情整体走势，从而更好地作出决策。而用户自选反映的多是用户个人偏好的证券品种。

三、用户类

用户类指的是某一个用户或某些用户所偏好的投资品种。投资高手的偏好品种往往会引起具有从众心理的人们跟随，例如巴菲特看好的股。从观察来看，用户类最直接的表达就是投资者正在持有的投资品种，表现好的投资者的持有品种可以作为正例学习，表现差的投资者的持有品种可以作为反例借鉴，而持有共同投资品种的投资者们更容易找到共同的关注点和话题，也可以更方便地交流经验。

例如海知平台用户分类体系如图 4-4 所示。

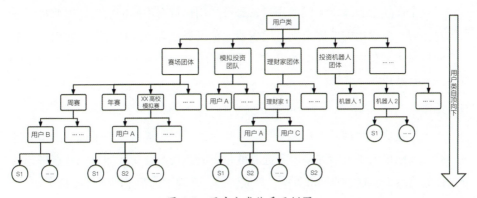

图 4-4 用户分类体系示例图

目前将用户类划分为几个不同的类别，包括赛场团体、模拟投资团体、理财家团体以及投资机器人团体。其中赛场团体下面包含了用户参加的各种各样的比赛，比如目前定期举办的模拟投资周赛、年赛以及创建的其他类型的比赛等，每一场比赛下包含了各自的参赛用户。模拟投资团体主要包含所有参与了模拟投资的用户；理财家团体，主要是由理财家用户构成的群体；投资机器人团体中包含了自动进行模拟投资的机器人。

以理财家团体为例展示用户类下的具体结构，如图 4-5 所示。

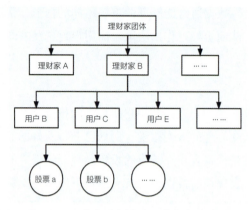

图 4-5　理财家团体下的用户分类体系图

每一个团体中包含了不同的用户，每一个用户持有不同的股票，因此将每一个用户作为一个股票的群体类别，代表着一种投资组合。这样可以方便用户了解自己的炒股水平在用户群体中的定位，从而能够参考学习更优秀的投资者的投资策略，不断提升自身水平。

四、量化类

关于量化类，目前对于量化类主要是从单因子选股或者多因子选股的角度进行，第二章中单因子选股和多因子选股就是将股票按照自身所拥有的特点进行划分，比如单因子选股中的低市盈率、高股价等，多因子选股之间混合选股等。

构建证券品种的分类体系还需要考虑以下问题。

（一）基本集的构造问题，基本集是指每个股票具有一个主属性，由此建立一个互斥全覆盖的分类体系。这也是一个约束满足问题。例如，主属性的确认要和走势匹配，要考虑类别集中度，分类不能太散，等等。

（二）扩展集的兼类处理问题，以及动态时序下的属性权值计算。

（三）类别指数计算问题。

4.3　证券品种的走势对比

前面章节介绍的很多量化方法多是基于证券品种本身的属性，这往往还不够。有比较才能鉴别，要更深入地了解，就需要知道证券品种个体本身和其他个体品种的走势对比，以及证券品种所在群体内的个体对比和证券品种所在群体和其他群体之间的对比，这样才能更清晰地理解证券品种。推而广之，走势对比方法可以分为三类：基于群体颗粒度、基于时间颗粒度和基于用户颗粒度的对比方法。但在此之前，需要对多品种走势比较的呈现方式进行完善。

4.3.1 多品种对比的立体模型和降维视图

这里的证券品种指的是股票、债券、基金、权证、期货、指数、板块等可以用证券软件描述走势的品种，可以是个体，也可以是群体。

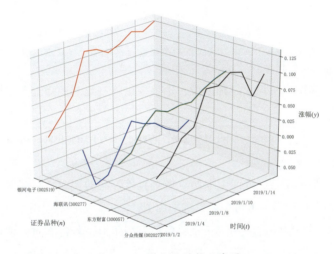

图 4-6　三维立体结构示意图

图 4-6 是用一种三维立体结构表示多品种的证券走势图，三个坐标轴分别为：n、t、y，其中，n 表示证券品种个数，其取值范围为 $1 \leqslant n < M$，其中 M 为足够大的自然数；t 表示时间，其取值范围为 $-\infty < t < +\infty$，为便于比较，需设定基准时间为 t_0；y 表示证券品种在时间 t 的价格相对于时间 t_0 价格的涨幅，其取值范围为 $-\infty < y < +\infty$，任一品种在 t_0 时的涨幅 $y_0=0$，y_0 的作用相当于比赛的起跑线。由于证券品种的涨幅和价格存在一一对应关系，y 表示的涨幅也蕴含着该品种的价格。

在一般情况下，该立方体可以旋转不同的角度展现不同的视角供用户观察，图 4-7 给出了两种不同角度的示例。

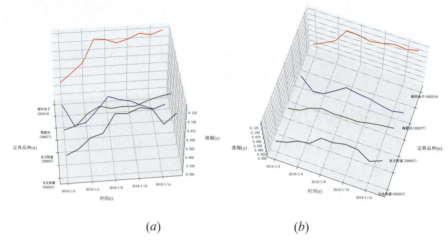

(a) (b)

图 4-7 三维立体结构中以两个任意角度观察所得的示例图

考虑到很多用户习惯于二维图像，本书提出将三维图像降维到二维图像的两种方法：

1. 切面方法：沿着某一方向取一点作垂直于该方向的切面，可得一幅二维平面图；

2. 切块投影：在某一方向上取两点作垂直该方向的切面，对这两个切面之间构成的切块作垂直投影，可得一幅二维平面图。

上述方法在一般情况下用于三维图像任一视角上，若将方向分别选择三个坐标轴，我们可得常见的侧视图、俯视图和正视图，以下分别加以介绍。

侧视图：通过调整视角，使得三维模型的侧面正对用户，可得到 ty 侧视图。

1. 如果在 n 轴上选择某一证券品种 i，在 i 处做一垂直于 n 轴的切面，该切面以 t_i 和 y_i 作为坐标轴的平面就是目前所常见的以 t_0 为参考值的平面走势图，如图 4-8 所示。

2. 如果在 n 轴上截取 n_1 至 n_2 的 K 个品种，则 K 个品种在 ty 平面图上的投影是 K 个品种之间的相互比较，如图 4-9 所示。

3. 如果 K 足够大时，侧面图上的 K 个品种的走势堆叠在一起，很难观察。

可以看出，现市面上存在证券软件中走势的表达方法只是图 4-8 中某一切面或图 4-9 中 K 值很小时切块的投影。

侧视图的问题：如果品种数量较多，表达多品种的走势曲线容易混淆，难以辨别。

正视图：通过调整视角，使得三维模型的正面正对用户，可得 ny 正视图。

第 4 章　具体实施

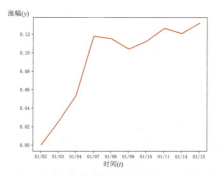 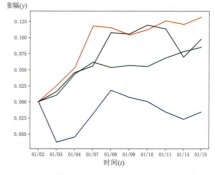

图 4-8　三维立体结构侧视图中切面示意图　　图 4-9　三维立体结构侧视图中切块示意图

1. 如果在时间轴 t 上选择某一时刻 t_i 做一个垂直于 t 轴的切面，该切面以 n 和 y 作为平面坐标轴的一个正面图，每个品种在 t_i 时刻上相对于基准时刻 t_0 的涨幅在 ny 轴上显示为一个点。

2. 如果在任意一段时间 t 内做一个切块，则每个品种的走势轨迹在 ny 轴上的投影为相对应 t 的一条线，线的两端分别对应该品种在时间段 t 内的走势的最高点和最低点。

3. 如果在包含最新时刻 t_{latest} 的一段时间 t 内做一个切块，则每个品种的走势轨迹在 ny 轴上的投影为包含位置点 y_{latest}（相对应 t_{latest}）的一条线，线的两端分别对应该品种在时间段 t 内的走势的最高点和最低点，如图 4-10 所示。

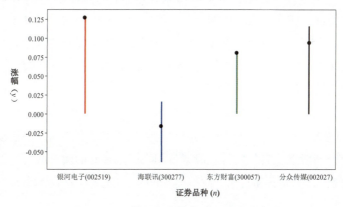

图 4-10　三维立体结构中正视图的示意图

在 ny 轴平面图上，一幅画面分为 n 个并行跑道，各证券品种按照某种分道方法分配在相应的跑道上，和跑道垂直的有一根时间基准线 t_0，各品种在时间 t_0 时刻的位置都处于位置基准线上，即 $y_0=0$，证券品种在跑道上的三要素为：位置、标识、轨迹。

1. 跑道。跑道宽度受限于屏幕画面表示品种的个数。

2. 位置。位置处于跑道内，随着时间 t 的推移，各品种在该时间点 t 的跑道上，位置 y 为该品种价格相对于基准线价格的涨幅，最新时刻 t_{latest} 在跑道上对应的最新位置点 y_{latest}，通常用点或垂直于跑道的线表示，简称为"位置点"或"位置线"。

3. 标识。是基于跑道或基于位置的，通常以证券代码表示。

4. 轨迹。取决于在时间 t 轴选取某一时间段 T 切块在 ny 轴平面上的走势投影，运动轨迹的表示方法可以有多种形式：点线形式、柱状图、时间渐变形式、多级时间段（多切块）等。

另一个维度是俯视图，呈现出来是一条线。考虑到能够清晰比较多个品种走势的优点，本书在多品种对比时常用正视图或者俯视图表达。

在品种个数达到几十个、数百个甚至更多时，即使是正视图表达，也难以分清密密麻麻的跑道，其实这时候人们比较关注的是涨幅前面的品种和涨幅后面的品种，反而对中间大部分品种关注不多，这样可以采用拉链式结构表达，拉链拉开的两端涨跌幅呈交叉式递减排列，拉链没有拉开的另一头表达的那些品种收敛于这些品种的平均涨幅，也就是大家不大关心的中间部分。

4.3.2 基于群体颗粒度的对比

群体等价于集合，在群体规模最小的时候，其仅包含一个个体，在群体规模最大时，它等同于包含所有个体的总体。群体的颗粒度指的是包含个体的多少。一般来说，一至多个个体组成群体，个体和群体可以组成新的群体。基于群体颗粒度的对比主要有三种形式：在给定时间区间内群体和群体的比较、同一群体内个体之间的比较以及群体和个体的混合比较。

借鉴市场上比喻业绩良好或者表现突出的公司股票为白马股或黑马股，股票市场可以比喻成一片草原，上市公司股票走势就是草原上不同马的运动轨迹。选择好的上市公司股票或者好的行业股票就相当于选择好的骏马或者马群，不仅要看马的本身素质，还要看和其他马或马群之间的走势比较，这被比喻为"伯乐相马"方法。

伯乐相马走势比较方法主要有以下几种。

一、自顶向下比较法

要想对整个草原有一个全景的了解，先宏观看看草原上有哪些马群，它们的表现如何？如果找到想关注的马群，再选择该马群，看看马群内部各马的走势表现，这样就容易建立起对整个草原总体多层次概貌的了解。

例如图 4-11 给出的语义类的自顶向下结构示意图。

如果选定行业向下展开，指定时间为 2021 年 10 月，如图 4-12 给出了 2021 年 10 月各行业走势的拉链式比较图。在 2021 年 10 月 8 日至 2021 年 10 月 22 日这段时间，上证指数涨幅为 0.4%，从行业对比图可以看出，新材料涨幅最高，为 6%，电力的跌幅最明显，为 -11.74%。

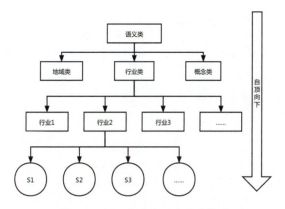

图 4-11　语义类的自顶向下结构图

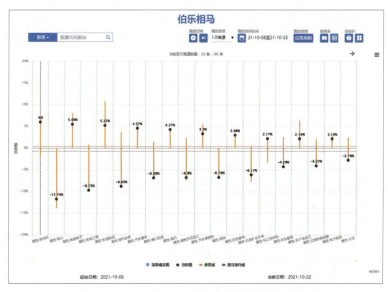

图 4-12　2021 年 10 月各行业走势拉链式比较图

如果选择涨幅最好的新材料行业观看该行业内部的表现，从图 4-13 中可以观察到，2021 年 10 月，福达合金、*ST 海源涨幅惊人，虽然索通发展和沃尔核材大幅度拖了新材料行业的后腿，但新材料行业整体表现依旧向好。

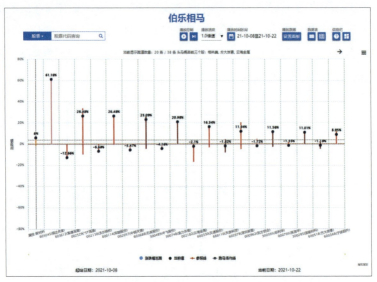

图 4-13　2021 年 10 月新材料行业成员股走势比较图

在自顶向下比较法中，投资者的视野范围将从总体全景逐步具体到特定群体，也可再进一步精确定位在某些个体品种上，通过不同层次、不同粒度的比较，给人一个从宏观到具体的多层次市场的观察视角，适合对整个证券市场现状了解不多的投资者。

二、自底向上比较法

很多情况下，投资者已经有了自己的个体投资品种，他们更关注其具体投资品种的表现，而对其投资品种所在群体的表现和市场总体的表现缺乏了解，群体和总体对其个体的相互影响认识不足，这不利于进行正确的理性投资。就好像知道一个学生的成绩，但不了解他在整个班级的排名，也不知道班级在学校的排名，这样就很难评价该生的成绩优劣。为此有必要为投资者提供从具体品种到总体表现的自底向上比较法。

图 4-14 给出了语义类的自底向上结构示意图。

第 4 章　具体实施

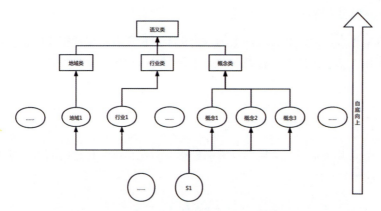

图 4-14　语义类的自底向上结构图

例如，某投资者喜爱的投资品种是平安银行，他想看看平安银行在所在群体里的表现，时间依然选择 2021 年 10 月，选中平安银行向上查询，结果如图 4-15 所示，可以看出，平安银行所属的上位属性包含了银行、融资融券等。在 2021 年 10 月，虽然平安银行及其上位属性银行跑赢了上证指数，但是它隶属的其他属性走势均不太理想。投资者可以选择银行板块继续向上查看，或者向下查看平安银行在银行股里的表现。

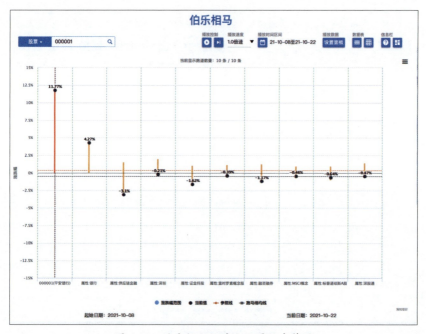

图 4-15　平安银行及其上位属性走势图

105

三、群体之间自由穿梭法

结合上述自顶向下和自底向上的两个例子，投资者可以根据实际操作以及个人投资兴趣，灵活运用上下查看，在群体之间自由穿梭，好好地了解整个市场，以便进行高效的判势以及选股。

4.3.3 基于时间颗粒度的对比

上一节是基于指定时间段的证券品种相互对比，本节讨论时间段变化时证券品种走势的相互对比。

一、不同时间段同样颗粒度股票或者属性走势之间的对比

投资个体品种和群体品种在不同时间段相互对比的表现可能不同，甚至相反，这反映了某种轮动性，或者说是物极必反。

例如，如图 4-16 所示，2021 年 8 月，上证指数上涨 4.31%，零售股在这段时间也上涨了 5.38%，相较于整个市场，零售股在这段时间中表现相对较好，其中表现最好的是天音控股，涨幅为 161.91%，表现最差的是南极电商，涨幅为 −23.09%。而在 2021 年 10 月上证指数涨幅为 0.4%，银行股整体涨幅为 1.12%，同样是南极电商，在零售股中表现较好，一个月的涨幅累积为 12.43%，如图 4-17 所示。

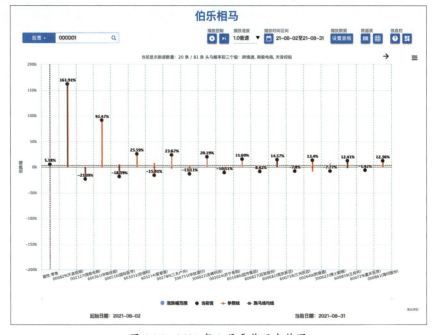

图 4-16　2021 年 8 月零售股走势图

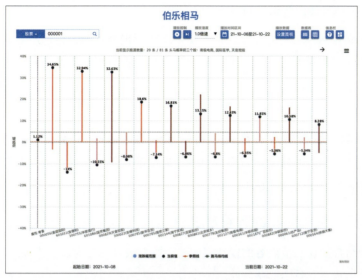

图 4-17　2021 年 10 月 08 日至 2021 年 10 月 22 日零售股涨跌幅图

二、n 个连续同颗粒度时间同向运动的证券品种

如果在 n 个连续同颗粒度时间同向运动的证券品种有 k 个，这 k 个品种具有联动性。如果这 k 个品种属于不同的群体，有必要通过计算机聚类算法来将它们聚类为一个群体。

三、在同一个时间段，不同时间颗粒度上股票或者属性走势之间的对比

例如，比较同一品种和其他品种在短时间段（最近一个月）和长时间段（最近一年）的表现，往往体现了该品种的短线特性和长线特性，这对于不同投资风格的人比较重要。

四、指定时间段内小颗粒度时间段的连续播放

以上比较都是离散的对比。有时候需要连续的对比才能够更好地了解市场究竟发生了什么，这就需要在指定时间段内小颗粒度时间段的连续播放。

4.3.4　基于用户颗粒度的对比

一、用户自身的个体投资品种对比

随着投资时间的不断延续，用户的投资品种越来越多，每个品种对用户总体收益的贡献不一，为此，有必要对用户的历史投资品种进行评测和比较，择优补缺，更好地方便用户提高。

二、用户上位群体内各用户的对比

同学或者同事之间的交流比较容易帮助用户提高，因为他们所处的环境大致相同，也更有共同语言。特别是高校大赛，可以更清晰地了解自己投资的风格、优缺点，更好地提高自己。

三、用户群体和总体的对比

用户群体的投资水平往往通过对比大盘指数来认定。了解用户群体的投资排名和投资者在群内的排名，就可以更清晰地了解自己所处的位置和业绩所在，也便于树立前进的目标，更好地前进。

4.3.5 结合走势对比的选股方法

一种结合上述三节内容的候选集构建选股方法可以分为以下步骤。

1. 价值角度。看个股基本面。
2. 历史趋势。看个股技术面。
3. 博弈鉴别。看多股走势对比，类似于赛马场看各个赛道的对比表现。
4. 时序修正。看选中的股票的预期和未来的实际结果差异，进行时序修正。

4.4 投资策略和方法

前面介绍了个体证券品种选择的方法，构建了候选集，并提出了多层次分类体系和多品种走势对比的方法便于投资者判断，那么接下来如何在候选集中作出决策，具体选择哪些品种实施呢？

在 *Artificial Intelligence: A Modern Approach* 一书中提到"在不确定环境下制定策略需要结合信念与愿望"。这句话清晰地指出策略生成建立在概率与效用相结合的基础之上：

$$决策 = 概率 + 效用$$

其中概率代表了制定策略所需的"信念"因素，即人或智能体"相信什么"，而效用则反映了人或智能体行为的偏好，是达成目标、满足需求的一种度量形式，即"想要什么"。辅助投资者决策提高效率的方法可以从这两方面着手，前三节介绍了辅助投资者增强信念了解概率的方法，下面总结和归纳了常用的一些策略和方法供不同的投资者选择。

4.4.1 趋势投资

趋势投资方法不仅可用于宏观判势,也可以用于具体实施,选择心仪的行业、概念和个股。

一、确定性顺势策略

(一)牛市投资方法

牛市初期:

1. 小资金试探法。在左右侧底部区域试探性建仓,主选品种为指数基金,主要目标是确认牛市趋势是否成立。

2. 可转债投资法。在熊末牛初阶段,可以选择可转债品种,开始以收益率较高的债性转债为主,避免熊末股票可能大跌的杀伤力,在牛市趋势渐显时,可以偏向溢价率不高的股性转债。

3. 定投。在底部或者疑似底部的位置采取定投方法,可以避免错过底部位置,定投的仓位和差异按照确认程度设立。

牛市中期:满仓股票。

1. 主涨板块优先。牛市中往往有一个至多个主涨板块,要尽可能确认并抓住主涨板块,避免赚了指数赔了钱的情况,这在局部牛市中显得更为重要,毕竟大牛市所有板块都会涨,只是迟早而已,而局部牛市可能仅限于若干板块。

2. 快车优先。牛市中同样时间各板块涨幅不一,要优先考虑抓住速度快的"快车",例如 2006—2007 年大牛市有一段时间权证启动,有一周涨幅一倍的可能。

3. 板块轮动。在大牛市中几乎所有的板块都会上涨,抓住板块间行情轮动的机会,可能会取得更好的投资效果。若是错失了板块轮动的机会,也可以继续持有等待上涨。一般情况下,"牛市看势"是主要的投资方法,此时一些市值小、价格低的 3 线或 4 线股票或者熊市中某些跌得最惨的板块往往会取得惊人的涨幅,这一现象也印证了民间的一句俗语:在风口上猪都会飞。

牛市末期:

1. 仓位配置变化。减少股票仓位,增加债券和现金等价物仓位。

2. 股票以防守型股票为主。即使是牛市结束熊市来临,也不是所有板块都跌,有一些涨幅不高,但具有投资价值的防守型债性股票可能是不错的选择。牛市看势,熊市看质。

（二）熊市投资方法

熊市初期：牛末熊初难以割裂，大致等同于牛市末期。

熊市中期：空仓股票。

1. 满仓债券和现金等价物。这是最简单的方法。所谓牛市不等调整，熊市不抢反弹，这是彻底的趋势投资者，表现的操作手法就是追涨杀跌。

2. 快进快出短线法。熊市中期往往并不是一直向下，经常是退二进一，甚至会有一段时间的局部牛市或者多头行情，这里就有了短线机会，这是专业投资者和短线高手的表演机会。要点是快进快出，选择流动性好或者成交量大的股票品种。

熊市末期：熊末牛初阶段，参考牛市初期。

（三）无趋势投资方法

这时的投资方法就是高抛低吸。

二、非确定性趋势

（一）试错法

在个股和群体品种选择上，先以小资金高抛低吸，找到感觉后，逐步加仓。

（二）定投定抛

在选中的个股和群体品种定投定抛。

（三）分散策略

不仅在股票、债券、现金等价物大类上确定一个投资分散比例，在个股和行业选择上也采取分散策略，主要是为了防范风险。

（四）逆势反转

对于很多行业来讲，行业是不灭的，那么，如果该行业发生长期趋势的下跌，不论有多么悲观，只要行业不灭，就可以考虑建仓。"别人恐惧的时候我贪婪"，做好了，收益是所有策略中最大的，做不好，成本也是很低的。

反过来说，也是一样，行业不可能通吃，当大家都看好的个体品种到极大巨无霸的时候，就要小心了，例如某一特定时期的微软、腾讯、茅台。

4.4.2 价值投资

如果找到好的投资品种，好的投资理念，就进行价值投资，不论牛熊。

1. 基于历史数据的投资策略：以市盈率为主要考虑基点，兼顾其他因素。

2. 基于未来预期的投资策略：以成长性为主要考虑基点，兼顾其他因素。

3. 基于价值投资的组合策略：以价值投资为主要考虑基点，兼顾趋势投资和博弈投资。

4.4.3 博弈投资

不仅仅考虑趋势投资和价值投资，更看重投资者双方的博弈状态，这就是博弈策略。

一、择强博弈策略

投资市场总是分为多空双方，如果能预测出投资品种对应的双方实力，加入强势的一方，取胜就有了较大的概率。其中一个例子就是曾经很多人津津乐道的个股跟庄策略。

二、量化投资策略

运用计算机的历史数据统计功能，概率筛选出符合个性偏好的投资策略，迭代验证并进行模拟与实盘操作。

三、基于个体和群体关系挖掘的投资策略

（一）基于联动关系的群内效应

应用各个股票的历史数据统计，可以发现有些股票具备同涨同跌的联动关系。当具有联动关系的群体中有某个或某些股票率先异动时，就可能带动群体内其他股票跟随，这可以作为一种短线启示。

（二）基于板块轮动关系的群间效应

应用各个股票群体的历史数据统计，可以发现有些股票板块具备某种轮动关系，这也可以作为投资策略的一种参考。

四、基于各种机器学习方法的博弈策略

证券投资是一个每日循环迭代下去的决策—验证过程，很多机器学习的方法可以用来为投资者决策提供帮助。

4.4.4 策略约束和实施方法

收益率、流动性、风险控制三要素对不同的投资主体具有不同约束要求，在个体投资品种和群体投资品种上同样适用。

根据第三章的宏观判势方法确定股票、债券、现金的仓位比例，按照本章前三节所述的方法构建候选集，确认好本章本节前面所述的符合自己偏好的投资策略和方法，在候选集中选择好准备操作的证券品种，就可以实施操作构建自己的证券投资组合了。在这个过程中，很重要的一点就是考虑好仓位配置，注意以下几点。

1. 重仓策略。用于确定性好、相对风险小的时候，这种时候不是很多，一般短时间慎用。

2. 分散原则。分散主要是用来控制风险的。对于公募基金来说，一般单个品种市值不能超过总市值10%的限制。

3. 组合仓位控制。在慎用重仓策略与坚持分散原则的基础上，协调组合运用。

4.5 评测方法

上一章宏观判势评测的是股票、债券、现金等价物三大类之间的选择能力，本章具体实施评测类内的选择能力。

类内的选择分为三种：股票市场上的实施操作被称为股票选择，简称"择股"；债券市场上的实施操作被称为债券选择，简称"择债"；现金等价物市场上的具体操作被称为现金投资。考虑到大部分投资者的关注重点在股票市场，下面重点介绍股票。

4.5.1 排序评分法

评测的常见方法是评分和排序，评分通常有自成体系的得分细则，在此基础上进行排序也很自然，但不同类别、不同场景的评分排序往往难以比较。排序就简单得多，先排序再评分的计算方法更容易实行。

一、自然数排序评分法

在一场评测中，已知 n 个人的排序，对每个人打分，根据排序按照自然数排序打分，第一名1分，第2名2分，……，第 i 名 i 分，$(1 \leq i \leq n)$，排序越靠前，分数越小。

在多场评测中，一个人的得分为所参加评测得分的均值。

优点：简单明确。

缺点：在多场比赛中，参加人数越多的场次评测，其得分对参加者越不利。

二、自然数倒序评分法

在一场评测中，已知 n 个人的排序，对每个人打分，根据排序按照自然数倒序打分，第一名1分，第2名1/2分，……，第i名$1/i$分，($1 \leq i \leq n$)，排序越靠前，分数越高。

在多场评测中，一个人的得分为所参加评测得分的均值。

优点：比较重视第一名，后面的得分差异较小。

缺点：在多场比赛中，参加人数越多的场次评测，其得分对参加者越不利。

三、均值中位评分法

前两种评分法在单场次评分比较方便，但不宜于在不同类型、不同场次、不同人数的多场次场景中加以对比。为此，提出均值中位评分法，介绍如下。

（一）单场次评分

已知n个人的排序，要求为每个人打分，其平均值为分数区间[0, 1]的中位，即0.5，分数差距为等差级数，则有：对于排序在第i位置的人，($1 \leq i \leq n$)，得分计算方法如下。排序越靠前，则分数越高。

$$Score = 1 - \frac{i}{n+1} \tag{4-3}$$

如果分数为百分制，则排序在第i位置的人，得分为：

$$Score = \left(1 - \frac{i}{n+1}\right) \times 100 \tag{4-4}$$

例如$n = 1$，则第一名得50分；$n = 2$，则第一名得66.67分，第二名得33.33分；$n = 3$，则第一名得75分，第二名得50分，第三名得25分……$n = 999$，第一名得99.9分，最后一名得0.1分……

该方法允许排序并列，在这种情况下，并列者平分他们的原有分数，例如$n = 9$，前四名并列第一，则前四名得分为：(90+80+70+60)/4 = 75，第5—9名得分不变，得分为50，40……10分。

可以证明：对于任意自然数n，从1到n所有人得分的均值为分数区间中位数（留作习题）。

（二）多种类型多场次评分

对于同一个人参加人数不同、类别不同的m次比赛，每场次评分为f_j，权重为w_j，($1 \leq j \leq m$)，其总得分计算公式为：

$$f = \frac{w_1 f_1 + w_2 f_2 + \ldots + w_j f_j + \ldots + w_m f_m}{w_1 + w_2 + \ldots + w_j + \ldots + w_m} \tag{4-5}$$

对于同类型的多场次评分，可以令$w_j=1$，($1 \leq j \leq m$)，对于不同类型的多场次评分，可以按照需求定义权重。

均值中位评分法的优点在于：

（一）同一个人参加人数不同的多场次评测，其总得分可以按照均值对齐计算；

（二）对于不同人参加不同类别、不同场次、不同人数的多场次评测，其分数都可以在均值基础上加以计算比较；

（三）知道一个人的得分，从与均值的比较差距上，就可以看到他的表现，例如百分制，超过 50 分越多，表现就越优秀，低于 50 分越多，表现就越差。

本书中的比赛和评价很多是建立在均值中位评分法上的，例如盘感训练、投资评测的择股、择行、择时等。

4.5.2 单一品种（个体和群体）评测

证券投资个体品种评测的依据也是收益率，比较一般的是和大盘指数对比，如果采用百分制评测法，实现要点采用均值中位对应百分法，均值为 50 分，实现方法有以下几种。

一、收益率百分法

设投资者用于评测的单只股票或者债券的持有时间为 T，收益率为 Ys，对应的股市或者债市的涨幅为基准收益率 Bs，对应 50 分，在股市或者债市里类内所有个体品种中，最佳收益率为 P_{max}，对应 100 分，最差收益率为 P_{min}，对应 0 分，则：

若 $Bs \leq Ys < P_{max}$，则 Ys 评分：

$$Score = \frac{Ys - Bs}{P_{max} - Bs} \times 50 + 50 \tag{4-6}$$

若 $P_{min} \leq Ys < Bs$，则 Ys 评分：

$$Score = \frac{Ys - P_{min}}{Bs - P_{min}} \times 50 \tag{4-7}$$

二、排名百分法

设投资者用于评测的单只股票或者债券的持有时间为 T，收益率为 Ys，个体投资品种在股市或者债市里类内所有 n 个品种中，涨幅排名为 i，则百分制得分 S_i 为：

$$S_i = \left(1 - \frac{i}{n+1}\right) \times 100, 1 \leq i \leq n \tag{4-8}$$

例如投资者持有一只上海股票 a，对应投资期间在 3000 只股票中涨幅排名 357 位，记为 357/3000，则投资这只股票评分为：

$$S_a = \left(1 - \frac{357}{3000}\right) \times 100 = 88.1$$

排名百分法的评分均值为 50 分,超过 50 分越多,说明能力越强,反之则有待改进。

问题:排名的中位值和收益率的中位并不一定对应。

三、分级对应法

收益率百分法的问题是如果极值(最大值与最小值)的差距过大,可能影响大多数的评分,而排名百分法的问题是忽略了排名间收益率的差别,不够精准。结合以上两种方法,设均值为 50 分,找到大多数品种的所在区间,分数对应 10—90 分,按照收益率百分法线性分布计算,两边最佳最差的少数极端值,按照排名百分法非线性分布于 90—100 分和 0—10 分两端,可以避免少数极端值对于大多数分布区间的干扰。还有前面宏观判势采取的指数对应法等。

单一群体评测也可以采用个体评测的方法,一般分为两部分。

一、群内评测

群内的个体评测只是比较群内的个体,数量通常不多。实现方法和上述总体内的个体评测一样,只是计算量要小得多,排序和评分都比较容易。

二、群间评测

群体的收益率是对群内所有个体收益率的加权计算。群体比较是和总体内其他群体收益率的比较。把各群体指数当作个体价格,就同样可以应用个体评测的方法。群体间的比较常用于伯乐相马中。

4.5.3 个体组合评测(择股)

投资者很难在整个投资期间持有同一只股票,大多数情况是持有多只股票的一个组合。因为持有时间不同,不能将个股的分数简单地作加权合并用于个体组合的评价,而应该将个股组合作为一个整体加以评价,这就是我们常说的择股能力。

目前常见的择股评测法也是基准对比法,源于 Brinson 方法,通过比较投资者的股票收益率 Ys 和基准收益率 Bs 两种收益率之差 Ys−Bs 来体现,差距为正,表示投资者择股能力要好于基准收益率,反之则差。通常用于评价基金等机构投资者的超额收益。为适应更广泛的用户,基于收益率比较提出的百分制评测法如下所示。

如上一章所述,投资者的投资大类可以分为股票、债券、现金等价物三大类,各类内的个体品种组合分别计算。以股票类为例，先计算投资者在指定时间所有个股的组合收益率 Ys，对应时间股指涨幅作为基准收益率 Bs，参照前面所述的指数对应法，基准收益率评分 50 分，设持有时间段指数最大涨幅为 P_{max}，考虑到持有时间段内不同子时间段组合起来的个股组合收益率可能会高于 P_{max}，P_{max} 评分对应 90 分，同理，设指数最大跌幅即表现最差收益率 P_{min} 对应 10 分。若 Ys 落在最佳、最差之间，按照公式 3-6 和公式 3-7 线性映射到 10—90 分之间，否则采用几何级数增长计算得分（参见 3.6.3 节）。

个股组合收益率的计算方法一般采用时间加权法。

在分别计算出择股、择债和现金选择的收益率对比以及百分制得分后，可以将这三类选择加权合并为一个证券个体品种组合评测分数。

下面给出一个例子，设时间为 2020 年 9 月 14 日至 2021 年 10 月 21 日。表 4-1 的用户和对比基准的数据是按照以上描述的方法计算出的投资者和对比基准的数据。用户股票组合收益率、指数涨幅和指数最大涨幅、指数最大跌幅对比如图 4-18 所示。用户择股评分和基准的对比见图 4-19 用户和基准得分走势。

该用户在指定时间内总体收益率为 20.76%，对应期间指数涨幅为 10.28%，投资者总体评分为 71.85 分，其中，择时判势收益率为 11.07%，择时评分为 41.48 分，股票组合收益率为 20.76%，择股评分为 90.01 分。说明该投资者在该期间的投资操作择时能力属于中下水平，有待改善，但择股能力表现优秀。

表 4-1 用户和对比基准的数据

日期	用户股票组合收益率	指数涨幅（基准）	指数最大涨幅	指数最大跌幅
2020/09/14	0%	0%	0%	0%
	…			
2021/02/18	29.36%	16.59%	18.97%	−5.56%
	…			
2021/04/20	17.25%	7.11%	19.06%	−14.29%
	…			
2021/07/15	25.26%	12.6%	19.06%	−14.29%
	…			
2021/10/21	20.76%	10.28%	19.06%	−14.29%

图 4-18 用户股票组合收益率、指数涨幅和指数最大涨幅、指数最大跌幅对比

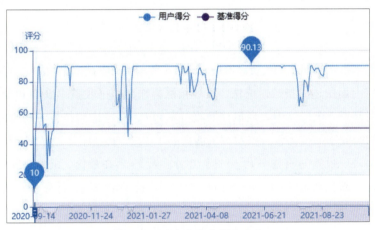

图 4-19 用户和基准得分走势

4.5.4 群体组合评测（择行）

群体评测是一种多层次评测方法。对于只考虑股票类别的投资者来说，往往不关注股票、债券、现金这样的总体大类的仓位配置，他们关注的是更细一些的群体类别表现，例如行业、概念等。只用行业类别来表示群体的群体选择，简称为"择行"。借鉴"总体—个体"或者说"大类—个股"的评测思路，聚焦在"群体—个体"的群体评测，可以分为两种：一是群体间仓位配置，二是群内的个股

组合评测，下面分别讨论。

一、群体间仓位配置

投资者持有的所有个体品种归属于 k 个类，每类有 m_k 个体品种。仓位配置的评测依然有收益率比较和百分制评分两部分。

将指定时间段按照较小时间粒度细化为 n 个时间段，对于操作频繁的用户，采用相同的时间粒度，例如"天"，对于操作较少的投资者，细化按照每次操作作为新的时间起点划分为 n 个时间粒度不同的时间段。

在任意一个时间粒度 i ($i \in [1, n]$) 内，对于群体类别 j ($j \in [1, k]$)，投资者的仓位为 c_{ij}，类别指数涨幅 pc_{ij}，则投资者收益率 Ys_i 为类别仓位 × 类别指数涨幅对 k 个类求和，公式为：

$$Ys_i = \sum_{j=1}^{k} c_{ij} \times pc_{ij} \qquad (4\text{-}9)$$

在指定时间投资者收益率 Ys 对所含 n 个时间粒度收益率的汇总计算公式为：

$$Ys = \prod_{i=1}^{n} (1 + Ys_i) - 1 \qquad (4\text{-}10)$$

计算出指定时间段的投资者收益率，接下来是基于收益率比较的百分制评测。

参照前面所述的指数对应法，设股指涨幅作为基准收益率 Bs，评分 50 分，设持有时间段 k 个群体中表现最佳的收益率为 $P_{\max}$，考虑到持有时间段内不同子时间段组合起来的群体组合收益率可能会高于 $P_{\max}$，$P_{\max}$ 评分对应 90 分，同理，设群体中表现最差的收益率 $P_{\min}$ 对应 10 分。若 Ys 落在最佳、最差之间，按照公式 3-6 和 3-7 线性映射到 10—90 分之间，否则采用几何级数增长计算得分（参见 3.6.3 节）。

二、群内个股组合

评测方法参照个体组合评测法，只不过基准不是股票大类指数，而是该群体的类别指数，群体内个股表现最佳的收益率为 $P_{\max}$，对应 90 分。

综上所述，择时、择股、择行的关系可按照层次分为以下两种：

两层次：股债金择时 + 股票内择股；

三层次：股债金择时 + 股票内择行（仓位配置）+ 行内择股。

群体计算涉及的一些问题如下。

1.在分别计算出仓位配置（类间择时）和类内个股组合（类内择股）的得分后，如何将它们加权合并为一个证券品种组合评测分数？

2. 基本集的构造问题，如果要求每个股票具有一个主属性，建立一个互斥全覆盖的基本集就成为一个约束满足问题，约束有：走势匹配、类别集中度（不能太散）、指数计算。

3. 扩展集的兼类处理问题，重点考虑时序下的属性权值计算。

4.6　平台实训

4.6.1　个体和群体证券品种选择

一、单因子、多因子筛选

利用平台提供的单因子和多因子选股和选债功能进行选择。

二、智能优选

如果感觉单因子和多因子筛选的操作比较烦琐，每次要点击很多选项、输入很多数字，可以尝试采用智能优选功能。智能优选实现了自然语言查询功能，比单因子、多因子查询更加方便。

三、社区交流

利用海知平台的社区板块：

（一）凝炼和记录自身操作理由与道理；

（二）他人评价和自身理念的碰撞和交流；

（三）事后验证和回顾自身的投资理念，有利于个人投资风格的形成与改进。

4.6.2　伯乐相马看图筛选

当用户在进行投资时，用户如果没有明确的想法，同时面对着3000多只股票往往无从下手，就好像人们在一张不能进行缩放的世界地图中查找一个城市一样，往往不知该如何着手。通常人在可以缩放的电子世界地图中找某一个具体的城市时，首先会去找该城市所属的国家，其次再放大地图，找该城市所属的省份，最后再次放大地图从省份中找该城市。因此，如果现在将3000多只股票组成的群体比作一张世界地图，投资者希望从股市中找到一只较好的股票，首先查看股票的全景图，然后选中涨幅最好的群体，再向下查看该类成员之间的表现，从成员中选出涨幅最好的那只股票。因此伯乐相马在该过程中就相当于在地图查找时进行放大、缩小的功能，帮助用户从股票整体一步一步向下细化查看，最后定位到股票，也可以进行向上观察，从个体到群体，从群体到整体，从而了解市场宏观情况。

一、伯乐相马页面简单介绍

首先，简单介绍一下伯乐相马页面布局以及相应的功能按钮。将整个伯乐相马页面简单划分为五块，第一块为内容显示模块，整体上看是一个二维平面的点线图。横坐标表示的是属性或者股票的名称，纵坐标表示的是涨跌幅。在整个二维图的下方有两个日期，分别是起始日期与当前日期。起始日期表示数据是从该日期开始，当前日期表示图中显示的是该日期相对于起始日期前一个交易日的涨跌幅。在二维图上方有一条信息为当前有效跑道数量，表示图中包含了多少跑道即多少条数据。页面的第二块是页面左边的行业、地域、概念、指数、量化、聚类、自选、用户和个股九个按钮。这些按钮的功能分别对应着行业、地域、概念、指数、量化、聚类、自选、用户以及个股的全景图。页面的第三块是伯乐相马模块的控制模块，从左到右按钮分别表示播放控制、跳至最后一天状态的控制、播放速度的控制、设置播放时间、设置面板、数据表跳转、帮助文档和统计信息。播放控制，显示从起始日期开始每天的数据动态变化的过程。跳至最后一天状态的控制是将最后一天的涨跌情况展示出来。播放速度的控制，本模块设置了0.5倍速、1.0倍速、1.5倍速、2.0倍速和4.0倍速播放速度的参考，用户在查看数据动态变化时可以点击该按钮选择相应的播放速度进行播放，起到一个调节的作用。设置播放时间，用户选定一个基准日期请求数据，具体在操作中进行说明。设置面板中有一些更加高级的设置，用户可以按照自己的需求进行设置。数据表跳转，这是伯乐相马模块与实时数据中的股票模块互通的地方，将伯乐相马模块选定的相关数据传递到实时数据模块，使用表格的方式对数据进行展示。帮助文档按钮，点击出现伯乐相马简介和页面内容说明。统计信息按钮，统计伯乐相马模块使用情况。整个页面的第四块是跑道数据模块，主要是对选中了的跑道的信息描述。第五个模块则是页面右侧的一些功能按钮，上箭头表示上浮查看集合，下箭头表示下钻查看成员。放大镜加号表示放大视图、查看具体，放大镜减号表示缩小视图、查看更多，左箭头表示向左移动一格，右箭头表示向右移动一格。

二、伯乐相马操作

接下来我们将从实际操作进行简单介绍。

第一步：进入伯乐相马。打开浏览器，在浏览器中输入网址：

http://www.haizhilicai.com/stock/discover

打开之后，页面默认显示的是最近交易日的行业全景图。用户可以按照自己的需要自由选择全景图进行查看。跑道中按照走势最好、走势最差、走势次好、走势次差，以此类推的顺序进行拉链式展示，方便用户查看，同时使用上证指数作为市场形势的参考。

第二步：选择好全景图后，开始设置参考时间。选中设置时间区间按钮，弹出设置播放时间区间弹框，在该弹框直观上看包含四个部分，特殊区间、最近交易日、起始日期和截止日期。第一排为特殊区间，特殊区间主要包含最近交易日、本周、本月、本季、本年。其中最近交易日指的是距离现在的时间最近的交易时间，本文将其称为实时模式。其他几个均设置为历史模式，本周指的是本周以来相比于上周五收盘的情况。第二排为最近交易日，主要设置快捷方式供用户点击查看，最近交易日的截止时间为距离现在最近的交易日。第三排和第四排联合使用，用户自己定义参照的起始日期和截止日期。比如，将自定义起始日期设置为 2021 年 10 月 1 日，自定义截止日期设置为 2021 年 10 月 24 日，点击确定，如图 4-20 所示。

图 4-20　设置播放时间区间

第三步：采用拉链式的方式进行展示，选中其中走势最好的那个属性也就是第一个跑道上显示的那个属性，当选中后，右侧的跑道数据会显示该跑道的一些基本信息，点击右侧功能区的向下按钮进行下钻查看。这样就实现了从属性群体到股票个体的查看，以一种自顶向下的方式定位到排名第一的属性中排名第一的个体。

在查看一只股票在一个类别中的情况后，如果只是单独观察这只股票以及该股在一个属性中的排名就进行投资，这样往往会忽略了其他群体与该个体之间的相互影响。因此，可以从单只股票向上查看该只股票所属的所有类别，查看它所有所属类别的情况。

第四步：选择属性下走势最好的个体进行上浮查看该个体所有属性的走势情况。点击右侧向上箭头按钮进行上浮查看。查看该个体所有属性的走势情况。

第五步：结合第三步和第四步，灵活应用上浮下钻，最终选出合适的股票。

最后，除了上述进行时间设定，上浮下钻操作之外，用户在查看走势时可以点击播放按钮进行查看，查看属性或者股票在选择的时间段中动态的变化过程。

以上就是关于伯乐相马模块实际操作的一个实例。

4.6.3 投资决策

每周写一次投资决策的报告，将上一章要求的走势判断加上本章的择股判断结合起来，内容包括：

1. 大盘分析，谈谈你对最近一段时期的大盘走势的理解，牛？熊？震荡市？无趋势？

2. 未来预期，你的看法：未来会如何发展？有几种可能？概率预期？

3. 操作策略：① 以往的预期和已经完成的操作是否符合上次的预测；② 依据你的走势预期判断你将进行的仓位配置、个体和群体的投资品种选择。

4.6.4 投资操作

模拟投资进行操作。可以在开市时操作，也可以在闭市时挂单等待之后成交。

4.6.5 评测比较

得分对比：参赛用户可以从得分对比了解到自身的投资能力在整个参赛群体当中所处的位置，评分越高，排名越靠前。

4.7 小结

- 先选择多只证券品种构建候选集，真正交易的证券品种从候选集中选出。
- 构建候选集的证券品种的三种方法：趋势投资（技术面）、价值投资（基本面）、博弈投资（概率计算、个性偏好）等。
- 个体证券品种具有一个或多个类别属性，同时具备一个或多个相同属性的证券品种个体或群体组成新的群体，由所有的证券品种个体和群体构成总体。
- 多品种走势对比的立体模型的三个坐标轴分别为：n、t、y。
- 正视图能够清晰比较多个品种走势。
- 自顶向下比较法适合对整个证券市场现状了解不多的人，而自底向上比较法适合已经选择了投资品种的投资者。
- 综合选股四部曲：1. 价值角度：看个股基本面；2. 历史趋势：看个股技术面；3. 博弈鉴别：看多股走势对比和概率+偏好计算；4. 时序修正：看选中的股票的预期和未来的实际结果差异进行时序修正。
- 评测方法分为个体选择能力评测和群体选择能力评测。一个直观的方法就是百分制。
- 均值中位评分法适用面广，在人数不同、类别不同、场次不同等多种情况下都可以在均值基础上加权比较，例如百分制，超过（低于）50分越多，表现就越优秀（差）。

本章习题与实训

一、选择题

1.（单选）有关基本面选股和技术面选股，下列说法错误的是 ____。

　　A. 基本面分析的理论基础是：任何证券都有其内在价值

　　B. 技术面分析的理论基础是：证券价格过去的变化可以用来预测未来价格变化

　　C. 基本面分析指标有多日均线、MACD、KDJ等

　　D. 可以通过多因子筛选的方式提高基本面选股效率

2.（单选）下列不属于智能证券投资学中多品种走势对比方法的是 ____。

　　A. 自顶向下比较法

　　B. 自底向上比较法

　　C. 向上向下自由穿梭法

　　D. 快速定位法

3.（单选）有关自顶向下证券品种比较法的描述正确的是 ____。

　　A. 从群体比较到个体品种比较再到总体全景

B. 从个体品种到总体全景再到群体比较

C. 从总体全景到群体比较再到个体品种比较

D. 从个体品种到群体比较再到总体全景

4.（单选）在投资策略分析的过程中，有关决策、概率、效用的关系下列描述正确的是____。

A. 概率＝决策＋效用

B. 决策＝概率＋效用

C. 效用＝决策＋概率

D. 决策＜概率＋效用

5.（单选）在投资策略分析的过程中，有关概率、效用的描述不正确的是____。

A. 概率代表了制定策略所需的"信念"因素，是对外部证券市场的量化计算

B. 概率描述了人或智能体"想要什么"这一特性

C. 效用反映了人或智能体行为偏好，是达成目标、满足需求的一种度量形式

D. 概率和效用是影响投资策略分析的主要因素

6.（单选）下列不属于非确定性市场环境下的投资策略和方法的是____。

A. 试错法

B. 分散策略

C. 领涨股优先策略/快车优先策略

D. 定投定抛

7.（单选）2018年1月至2018年6月在市场活跃的股票约3300只，用户持有股票A在此期间的涨幅排名为1500，则在此期间股票A的百分制得分为____。

A. 48.64

B. 54.56

C. 64.56

D. 78.82

二、填空题

1. 债券品种选择的三要素有：____、____、____。

2. 列举4个个体证券品种属性划分：____、____、____、____。

3. 多品种走势对比的立体模型的三个坐标轴分别为：____、____、____。

三、简答题

1. 请选出债券信用为 AAA，收益率为 3 以上的债券。

2. 请筛选出市盈率低于 10，价格在 20 以下的 A 股股票。

3. 智能优选：选出低市盈率的人工智能股。

4. 找出 2021 年第一季度行业涨跌幅排名前三的行业，并写出它们的涨幅，然后在其中选择一个你感兴趣的行业找出涨跌幅排名前三的个体品种。

5. 找出上证指数 2018 年第三季度行业涨跌幅排名第一的个体，找出深证成指 2018 年第三季度行业涨跌幅排名第一的个体。

6. 选一只模拟投资中的持仓股票，用自底向上的查询方法，给出它排列前三的上位属性，并给出它在排列第一的上位属性群体中的排序位置。

四、计算题

表中给出了某位投资者在一段时期的持仓数据以及对应的指数数据。根据表中的数据，分别计算在给定时间内的用户持仓个股 A 和持仓个股 B 的百分制得分（给出计算过程，所有结果保留小数点后两位）。

	股票指数 Stock-Index	表现最优个股均价	表现最差个股均价	持仓个股 Stock-A	持仓个股 Stock-B
起始值	3200	36	15	5.5	7
终止值	3300	42	9	6	5

五、实训

1. 复习单因子选股、多因子选股，熟悉并尝试智能投选、知识图谱等辅助择股工具。

2. 通过评测诊断模块查看自己的择股以及择行得分，分析并总结。

3. 从和其他人对比的角度，结合模拟投资排行榜的择股得分、收益情况以及对应的持仓情况，当前班级中谁的择股表现"较好"？给出你的看法并说明原因。

4. 熟悉伯乐相马各模块、按钮以及界面对应的功能，熟悉并尝试自顶向下和自底向上的操作方法。

5. 按照平台实训的投资决策内容，每周写一份简要报告（3—10 行），包括趋势判断和投资策略，发在海知社区操盘日记栏目，供日后检验评测用。报告应集中在一个帖子里，可以在周末写。

以史为鉴

没有规矩,不成方圆,
没有总结,心中没数,
没有对比,不知差距,
没有诊断,难知缘由,
只有客观地认知自己的过去和现在,
才会有更好的将来。

第三章我们介绍宏观判势,研究"做什么",探讨股票债券现金的仓位配置,第四章我们介绍具体实施,研究"怎么做",讨论了选股选债的策略和方法。再好的理论也要落实在行动上,投资者的历史操作记录就是投资者投资理念的具体实现。有比较才有鉴别,科学的方法离不开客观的评价。好的评测会更有利于投资者理性投资。下面,我们先介绍评测三要素里面大家最关心的收益率如何计算。

5.1 复杂收益率计算的常用方法和偏好约束

5.1.1 复杂收益率计算方法和偏好约束

在前面的章节里谈到证券投资评测的三要素中收益率的计算公式:

$$\text{收益率} = \frac{\text{收益额}}{\text{投资额}} \times 100\% \tag{5-1}$$

这只是一般形式下的简单描述。如果更细致地划分,收益率根据应用场景的复杂程度可分为简单收益率和复杂收益率。其中简单收益率适用于投资期间成本不变的情况下进行收益率计算,具体指某一特定投资期内的净收益占投资初始成本的比率,计算公式如下:

$$Y = \frac{V_f - V_i}{V_i} = \frac{P}{V_i} \tag{5-2}$$

式中:V_i 为期初市值(Initial Value),V_f 为期末市值(Final Value),Y 为证券投资收益率(Yield),P 为净收益(Profit)。

例如,投资者期初市值 V_i 为 10000 元,期末市值 V_f 为 11500 元,那么净收益 P 为 1500 元,收益率为:

$$Y = \frac{1500}{10000} \times 100\% = 15\%$$

通常,收益率按照年收益率比较,如果上述收益在 1 年半期限完成,则年化收益率为:

$$Y = \left(\sqrt[1.5]{\frac{11500}{10000}} - 1 \right) \times 100\% = 9.8\%$$

这是基于投资额不变的情况下，最简单的收益率计算公式。事实上，无论是对外的投资基金，还是对内的投资者本身；无论是个体投资品种，还是多个投资组合，投资过程中资金流入流出的情况很难避免，这种情况称为复杂收益率计算。其计算根据应用场景及投资者类型的不同分为对外收益率与对内收益率。如果资金的流入、流出的来源都属于投资者内部，这样的应用场景称为对内收益率计算，如果资金的流入、流出的来源由外部因素决定，其计算方法称为对外收益率计算。

在不同的应用场景下，投资者关注的要点不同，对收益率计算方法的偏好和要求也不一样，通过对现有的收益率计算方法的偏好总结，收益率偏好约束问题可以归纳为以下四种。

1. 历史不变约束。时间点 t 的资金应该只用于计算 t 之后的收益率，不应该改变时间 t 之前的收益率计算。

2. 平稳过渡约束。收益率应该在资金流入、流出时保持平稳过渡，不应该产生跳变。

平稳过渡约束可以用函数极限的方法来描述，如果在任一时间点 t_i 发生资金的流入或流出，那么对于给定任意小的正数 ε，总存在正数 δ，使得当 t 满足不等式 $0<|t-t_i|\leq \delta$ 时，对应的收益率差距小于 ε，即 $|y(t) - y(t_i)|<\varepsilon$。简单说来，收益率会在 $t_i-\delta$，t_i，$t_i+\delta$ 这三个时刻之间的彼此误差小于 ε，则认为收益率在这三个时刻保持平稳，没有产生跳变。

3. 收益一致约束。收益率和收益保持方向一致，不能出现收益为负、收益率为正或者收益为正、收益率为负的不一致现象。

4. 可对比性约束。内外收益率对比以及投资组合和单个品种的对比。

计算复杂收益率的方法很多，投资者在计算个人收益率（对内收益率）时往往需要和指数、基金等对外收益率进行对比，而不同的计算方法，如果缺乏统一的基准，直接对比的基础就难以成立。可对比性要求首先要建立一个统一的计算基础，使得对内收益率计算可以和对外收益率计算进行对比。还可以更进一步，用来对比的收益率计算方法既可以用于投资组合的市值计算，也应该可以用于单只证券品种的盈亏计算，这样他们彼此之间就可以在一个统一的计算基础上进行对比。

下面在偏好约束分析探讨的基础上，介绍目前常见的三种复杂收益率计算方法。

5.1.2 成本计算法

这是一种常见的对内收益率计算方法，对内收益率，指的是投资者自己操作，投入和撤回资金由自己主导的情况。收益是第一位的，收益率计算方法要服从收益，和收益保持方向一致。该方法着重考虑投资额也就是成本在投资期间发生变化的情况，对成本进行简单计算，称为成本收益率（Cost Benefit Ratio）计算方法。该方法将收益率表示为总收益占总成本的比例，根据总收益和总成本度量方法的不同可进一步细化为成本抵消法与成本累加法等。计算方法为：

$$R_{CB} = \frac{B}{C}$$
$$B = (V_f + F_w) - (V_i + F_i)$$
$$C = \begin{cases} V_i + F_i - F_w & \text{（成本抵消法）} \\ V_i + F_i & \text{（成本累加法）} \end{cases}$$

（5-3）

式中，R_{CB} 为成本收益率，B 为总收益，C 为总成本，V_f 为期末市值，V_i 为期初市值，F_i 及 F_w 分别为流入资金与流出资金。成本抵消法与成本累加法在总收益 B 的计算上保持一致，二者的区别在于计算总成本 C 时是否考虑撤出资金。

成本抵消法的基本思路：把指定时间内不同时间的投入或者撤出合并起来作为成本，同额的投入和撤出可以互相抵消，忽略投入时间上的差异，不考虑成本对时间加权，成本 = 期初市值 + 期间投入和撤出资金之和，收益 = 期末市值 - 成本，收益率 = 收益 / 成本。

成本累加法的基本思路：为避免出现成本为零或者为负的极端情况，把指定时间内不同时间的投入合并起来作为成本，撤出的资金和期末股票市值一起合计为最后市值，忽略时间上的差异，成本 = 期初市值 + 期间投入资金之和，收益 = 撤出资金之和 + 期末市值 - 成本，收益率 = 收益 / 成本。对于经过开仓、调仓、最后平仓全过程的非持仓个股，期初市值和期末市值均为零。计算方法可以简化为：成本 = 投入资金之和，收益 = 撤出资金之和 - 成本，收益率 = 收益 / 成本。

例 1：投资者 A 在 t_0 时间，以 10 元价格买入某股票 1 万股，成本或市值是 10 万元，在 t_1 时刻股价涨到 20 元，市值 20 万元，这时增加投入 20 万元买入 1 万股，市值增为 40 万元，计算收益率。

根据成本抵消法：成本 =10+20= 30 万，收益 10 万，收益率 =10/30 × 100%=33%

根据成本累加法：结果和上面一样。

约束满足问题分析：

一、满足历史不变约束

后面的资金流入、流出不改变之前的收益率。

二、不满足平稳过渡约束

成本累加法和成本抵消法都忽略了不同时间的成本金额在价值上是不一样的、在作用时间上也是不一样的这两种情况，不可避免地存在收益率随着投入资金变化而跳变的问题，在例1中，投资者在第一段时间股价涨到20元，收益率为100%，这时追加资金20万元，收益率一下降到33%，资金增加引起收益率跳变很难让一些投资者接受！

设 δ 是一个足够小的正数，上述例1中 $t_1-\delta$ 时刻收益率为100%，那么 t_1、$t_1+\delta$ 时刻的收益率就不应该产生跳变，参见表5-1。由此可见，成本抵消法和成本累加法不满足平稳过渡约束。

表5-1 例1投资者A投入资金变化的收益率计算问题

	t_0	$t_1-\delta$	t_1
市值	10	20	40
成本	10	10	30
资金流入	0	0	20
收益率	0%	100%	33%

三、部分满足收益一致约束

例2：投资者B在 t_0 时间，以10元价格买入某股票1万股，成本或市值是10万元，在 t_1 时刻股价涨到20元，市值20万元，这时卖出4000股，收回8万元，市值减为12万元，计算收益率。

成本抵消法：成本 =10-8= 2万元，收益 =12-2=10万元，收益率 =10/2 × 100%=500%

成本累加法：成本 =10万元，收益 =12+8-10=10万元，收益率 =100%

问题：如果例2中投资者B不是卖出4000股，而是5000股，那么，成本 =0 收益率成为无限大，成本抵消法这样计算的收益率难以让人接受！如果卖出7000股，采用成本抵消法则成本为负，收益为正，收益率为负，就会出现收益率和收益不一致的情况，不满足收益一致约束。而成本累加法可以满足收益一致约束。

四、不满足可对比性约束

成本计算法只是单纯地计算内部收益率的成本，没有考虑和其他方法在统一的计算基础上进行对比。

尽管上述问题存在，但该方法计算简单，容易理解，仍然有很多投资者甚至一些券商用于个股和其他个体证券品种的成本、收益和收益率计算。也有人称之为券商个股法。

5.1.3 时间加权法

时间加权收益率（Time-weighted Rate of Return, R_{TW}）是一种常见的对外收益率计算方法，基金通常采用该方法进行收益率计算，证券指数的计算也基本符合。时间加权法也有人称为基金净值法。

基本思路：按照发生资金的流入或流出的时间点 t 把投资期间分为 n 个时间段，这样，时间段内资金没有变化，分别计算各时间段的收益率，再计算出总的收益率，计算公式如下：

$$R_{TW} = (1+R_1)(1+R_2)\cdots(1+R_n) - 1 = \prod_{i=1}^{n}(1+R_i) - 1 \qquad (5\text{-}4)$$

式中，R_i 是指第 i 个投资持有期内的收益率（Holding Period Return, HPR）。

例 3：基金 A 于 2015 年 1 月 1 日市值 10 亿元，净值 1 元，直到 2015 年 6 月 1 日，市值 20 亿元，净值 2 元，涨幅 100%；此时流入资金 20 亿元，净值不变，市值变为 40 亿元，到 2015 年 10 月 1 日，其市值变为 20 亿元，跌幅 50%，净值 1 元；此时流出资金 10 亿元，净值不变，市值变为 10 亿元，到 2015 年 12 月 31 日收盘，市值变为 14 亿元，净值 1.4 元，基金净值当年涨幅 40%。

按照时间加权法计算，该基金 2015 年收益率为：

$$R_{TW} = (1+100\%) \times (1-50\%) \times (1+40\%) - 1 = 40\%$$

约束满足问题分析：

一、满足历史不变约束

后面的资金流入、流出不改变之前的收益率。

二、满足平稳过渡约束

可以证明，当 δ 是一个足够小的正数，在 $t_i\text{-}\delta$，t_i，$t_i\text{+}\delta$ 这三个时刻对应的收益率平稳。

设投入资金发生变化的次数为 n，整个投资周期分为 n 个时间段，分别为 $[t_0, t_1)$，$[t_1, t_2)$，$\cdots$，$[t_{i-1}, t_i)$，$\cdots$，$[t_{n-1}, t_n)$；$[t_{i-1}, t_i)$ 表示包含从 t_{i-1} 起到 t_i 为止，包含 t_{i-1} 但不包含 t_i 的任一时间段，（$1 \leq n$，$1 \leq i \leq n$）。

当 $n=1$ 时，只有 1 个时间段 $[t_0, t_1]$，时间点 t_0 的成本或市值等同于时间点 t_0 的资金流入，其他时间投入资金没有变化，收益率也等同于不变投资额的收益率计算方法。

当 $n>1$ 时，在时间点 t_i，流入资金 z_i，流入为正数，流出为负数，设 δ 是一个足够小的正数，在任一时刻 t 有：基金市值 = 基金的净值 × 基金的份额。在 $t_i-\delta$，t_i，$t_i+\delta$ 这三个时刻对应的基金净值或者价格保持不变。表 5-2 给出了例 3 中时间加权法在基金资金流入、流出时的计算结果，可以看出满足平稳过渡约束。

表 5-2 基金资金流入、流出时间加权收益率计算

真实时间	1/1	6/1	6/1	6/1	10/1	10/1	10/1	12/31
抽象时间	t_0	$t_1-\delta$	t_1	$t_1+\delta$	$t_2-\delta$	t_2	$t_2+\delta$	t_3
市值	10	20	40	40	20	10	10	14
流入 z_i		0	20	0	0	−10	0	0
净值	1	2	2	2	1	1	1	1.4
成本	10	10	30	30	30	20	20	20
R_i	0%	100%			−50%			40%
R_{TW}	0%	100%	100%	100%	0%	0%	0%	40%

时间加权法的问题：

三、不满足收益一致约束

如果把时间加权法直接作为内部收益率计算，投资者自己的操作可能会出现收益和收益率不一致的问题。

例 4：把例 3 中的投资主体由基金 A 换为投资者甲，单位由亿元换为万元，则有：投资者甲于 2015 年 1 月 1 日的基金投资市值 10 万元，到 2015 年 6 月 1 日市值 20 万元，涨幅 100%；2015 年 6 月 1 日增加资金 20 万元入市，市值变为 40 万元，到 2015 年 10 月 1 日，其市值变为 20 万元，跌幅 50%；投资者甲在 2015 年 10 月 1 日撤出资金 10 万元，市值变为 10 万元，到 2015 年 12 月 31 日，市值变为 14 万元。

采用时间加权法进行计算：收益率为 40%。

采用成本抵消法计算：投资者的总成本为 10+20−10，即 20 万元资金，其持有证券的最终资产变为 14 万元，总收益为（14+10）−（10+20），即−6 万元，此时收益率为−30%。

针对同一个例子进行计算，得出的结果为什么会完全不同甚至矛盾？投资者

会接受最终年度结算收益亏损 6 万元，收益率却为 40% 的计算结果吗？

时间加权法是对外计算法，原因在于资金的流入和流出主要是由外部因素决定，不为基金管理人控制。但一般投资者自己操作时，投入和撤回资金由自己主导，盈亏都是自己的！很难接受收益和收益率二者截然相反的情况。从这点来说，时间加权法直接作为内部收益率计算不满足收益一致约束。

四、不满足可对比性约束

时间加权法通常用于计算投资品种的组合，不适合用于单只品种如一只股票的收益率计算，因为它只反映该只股票的价格，而没有反映投资者在该只股票加仓、减仓操作对该只股票收益率的影响，从而无法精准评测个体品种和投资组合的收益率对比。

可见时间加权法适合对外交流和对比，但不满足收益一致约束与可对比性约束，在有些场合不宜用于计算投资者自己的内部收益率。

5.1.4 均一计算法

这也是一类常见的对内收益率计算方法，指在投资期间内均采用统一收益率进行计算的方法，其中包括基于精确法（Elaborate Method）的内部收益率（Internal Rate of Return, IRR）、到期收益率（Yield to Maturity, YTM）和不定期现金流内部收益率（XIRR）等。

基本思路：借鉴前面所述的债券到期收益率计算方法，它相当于投资者按照当前市场价格购买并且一直持有到期时可以获得的年平均收益率，其中假定每期的投资收入现金流均可以按照到期收益率进行再投资。

同理，设投入资金发生变化的次数为 n，整个投资周期分为 n 个时间段，假定投资期内各个时间点流入、流出的资金收益率和最终到期收益率均一样。则有：

$$C_0(1+Y)^{\frac{t_n-t_0}{365}} + C_1(1+Y)^{\frac{t_n-t_1}{365}} + \cdots + C_{n-1}(1+Y)^{\frac{t_n-t_{n-1}}{365}} = C_n \quad (5\text{-}5)$$

其中：指数上的时间以年为计算单位，按照一年包含 365 天计算，Y 表示到期收益率，并在整个时间段相同，C_0 为初始资金或者初始市值，C_i 为流入资金，流入为正数，流出为负数，最后的市值为 C_n。将 C_n 移到等式左边，则有：

$$\sum_{i=0}^{n} C_i(1+Y)^{\frac{t_n-t_i}{365}} = 0 \quad (5\text{-}6)$$

解上述等式，收益率 Y 一般使用迭代逼近法计算，通过改变收益率，不断修正计算结果,直至其误差小于允许值,如精确到四位有效数字。

如果对上述公式除以:

$$(1+Y)^{\frac{t_n-t_0}{365}}$$

则公式可以表达为:

$$\sum_{i=0}^{n} \frac{C_i}{(1+Y)^{\frac{t_i-t_0}{365}}} = 0 \qquad (5\text{-}7)$$

Excel 里著名函数 XIRR 的内部收益率计算就使用该公式,不同时间投入和撤出资金按照同一收益率相对于初期时间折算资金,由于微软电子表格软件的普遍采用,很多投资者使用该方法计算收益率。

例如,例 4 采用到期收益率的结果见表 5-3。

表 5-3　XIRR (Extended Internal Rate of Return) 计算结果

时间	1/1/15	1/6/15	1/6/15	1/10/15	1/10/15	31/12/15
投资(投入为负,取出为正)	−10	0	−20	0	10	0
市值	10	20	40	20	10	14
距离第一天投入时间的天数	0	151	151	273	273	364
年化收益 (XIRR)	0	434.14%	434.14%	−58.90%	−58.90%	−30.49%
绝对收益 (1+年化收益) 天数/365−1	0	100.00%	100.00%	−48.58%	−48.58%	−30.42%

约束满足问题分析:

一、不满足历史不变约束

各时间点的收益率都相等这个假设是否合理存在争议。事实上,其间各时间点的收益率一般情况下是不一样的,假定相等本身就没考虑历史的收益率,不符合历史不变的偏好约束。

二、满足平稳过渡约束

由于假定了各时间点的收益率都相等,当然满足平稳过渡约束。

三、满足收益一致约束

到期收益率方法对整个投资期间计算出平均收益率,而且保障了收益一致约束,是一个很好的内部收益率计算平均值的方法。

四、不满足可对比性约束

假定相等比较适合于计算平均收益率,不是实时收益率。其间总收益率和各子时间段的收益率合并计算不满足时间加权计算法,难以用于和指数、基金等对外收益率计算法进行直接比较,不满足可对比性偏好约束。

读者可以以例 4 的例子分别计算上证指数在 2015 年的表现,并分别在三个时间段以及总体和用户 XIRR 收益率进行对比,体会其中的差异,留做习题。

5.2 多偏好约束满足的 SEA 双加权算法

上一节所述的三种复杂收益率计算方法在满足 4 项偏好约束时都存在一些问题。无论对于投资者或是智能体而言,精准的度量衡客观评测日益重要,一种可满足各类应用场景且具备可比较性的复杂收益率计算方法的需求由此产生。能否避免前述方法在一定条件下存在的一些问题,能否找到满足全部 4 项约束,对内、对外都可以使用的统一收益率计算方法呢?借鉴先归纳问题再求解的研究方法,在总结各种应用场景的用户偏好的基础上,本书提出了基于 SEA 网格的成本时间双加权法收益率计算方法 WWR。

基本思路:

1. 要满足历史不变和平稳过渡两项约束,收益率计算须符合时间加权;

2. 借鉴到期收益率计算方法,在投资期间内不同的时间点,资金的影响和作用是不一样的,须对资金成本进行加权处理;

3. 满足收益一致约束,在保证成本为正的基础上,采用"收益 / 成本"的方式计算收益率;

4. 满足收益可对比性,收益率计算方法需要综合考虑内外收益率的统一度量关系,而且计算方法不仅要适应个股计算,也要考虑个股组合也就是市值的总体计算,那就还要考虑个体和组合之间的计算关系。

要综合考虑这四项因素,需要在更宏观的角度重新定义问题。

前面介绍的三种常见的收益率计算方法都没有考虑到一个重要因素,就是投入资金的来源和抛出资金的去向。而要解决四项约束满足问题需要在资金来源去向大环境清楚的前提下讨论，为清晰起见，先考虑投资者在总体投资金额不变的前提下，投资组合中个体品种（组合）发生资金调仓变化的收益率计算问题。为此提出 SEA 网格结构。

5.2.1 SEA 网格构建

设投资期间为 T，全部资产组合 s 的总市值为 S，在整个投资期间内不存在资金流入及流出等变化；A 是 S 中的特定投资标的组合 a 的市值，E 是 S 中除 A 以外的其余投资标的组合 e 的市值（$S=A+E$，$s = a \cup e$），在投资期间会出现资金从 A 流入 E 或从 E 流到 A 的情况。基于上述设定，构建以时间 T 为横轴，投资市值 V 为纵轴的二维平面，投资期间 T 中特定投资组合 a 发生资金流入或流出的次数为 n，终点时刻投资组合 a 的市值无论是持有还是全部卖出均视为全部卖出，计入最后一次资金变化，则 n 次资金变化将投资期间 T 划分为 n 个子时间段（$n \geq 1$），T 的作用期间为 $[t_0, t_n]$。此时，满足 4 项约束的复杂收益率求解问题为求 a 在时间段 T 内的收益率。

例如，当 $n = 4$ 时，在初始时刻 t_0，某特定投资标的 a 的市值为 A_0，投资组合 s 的总市值 S 为 S_0，在 t_1 时刻，a 加仓资金 Z_1，同时其余投资标的组合 e 减仓市值 Z_1，投资组合总市值升至 S_1；在 t_2 时刻，a 减仓资金 Z_2，则 e 增加等量市值 Z_2，投资组合总市值降至 S_2；在 t_3 时刻，a 再次加仓资金 Z_3，此时 e 减仓市值 Z_3，此时投资组合总市值再度下降至 S_3；在 t_4 时刻，a 的市值变为 A_4。整体情况如图 5-1 所示。

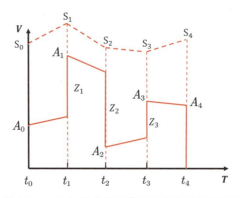

图 5-1 双加权收益率计算的形式化范例示意图

为解决 a 的复杂收益率计算问题，我们首先构建 SEA 网格结构，具体构建步骤如下：

步骤 1：设初始状态下 $k=0$，$m=2$（仅包含 A 与 E 两个部分）；

步骤 2：对 SEA 网格进行正向拓展，当 $0 \leq k<n$，则在 t_k 至 t_{k+1} 的投资区间内，根据 s、e、a 三者各自的市值 S、E、A 的变化比例沿时间轴 T 的正方向延伸网格中的市值线至 t_{k+1}，递增 k（$k=k+1$），若 $k \geq n$，则超出指定投资期间 T，构建终止；

步骤 3：对 SEA 网格进行反向划分，以 A 在 t_k 时刻资金变化后的结果为起点，若起点处于已有的网格横向市值线上，则直接跳转至步骤 2；若起点不处于任何已有的网格横向市值线上，递增 m（$m=m+1$），增加一条网格横向市值线，即在 t_0 至 t_k 的投资区间内，根据 S、E、A 三者的变化沿 T 轴的反方向划分投资组合网格单元，直到与 t_0 时刻的时间轴相交，再跳转至步骤 2。

针对图 5-1 的示例，按照上述步骤，a 根据发生资金流入或流出的次数 n（$n=4$）把投资期间 T 划分为 4 个时间段，而在 t_i 时刻流入或流出 a 的资金 Z_i 又可进一步将总市值 S 分割为 m（$m=5$）个横向区间，从而构成一个维度大小为 $m \times n$ 的网格结构，即 SEA 网格，构建过程如图 5-2 所示，图 5-2(a)(b)(c)(d) 分别表示在 $k \in [0, 1]$、$k \in [1, 2]$、$k \in [2, 3]$ 及 $k \in [3, 4]$ 时进行正向扩展和反向划分后的结果示意图。完成构建的 SEA 结构包含 $m \times n$ 个网格单元，可以根据网格单元初始市值的归属将其分别标为 a 或者 e。

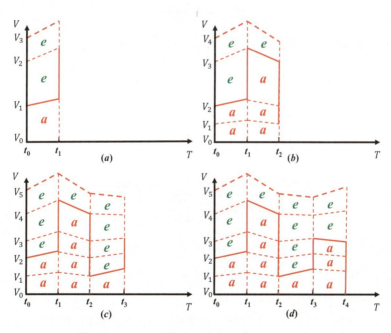

图 5-2　SEA 网格构建过程示例（$m=5$，$n=4$）

5.2.2 基于 SEA 网格的双加权算法

对于已构建完成的 $m \times n$ 的 SEA 网格结构，定义第 i 列第 j 行（$1 \leqslant i \leqslant n$，$1 \leqslant j \leqslant m$）的网格单元为 $U_{i,j}$，由 SEA 结构中对应的两条相邻时间线（t_i 与 t_{i-1}）及相邻市值线（V_j 与 V_{j-1}）相交形成；其中 $V_j(t_i)$ 表示第 j 条横向延长线在 t_i 时刻的市值，SEA 网格结构中任一网格单元 $U_{i,j}$ 由 4 个坐标点（t_{i-1}, $V_{j-1}(t_{i-1})$），（t_{i-1}, $V_j(t_{i-1})$），（t_i, $V_{j-1}(t_i)$），（t_i, $V_j(t_i)$）标识，在 t_{i-1} 时刻，网格单元 $U_{i,j}$ 市值为 $V_j(t_{i-1}) - V_{j-1}(t_{i-1})$，而 t_i 时刻市值为 $V_j(t_i) - V_{j-1}(t_i)$。

网格单元 $U_{i,j}$ 在 t_{i-1} 到 t_i 时刻没有资金流入或流出情况，可以直接采用简单收益率计算方法，用该时间段的收益与成本的比值进行计算，若考虑单元 $U_{i,j}$ 在整个投资期间 T 的收益率贡献度，则需要对资金和时间分别进行加权处理。计算步骤如下：

（1）不同时刻的资金对收益率的影响程度是不一致的，可通过参照初始时刻的资金价格对资金进行加权计算，$U_{i,j}$ 的资金加权因子 $Wc_{i,j}$ 为：

$$Wc_{i,j} = V_j(t_0) - V_{j-1}(t_0) \tag{5-8}$$

（2）不同资金成本在整个投资期间内的作用时间也不一致，此时需要根据其作用时长进行时间加权计算，$U_{i,j}$ 的时间加权因子 $Wt_{i,j}$ 为：

$$Wt_{i,j} = \frac{t_i - t_{i-1}}{T} \tag{5-9}$$

（3）结合资金加权因子与时间加权因子，$U_{i,j}$ 的双因子加权成本 $WWC_{i,j}$ 为：

$$WWC_{i,j} = Wc_{i,j} \cdot Wt_{i,j} = \left(V_j(t_0) - V_{j-1}(t_0)\right) \cdot \frac{t_i - t_{i-1}}{T} \tag{5-10}$$

（4）此时 $U_{i,j}$ 对应的收益 $P_{i,j}$ 为：

$$P_{i,j} = \left(V_j(t_i) - V_{j-1}(t_i)\right) - \left(V_j(t_{i-1}) - V_{j-1}(t_{i-1})\right) \tag{5-11}$$

（5）单元 $U_{i,j}$ 在整个投资期间 T 的双加权收益率 $WWR_{i,j}$ 为：

$$WWR_{i,j} = \frac{P_{i,j}}{WWC_{i,j}} \tag{5-12}$$

至此可得任一网格单元 $U_{i,j}$ 对应的双因子加权成本、收益及其双加权收益率，但在真实应用场景中往往需要对多个网格单元进行联合计算，围绕 SEA 网格结构，其多单元联合计算的方式有以下三种。

多单元的横向组合。SEA 网格中相邻两条市值线内横向相邻的网格单元可以相互组合，可以由 a 或 e 单独组成或两者混合组成。多单元组合双侧边界连接的 a 或 e 的市值相等。在一个 SEA 网格中，最大的多单元横向组合是 i 从 1 到 n 之间所有的 n 个单元 $U_{i,j}$ 组成的第 j 个多单元横向组合 U_j，其表示初始市值为 $V_j(t_0)-V_{j-1}(t_0)$ 的资金在投资期间 T 内的市值变化。

多单元的纵向组合。SEA 网格中相邻两条时间线内纵向相邻的网格单元可以相互组合，从而构成同一时间段内的更大网格单元。若将 j 从 1 到 m 之间所有 m 个单元 $U_{i,j}$ 组合为第 i 个多单元纵向组合 U_i，其表示 a 和 e 在 t_{i-1} 时刻的总市值 $V_m(t_{i-1})$ 变动到 t_i 时刻的总市值 $V_m(t_i)$ 的过程。

多单元的多向组合。横向与纵向相邻的网格单元可以相互组合。例如，特定投资标的组合 a 在图 5-2(d) 所示的 SEA 网格中是由 $U_{1,1}$、$U_{1,2}$、$U_{2,1}$、$U_{2,2}$、$U_{2,3}$、$U_{2,4}$、$U_{3,1}$、$U_{4,1}$、$U_{4,2}$、$U_{4,3}$ 10 个单元组合而成（所有标为 a 的网格单元组成），其余投资组合是 SEA 网格中除 a 之外标为 e 的其余网格单元的集合，总投资组合 s 涵盖 a 和 e，同时也是所有网格单元的集合。

若设任一多单元组合为 x，则 x 的双加权收益率 WWR(x) 计算公式为：

$$WWR(x) = \frac{\sum_{j=1}^{m}\sum_{i=1}^{n} P(x)_{i,j}}{\sum_{j=1}^{m}\sum_{i=1}^{n} WWC(x)_{i,j}}$$

$$P(x)_{i,j} = \begin{cases} P_{i,j} & U_{i,j} \in x \\ 0 & U_{i,j} \notin x \end{cases}$$

（5-13）

$$WWC(x)_{i,j} = \begin{cases} WWC_{i,j} & U_{i,j} \in x \\ 0 & U_{i,j} \notin x \end{cases}$$

5.2.3 双加权收益率算法示例

例 5：投资者于 2015 年 1 月 1 日（t_0 时刻）持有的资产总市值 S 为 30 万元，其中股票 a 的市值 A 为 10 万，每股价格 10 元，持有股数 1 万；2015 年 6 月 1 日（t_1 时刻），投资者持有的资产总市值 S 升至 50 万元，此时股票 a 每股价格 20 元，对应市值 20 万元；此时投资者将 S 中非股票 a 市值 20 万元的资金换仓入股票 a 中使得 a 的持有股数增至 2 万，对应市值 40 万元；2015 年 10 月 1 日（t_2 时刻），投资者持有的资产总市值 S 跌至 27 万元，其中股票 a 的每股价格跌为 10 元，对应市值 20 万元，此时投资者抛出 12 万元的股票 a，a 减持至 8000 股，对应市值 8 万元；2015 年 11 月 1 日（t_3 时刻），投资者持有的资产总市值 S 为 28 万元，

股票 a 涨至每股 12 元，对应市值 96000 元，此时投资者对股票 a 加仓 4000 股，持有股数增至 12000 股，对应市值增至 144000 元；2016 年 1 月 1 日（t_4 时刻），投资者持有的资产总市值 S 为 29 万元，其中股票 a 的股价为 14 元，对应市值为 168000 元。分别求解投资者在 2015 年度的总投资组合 s、股票 a **和其余投资部分 e 的收益率**。

显然，该投资者在 2015 年的年度收益率可由年初及年末持有的资产总市值差值-1 万元与年初总市值 30 万元的比值计算可得，即-3.33%，但其过程中股票 a 的收益率计算是难点。针对该案例绘制 SEA 网格，如图 5-3 所示。股票 a 在 SEA 网格中由 $U_{1,1}$、$U_{1,2}$、$U_{2,1}$、$U_{2,2}$、$U_{2,3}$、$U_{2,4}$、$U_{3,1}$、$U_{4,1}$、$U_{4,2}$、$U_{4,3}$ 合计 10 个单元组成。

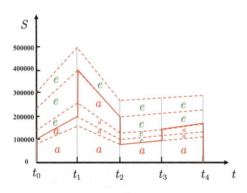

图 5-3 基于示例 5 的 SEA 网格示意图

表 5-4 其余网格单元的计算结果

	资金加权	时间加权	双加权成本	收益
$U_{1,1}$	80000	151/365	33095.89	80000
$U_{1,2}$	20000	151/365	8273.97	20000
$U_{2,1}$	80000	122/365	26739.73	-80000
$U_{2,2}$	20000	122/365	6684.93	-20000
$U_{2,3}$	39420.29	122/365	13176.10	-29565.22
$U_{2,4}$	93913.04	122/365	31390.11	-70434.78
$U_{3,1}$	80000	31/365	6666.67	16000
$U_{4,1}$	80000	61/365	13369.86	16000
$U_{4,2}$	20000	61/365	3342.47	3228.07
$U_{4,3}$	39420.29	61/365	6588.05	4771.93
合计	—	—	149455.6	-60000

以单元 $U_{1,1}$ 的计算过程为例,其资金加权 $Wc_{1,1}$、时间加权 $Wt_{1,1}$、双加权成本 $WWC_{1,1}$ 以及收益 $P_{1,1}$ 分别为:

$$Wc_{1,1} = V_1(t_0) - V_0(t_0) = 80000 - 0 = 80000$$

$$Wt_{1,1} = \frac{t_1 - t_0}{T} = \frac{151}{365}$$

$$WWC_{1,1} = Wc_{1,1} = 80000 \times \frac{151}{365} = 33095.89$$

$$P_{1,1} = (V_1(t_1) - V_0(t_1)) - (V_1(t_0) - V_0(t_{i-1})) = (160000 - 0) - (80000 - 0) = 80000$$

以此类推,可得其余网格单元的计算结果,如表 5-4 所示。依据公式 (5-13),股票 a 在投资期间 T 内的双加权收益率 $WWR(a)$ 为:

$$WWR(a) = \frac{\sum_{j=1}^{5}\sum_{i=1}^{4} P(a)_{i,j}}{\sum_{j=1}^{5}\sum_{i=1}^{4} WWC(a)_{i,j}} = \frac{-60000}{149455.6} \times 100\% = -40.15\%$$

同理,其余投资组合由图 5-3 中表示为 e 的网格单元组合而成,而 S 则为所有网格单元的集合(包含所有的 a 与 e),e 与 s 的收益率计算方法与股票 a 的收益率计算一致,计算结果如下:

$$WWR(e) = \frac{\sum_{j=1}^{5}\sum_{i=1}^{4} P(e)_{i,j}}{\sum_{j=1}^{5}\sum_{i=1}^{4} WWC(e)_{i,j}} = \frac{50000}{150544.4} \times 100\% = 33.21\%$$

$$WWR(s) = \frac{\sum_{j=1}^{5}\sum_{i=1}^{4} P(a)_{i,j} + \sum_{j=1}^{5}\sum_{i=1}^{4} P(e)_{i,j}}{\sum_{j=1}^{5}\sum_{i=1}^{4} WWC(a)_{i,j} + \sum_{j=1}^{5}\sum_{i=1}^{4} WWC(e)_{i,j}} =$$

$$\frac{-60000 + 50000}{149455.6 + 150544.4} \times 100\% = -3.33\%$$

5.2.4 双加权收益率计算的偏好约束满足论证

由于双加权收益率的计算在保证成本为正的基础上，采用"收益/成本"的双加权的方式计算收益率。其收益与收益率二者的数值正负方向始终保持一致，满足收益一致约束，此外还需对历史不变、平稳过渡及收益可对比性三个偏好约束的满足情况进行论证。

一、采用双加权收益率计算 s 的结果满足时间加权算法

由前文可知时间加权收益率是一类典型的对外收益率计算方法，其满足历史不变与平稳过渡两项偏好约束，若双加权收益率符合时间加权，则可证明双加权收益率同样满足历史不变约束与平稳过渡约束，证明过程如下：

$WWR(s)$ 为 t_0 至 t_n 时刻所有网格单元的组合 s 的双加权收益率，计算公式如下：

$$WWR(s) = \frac{\sum_{j=1}^{m}\sum_{i=1}^{n} P_{i,j}}{\sum_{j=1}^{m}\sum_{i=1}^{n} WWC_{i,j}} \tag{5-14}$$

对式中的分母部分进行简化，其中：

$$\sum_{i=1}^{n} WWC_{i,j} = \sum_{i=1}^{n} Wt_i \times Wc_j = \left(\sum_{i=1}^{n}\frac{(t_i - t_{i-1})}{T}\right) \times Wc_j$$

$$= \frac{(t_n - t_0)}{T} \times Wc_j = Wc_j \tag{5-15}$$

以上公式相当于对横向上同一行的单元进行求和，从而消去参数 i。

$$\sum_{j=1}^{m} Wc_j = \sum_{j=1}^{m} \left(V_j(t_0) - V_{j-1}(t_0)\right) = V_m(t_0) - V_0(t_0) = V_m(t_0) \tag{5-16}$$

以上公式相当于对纵向上同一列的单元进行求和，从而消去参数 j。

综上，公式 (5-14) 的分母部分可以简化为：

$$\sum_{j=1}^{m}\sum_{i=1}^{n} WWC_{i,j} = V_m(t_0) \tag{5-17}$$

以此类推，对公式 (5-14) 的分子部分进行简化可得：

$$\sum_{j=1}^{m}\sum_{i=1}^{n} P_{i,j} = \sum_{j=1}^{m}\sum_{i=1}^{n} \left(V_j(t_i) - V_{j-1}(t_i)\right) - \left(V_j(t_{i-1}) - V_{j-1}(t_{i-1})\right) =$$

$$V_m(t_n) - V_m(t_0) \quad (5\text{-}18)$$

通过对分子与分母部分的分别简化，公式(5-14)转换为：

$$WWR(s) = \frac{\sum_{j=1}^{m}\sum_{i=1}^{n} P_{i,j}}{\sum_{j=1}^{m}\sum_{i=1}^{n} WWC_{i,j}} = \frac{V_m(t_n) - V_m(t_0)}{V_m(t_0)} \quad (5\text{-}19)$$

同理，t_{i-1} 至 t_i 时刻所有单元组合 U_i 的双加权收益率为：

$$WWR(U_i) = \frac{V_m(t_i) - V_m(t_{i-1})}{V_m(t_{i-1})} \quad (5\text{-}20)$$

由此可以推导出下列公式，其形式等同于公式(5-4)，从而证明双加权收益率满足时间加权收益率算法：

$$WWR(s) = \prod_{i=1}^{n}(1 + WWR(U_i)) - 1 \quad (5\text{-}21)$$

二、双加权收益率计算满足收益可对比性约束

外部收益率对比。前文证明了在指定投资期间 T 内的任意时间点 t，采用双加权收益率计算的 s 满足时间加权约束，这和大盘指数、基金等采用的时间加权收益率计算方法保持一致，因此 s 与指数、基金等可以在统一基准的基础上进行直接对比。

内部收益率对比。无论是总投资组合 s、单一的投资标的或某些投资标的组合 a 及剩余部分 e 的收益率计算均采用一致的双因子加权计算方法，因此三者彼此间可直接对比，具备可比较的内部基准。

内外收益率对比的具体呈现形式为：指数或基金与 s 进行对比，s 与 e、a 对比。

表 5-5　各类收益率计算方法在偏好约束满足问题上的表现

	历史不变	平稳过渡	收益一致	可对比性
成本抵消法	√	×	×	×
成本累加法	√	×	√	×
时间加权收益率	√	√	×	×
XIRR	×	√	√	×
双加权计算法	√	√	√	√

表 5-5 中给出了双加权收益率和其他收益率计算方法在约束满足问题上的表现，其中"×"表示不满足约束，"√"表示满足约束。需要指出的是，在收益可对比性约束下，只有双加权计算法满足这一偏好约束条件。

5.2.5 双加权收益率计算方法的应用场景

收益率的计算和对比涉及多个层次的场景，下面从小到大探讨不同场景下的应用情况。

一、证券个体品种内的复杂收益率解析与对比

投资者对证券个体品种操作时，经常会有加仓和减仓的资金变化行为，这是一种常见的复杂收益率的应用场景。复杂收益率的计算可以分解为多个简单收益率计算，本研究提出的基于 SEA 网格的双加权收益率计算方法按照"最少交易成本"及"最少交易次数"两条准则提供了将复杂收益率分解为简单收益率的计算方法。其中，"最少交易成本"是指计算过程中横向单元的组合尽可能多，"最少交易次数"则是指纵向单元尽可能进行合并计算。例如，图 5-3 中 a 的 10 个网格单元可以合并为 4 个横向相连的简单交易组合（如图 5-4 所示）。

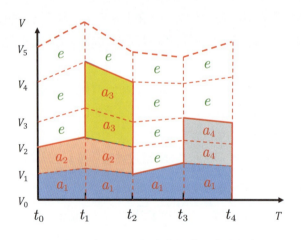

图 5-4 将 SEA 网格中多个单元进行合并

双加权收益率计算方法具备将复杂收益率拆分为多个简单收益率的功能，而简单收益率不仅可以和复杂收益率比较，还可以和同时期的指数等外部收益率进行直接比较，由此可以精确评估复杂收益率场景下每次资金流入、流出时对投资收益的影响。

二、证券品种个体与总体的收益率计算与对比

投资者投资证券时通常持有多个证券个体品种构成投资组合,各个证券个体品种的收益率由于投资起始点不同,并不能进行直接比较。

在真实场景下,投资者经常将单一投资标的收益率与整个投资组合的收益率进行对比。如果收益率计算采用不同的方法,且投资标的的投资期间并不一致,会使得各种收益率彼此间的对比失准。如图 5-5 所示的实例场景中,某投资者在 t_0 至 t_3 时间内持有一个投资组合 s,其中股票 a_1 在持有期 t_0 至 t_2 内收益率为 3%,t_2 时股票 a_1 清仓,t_0 至 t_2 内投资组合 s 的收益率为 2%;股票 a_2 在持有期 t_1 至 t_3 内收益率为 5%,t_3 时股票 a_2 清仓,t_1 至 t_3 内投资组合 s 的收益率为 7%。可以看出尽管股票 a_1 的收益率为 3%,低于股票 a_2 的收益率 5%,但若考虑同期投资组合的整体情况,股票 a_1 对投资组合 s 的贡献为正,而股票 a_2 尽管有较高的收益率,但其贡献为负。

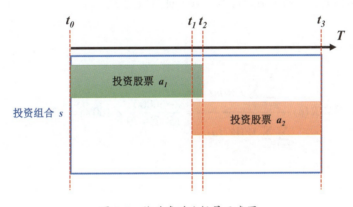

图 5-5　收益率对比场景示意图

三、证券总体投资与指数的收益率计算与对比

在真实场景下,投资者经常将自己的证券投资收益率与大盘指数的收益率进行对比。前面我们讨论了证券投资在整个投资期间内不存在资金流入及流出等变化的情况,但在真实环境下,证券投资过程发生外部资金流入、流出是普遍存在的现象,那么该如何与大盘指数进行对比与分析?前文所述双因子加权计算方法同样适用这种情况。此时需将投资者的证券投资组合 a 的市值设为 A,大盘指数市值设为 S,$E = S-A$。由于大盘指数的市值 S 足够大,在计算时期内,影响指数的流入、流出市值可以忽略不计,考虑到 S 远大于 A,那么 E 近似等同于 S,同样

可使用前文所述的双因子加权计算方法。以下针对该应用场景，在例5的基础上进行一定变换得到例6，通过对例6的计算阐述具体应用方法。

例6：投资者于2015年1月1日持有证券 a 的总市值 A 为10万元；2015年6月1日，投资者持有证券总市值增长至20万元，此时投资者加仓20万元投入证券，持有证券总市值达到40万元；2015年10月1日，投资者持有证券总市值下跌至20万元，此时投资者从中撤出12万元资金，剩余证券市值为8万元；2015年11月1日，投资者持有证券总市值回升至9.6万元，此时加仓4.8万元，证券总市值变为14.4万元；2016年1月1日，投资者所持有的证券投资总市值为16.8万元。此时，如何将投资者在2015年度的证券投资收益率与上证指数进行对比？

与例5的计算不同的是：在例6中上证指数成了 s，而因为上证指数包含的资金量远大于投资者所持有的资金，$E = S - A$，E 也可近似视为上证指数市值，**构造SEA网格结构时，E 的市值走势对应着上证指数走势**。投资者持有的证券投资同样由 $U_{1,1}$、$U_{1,2}$、$U_{2,1}$、$U_{2,2}$、$U_{2,3}$、$U_{2,4}$、$U_{3,1}$、$U_{4,1}$、$U_{4,2}$、$U_{4,3}$ 合计10个单元组成，其双加权收益率计算如下：

$$WWR(a) \frac{\sum_{j=1}^{5}\sum_{i=1}^{4} P(a)_{i,j}}{\sum_{j=1}^{5}\sum_{i=1}^{4} WWC(a)_{i,j}} = \frac{-60000}{150656.79} \times 100\% = -39.83\%$$

通过同期上证指数点数的变化计算其双加权收益率，结果如下所示。由此可见该投资者在2015年度取得的投资收益率小于上证指数。

$$WWR(s) = \left(\frac{3539.18}{3234.68} - 1\right) \times 100\% = 9.41\%$$

四、证券投资与其他投资的收益率计算与对比

在真实场景下，经常会有投资者将证券投资和其他投资的收益率进行对比。例如，若投资者的投资资金分为两部分，其中 E 为投资者在房地产项目上的投资额度，A 为投资者在证券上的投资额度，总投资资金 $S=A+E$。t_1 时投资者将房地产项目中的部分资金转入了证券投资中，而 t_2 时投资者又将部分证券投资资金转出至房地产项目，此时该情况已经等同于**示例2**中呈现的场景，可采用双加权方法分别计算 s、a、e 三者的收益率，并可以比较投资者在指定投资期间 T 内的总投资 s 的收益率、s 中证券投资 a 的收益率及房地产投资 e 收益率。

五、其他应用场景

（1）e 等同于外部融资，这时候 S 表示证券投资 a 和融资 e 的共同市值，可以分别计算和比较 S、a、e 的收益率。

（2）e 的收益率为 0，有时候证券投入资金的来源和抛出资金的去向的收益率并不清楚，或者特意忽略 e 的影响，那么 e 的收益率如何计算？一般来说，收益率可能为正或者为负，不知道的情况下通常当作 0 计算。这时，双加权计算方法就简化为一种可用于个股计算的成本累加法。

（3）e 等同于 a，把 e 的收益率按照 a 的收益率计算，双加权计算方法简化为时间加权的基金净值法。

（4）e 等同于 a，并且计算每个时间点的收益率都简化为用同一个收益率，双加权计算方法转化为均一收益率计算方法。

基于 SEA 网格结构的双加权收益率计算方法，同时满足历史不变、平稳过渡、收益一致及收益可对比性四项偏好约束，可以直接作为一种新颖的收益率计算方法被采用。考虑到大多数投资者习惯原有的内部收益率和外部收益率计算方法，并存在内外收益率对比的大量需求，该方法还可以作为一种媒介，类似于公里和英里之间的比例转换作用，使计算基准各自不同的内外收益率计算方法通过该方法的转换来实现在同一计算基准上的精准对比。

5.2.6 多种方法组合

考虑到用户的不同偏好，上述方法还可以进行组合折中，要点是便于对内计算和对外比较指数等。

基本算法如下。

1. 将投资期限分为等粒度期间，如年，期间也就是每年之间的收益率计算采用时间加权法，这样宏观上满足了历史不变和平稳过渡约束，也便于年度间的对外对比。

2. 在期间内也就是年终总结投资组合市值时采用对内收益率计算方法，保证每年内的收益和收益率计算一致。

① 如果要求精确计算可以采用双加权法。

② 如果只需要年度总体对比，不需要期内子时间段对比，可以采用均一计算法，如到期计算法或者 XIRR。

③ 如果要求计算简单：a. 在投入撤出资金相对于本金变化不大时可以简单采用成本抵消时间比例法，要点在于成本要为较大的正数；如果还希望准确一些，

可以简单计算不同成本的作用时间段，将流入和流出资金对冲后的资金和乘上一个小于1的系数（大小取决流动资金在市场的时间），加上初始成本就可以估算为加权成本，即平均成本；b.在投入撤出资金相对于本金变化较大时可以采用成本累加法。

3.个股计算方法采用双加权法或者成本累加法。

5.3 评测：投资行为分析

5.3.1 用户数据预处理

用户的投资理念最后都会落实在行动上，历史操作记录就是投资者的投资理念的真实体现，用户的历史投资操作记录可以分为以下两种。

一、模拟操作历史记录

模拟操作可以从模拟投资的交易记录中导出，如果使用本课程试验所在的海知评测平台，可以直接进行评测。

二、实盘操作历史记录

这是用户投资行为的真实表现，也是对用户投资行为分析的最重要的数据。通常可以从券商软件里的交割单得出，一般需要以下几个步骤。

（一）下载交割单

不同券商的交割单形式不一，可以在评测平台选择说明下载指定的交割单，或者自行查询下载交割单，下载交割单的文件格式应该是 Excel 电子表格形式，下载时要保证投资历史连续，投资日期不遗漏、不交叉，最好包括初始日期的资金转入信息。

（二）隐私信息删除

为保护好个人隐私，需要对交割单内涉及个人隐私的信息进行删除处理，必须去除的信息有：姓名、账号等，基于个性化偏好考虑，也可以考虑变换的信息有：资金的规模或者单位、股票的代码、操作数量等。

（三）去隐私后信息上传

将去除隐私后的信息上传给评测平台，评测平台将其转换为统一的历史投资操作记录，对其进行分析、测试、诊断以及提出改进建议。

5.3.2 总体评测

评测主要分为两部分：总结和对比。

一、业绩总结

投资者历史投资行为的业绩总结指标主要有：市值、收益、收益率。

（一）市值

投资者的市值包括股票、债券、现金等价物等证券市场全部投资品种的集合。

（二）收益

收益指的是净收益，也就是总盈亏之和，这应该减去了所有的费用和成本，包括所有投资品种的盈利和亏损。

（三）收益率

对投资者本身来讲，收益率一般采用成本加权法计算。

以上三个评测指标构成了投资者对自身的业绩总结，通常可以用三线图来表示。

二、评测对比

对投资者历史投资行为的总体评测通常通过对外比较来进行，评测指标主要有收益率、风险评测、流动性评测。

（一）收益率对比

计算收益率时，应该选择合适的基准线，如沪深指数、上证指数等，也可以选择一些指数的加权函数。对比有两种形式。

1. 直接对比

例如，在指定时间内如 2016 年 1 月 1 日至 2018 年 11 月 1 日跑赢上证指数 15% 等。这里要考虑收益率计算方法的可对比性。为提高效率，可以直接参考实训平台的总体评测的第二部分。

直接对比法可以直接对比参与方，但不能对比其他方。

2. 打分对比

打分对比的思路依然是指数对应百分法，先选定一些指数的加权函数作为对比基准，如股票指数可以选择上证指数、深证成指，债券指数选择国债指数（000012）和企债指数（000013），现金指数简单用国债逆回购（204007）计算，加权系数可以为：0.35 / 0.35 / 0.1 / 0.1 / 0.1，最大值是 5 个指数的最大值，详细计算方法参考 3.6 节。

打分对比可以给出投资者在百分制中的相对位置。

平台实训中,可以通过查看细节了解:总收益率、海知等级(如上尉)、对应的 4 个指数涨幅当前值、相对于 4 个指数的相对收益、最大涨幅、排名(跑赢 ××% 用户)等。

(二)风险评测对比

风险的定义是在未来时间段内投资者实际收益的不确定程度,往往和收益的波动相联系,收益变化越大,投资的风险越大。投资总风险由两部分组成,一部分是非系统风险(可分散风险、个别风险),另一部分是系统风险(不可分散风险、市场风险)。对于非系统风险,投资者可以把证券添加到投资组合中进行多样化加以消除;对于系统风险,投资者可以用一些基本的模型予以分析解决,如资本资产定价模型(Capital Asset Pricing Model,简称 CAPM 模型)。

对于用户的投资历史,最简便的评测方法就是按照对应期间的最大回撤计算,计算方法依然有两种。

1. 直接对比

直接用用户最大回测对比其他方的最大回测。

2. 打分对比

其计算方法为指数对应法,用户值为用户的最大回测。基准值:4 个指数最大回撤的加权平均,用户值等于基金值最大回撤对应分数为 50 分,小于基准值最大回撤的分数对应 50—100 分,无回撤为 100 分。超过最大回撤部分按照比例对应 0—50 分,回撤 100% 为 0 分。

平台实训中,可以通过查看细节了解:最大回撤,对应的多个指数最大回撤,相对回撤,排名/用户数。

(三)流动性评测对比

一个证券品种的流动性计算主要看它在指定时间段的成交金额,成交金额越大,流动性越好。对比方法可以采用均值中位排序评分法。

例如,指定时间段为 5 个交易日,每个品种按照证券市场 5 个交易日的成交量排序,市场上共有 n 个品种。用户任一个品种 i 的流动性得分为:

$$S_i = \left(1 - \frac{i}{n+1}\right) \times 100 \tag{5-22}$$

设用户持仓 k 个品种:其市值权值 W_i = 市值 i/ 总市值($1 \leq i \leq k$)。那么,对用户持仓的 k 个品种按照市值加权的流动性评分 WS:

$$WS = W_1S_1 + W_2S_2 + \ldots + W_nS_n \qquad (5\text{-}23)$$

注意：随时可变现的现金等价物也作为一个品种，流动性得分定为 100 分。无成交量品种的得分为 0 分。

平台实训中，可以通过查看细节了解：每个持仓品种的成交量排名/总数量。

收益率、风险、流动性作为投资中相互比较的三要素，其相关定义已经在第二章中予以介绍。这三个要素在海知平台的"评测诊断—结果分析"模块中也有着直观的体现。在"结果分析"模块中，平台根据用户的投资记录、对应收益率、风险、流动性分别为用户进行评分，对应"盈利能力""风险控制"与"流动性"。均值是 50 分，如图 5-6 所示。

图 5-6 某用户总体评测结果三要素表示图

5.3.3 个体分析

一、个体品种的评测

单个证券品种评测分为平仓品种和持仓品种。

平仓品种包括的指标有以下几个。

（1）开始时间。该品种开始投入资金的日期。

（2）结束时间。该品种平仓结束投资的日期。

（3）盈亏。在投资期内的盈亏数量。

（4）涨幅。该品种结束时间相对于开始时间的涨幅。

（5）收益率。成本加权法计算的收益率。相对于涨幅，可以看出用户调仓的能力，若收益率高于涨幅，则调仓能力强，反之则弱。如果没有调仓，资金一次性买入、卖出，则收益率和涨幅大致相同（差买入、卖出手续费成本）。

（6）基准指数同期收益率。可选上证指数、深证成指或者一些指数加权。

（7）相对收益率。相对于基准指数，即收益率-基准指数。

（8）年化收益率。收益率 × （结束时间-开始时间）/365。

（9）个体排名。该个体相对于其他所有个体的排名评分，见前一章个体评测方法。

（10）群体排名。个体所属群体在投资期间的加权排名评分，见前一章群体评测方法。

（11）三线图。个体市值曲线、成本曲线和收益曲线沿着时间轴的走势图。

（12）收益率对比图。个体收益率对比基准指数沿着时间轴的走势图。

持仓品种和平仓品种有所不同：持仓品种还包括持仓数量、可卖数量、成本、现价、市值等，没有结束时间。如果把投资周期看作开始时间到最新时间，依然可以按照平仓品种对收益率、涨幅、个体排名、群体排名等进行相应计算，同样可以进行相应评测和对比。

二、个体品种之间的对比

所有的个体品种的评测表现共同作用在总体评测表现，在个体品种评测的基础上，可以进一步分析平均表现以及哪些品种表现较好或者较差。

个体品种之间的对比主要体现在收益率计算，对比的基础建立在统一的计算公式上。5.2节给出了可以进行彼此对比的双加权计算方法。对于任意一个个体 a 和其他 e 的对比，主要体现在它是否对 S 有贡献，下一章介绍的实训平台提供工具操盘回放给出了个体对于群体贡献的可视化展示，可以清楚地看出每个个体对组合的贡献度。

如果把每个品种的开仓比喻为一场战斗的开始，那么平仓品种就是已经结束的战斗，持仓品种就是正在进行中的战斗，资金数额就是兵员，胜仗就是队伍壮大，败仗就是队伍减员。在战斗中的添减兵力就是调仓，没有调仓的战斗是简单战斗，有多次调仓的战斗是复杂战斗，复杂战斗由多个简单战斗组成，5.2节介绍的采用SEA网格的双加权计算法WWR可以清晰地计算简单战斗和复杂战斗之间的关系。所有的平仓品种和持仓品种构成了所有的战斗。可以统计：战斗总次数、平均胜率、相对（基准指数）胜率、最佳、最差、收获最大、亏损最大等，也可以给出排序来。

第 5 章 以史为鉴

5.4 诊断：业绩归因

前面介绍了用户历史投资行为的评测方法和系统实现，随之提起的一个问题就是投资者的业绩好坏是怎么得来的？即业绩归因问题，这是一个诊断过程，试图从投资者的投资结果找出原因所在。业绩归因的常用方法是 Brinson 方法，将业绩分为三种情况，组合超额收益分解为择时收益、择股收益和交叉收益，被很多机构采用。

5.4.1 "三五"归因法

为了适合更广泛的用户的不同偏好，包括个人投资者和智能体，我们提出的方法有所不同。评价投资者的投资结果或者投资业绩可以用前面讲过的三要素表示，那么，导致投资结果的原因有哪些因素呢？目前投资者采用的证券投资方法可以分为三大类：趋势投资、价值投资和博弈投资，所有投资者的共同作用导致了每个投资者的结果，为此业绩归因可以从这三类方法的共同作用下着手。

"三五"归因法，表示投资者的业绩结果是当初投资者在三大投资方法或者三大逻辑（趋势投资、价值投资、博弈投资）的共同影响下作出决策操作后导致的，这三大影响因素还可以进一步细化为五个部分，无论是三因素还是五因素，都可以用算法量化成数据表示，并且彼此之间具备制约关系，合称为"三五"归因法。

借鉴西方文化用牛、熊表示股市的趋势，为便于记忆，也可以考虑用传统文化表示归因。三因素归因法可以称为三才归因法，其中，趋势投资、价值投资和博弈投资的影响力分别用"天、地、人"三才与之对应。你之所以取得现有的业绩，是因为你在天时占了多少？地利、人和又分别占了多少？所谓天时，在证券投资中就是"择时"，即投资者在趋势投资中对总体判势的把握能力；地利分为两部分："择股"和"择行"，即投资者在价值投资中个体选择和群体选择的掌控能力；人和也分为两种："知人"和"知己"，而五因素归因法也可以称为五行归因法，择时、择股、择行、知人、知己分别对应着金、木、土、水、火。它们合称依旧是"三五"归因法。

下面对五因素分别做进一步的介绍。

一、宏观判势（择时）

宏观判势是总体选择，择时能力，检查的就是投资者对股票、债券和现金等价物这三大类的未来趋势判断的能力，也就是投资者在这三部分的仓位配置。

具体的评测方法已经在第三章介绍过。

二、个体选择（择股）

个体选择能力体现在投资者的具体实施操作，包括买入、卖出、仓位配置等。主要评测个体品种收益率之间的对比。

具体的评测方法已经在第四章介绍过。

三、群体选择（择行）

群体选择体现了投资者在选择个体品种归结后的上位类别的偏好上，评测群体之间收益率排名的对比，它跟群体的分类体系有关，如果只限于行业，则可以看作择行能力，如果分类体系还有其他分类方法，展示的内容和意义就不一样，但群体评测方法还是一样的，这在前面4.5节评测方法中已有介绍。

有了群体多层次分类体系，看问题的角度就多样化了，个体、群体、总体之间的交互作用就用不同的展现形式，如自顶向下和自底向上等。评测也有多种方法，如果把投资者所有的个体投资组合作为一个群体，可以对"个体、群体、总体"做一个不同层次上的比较。第六章通过操盘回放的方法可以展示所有个体品种对群体业绩的贡献，以及群体业绩与总体业绩的对比。

四、调仓适应（知人）

智能系统博弈决策的重要公式是：决策 = 概率 + 效用。和双人博弈不同，证券投资是群体博弈，虽然分为多空两方，但投资者有选择某一方的自由，更重要的是，投资者还有随时改变选择的自由，这取决于投资者在时序变化的群体博弈中了解多空双方的认知能力。

知人是投资者在自己的能力圈内，在对时序变化的多空双方博弈胜负的概率计算的基础上，不断调整自己站队的适应能力，即投资者在对外判断决策后应对陆续反馈回来的时序变化信息的处理能力。投资者基于理性计算对未来走势概率分布有预期判断，但真实的时序变化未必如投资者所愿，这时就考验投资者与时俱进的应对能力。例如，投资者选择一个品种后，经常会根据市场变化加仓或者减仓该品种，也会对总体配置进行平衡。这也称为调仓适应能力。

在智能系统中，这常被称作自适应和机器学习机制。

注意和择时的不同之处，择时考虑的是整个宏观市场股债金的配置，调仓适应考虑的是投资者个人能力圈内理解的市场品种配置变化。具体的评测方法将在第六章介绍。

五、个性偏好（知己）

知己就是投资者了解自己的认知能力。这体现在智能系统博弈决策公式的另一部分：效用。可以表达为投资者的个性偏好、投资风格、心态性格等自身综合能力的集合，说明在投资期间内投资者个性风格和市场的适合程度。常说的"文如其人"讲的就是这种情况。有一种说法叫要清楚自己的能力圈，要知道自己想要什么，能做什么，不要做超出自己能力范围的决策，最好能与时俱进地不断改进自己，扩大自己的能力圈。

描述个性偏好的一种方法就是用户画像，与证券投资用户画像相关的有：投资策略、操作频率、操作心态、情感影响、外围环境影响度等，还有描述操作风格的：跟随/独立、长/短、稳健/激进等，还有对心态控制、风控、流动性评估等。

更详细的内容将在第十章用户画像里介绍。

5.4.2 "三五"归因法的约束公式

总体评测是结果，业绩归因是诊断，它们之间的相互关系可以量化表示吗？

设总体评测的三要素：收益率、风险控制、规模或者流动性的百分制评分为 y、r、v，则总体评测三要素的加权评分函数得分 $f_3(y, r, v)$ 可以表示为：

$$f_3(y, r, v) = w_1 \times y + w_2 \times r + w_3 \times v, \quad (w_1 + w_2 + w_3 = 1)$$

对于五因素归因法，设业绩归因五因素：宏观判势（择时）、个体选择（择股）、群体选择（择行）、调仓适应（知人）、个性偏好（知己）的百分制评分为 t、s、c、e、m，则业绩归因五因素的加权评分函数 g_5 可以表示为：

$$g_5(t, s, c, e, m) = w_4 \times t + w_5 \times s + w_6 \times c + w_7 \times e + w_8 \times m,$$
$$(w_4 + w_5 + w_6 + w_7 + w_8 = 1)$$

考虑总体评测的业绩得分结果是归因于业绩归因的各项得分，和均位对应百分制的性质，假设下述约束条件成立：

$f_3(y, r, v) = g_5(t, s, c, e, m)$，即收益率、风控、规模的加权得分＝择时、择股、择行、知人和知己的加权评分：

$$w_1 \times y + w_2 \times r + w_3 \times v = w_4 \times t + w_5 \times s + w_6 \times c + w_7 \times e + w_8 \times m,$$

同理，三因素归因法的量化约束也可以照此进行。

五因素业绩归因的示例如图 5-7 所示，其中：50 分是均值，越高越好，越低越差。

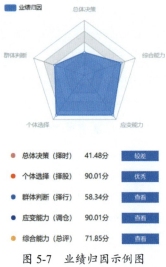

图 5-7　业绩归因示例图

5.5　平台实训

5.5.1　总体评测

统计用户当前持仓的总体情况。如图 5-8 所示，特征包括总收益率、总盈亏、对比上证、对比深证、年化收益、仓位、总资产、总现金、股票市值、债券市值。此步骤以数据形式反映用户当前持仓情况及收益水平。

图 5-8　整体分析示意图

5.5.2　个体评测

1. 个股投资表。给出平仓、持仓证券的盈亏、收益率、涨幅、开始时间、结束时间、相对大盘、相对用户、大盘同期收益等，如图 5-9 所示。

2. 个股盈亏图。以市值、收益率、盈亏曲线的形式反映用户在个股持仓过程中市值、收益率、盈亏的变动，如图 5-10 所示。

3. 个股收益趋势对比图。以折线图的形式将个股在持仓期间收益率与上证指数和深证成指的涨跌幅进行对比。收益率曲线计算方法，个股收益率曲线不会随着个股成本变动发生跳变，如图 5-11 所示。

个体分析

战斗总次数:	15				胜率:	53.33%	相对胜率:	53.33%
个体排名:	2481/4546	49.97分			群体排名:	137/308	49.97分	
最赚钱:	深圳能源	2021-03-18至2021-03-30	15762.195		跑赢大盘:	深圳能源	2021-03-18至2021-03-30	38.06%
最亏钱:	龙马环卫	2021-03-04至2021-03-16	-66567.39		跑输大盘:	龙马环卫	2021-03-04至2021-03-16	-9.55%
比特评说:	中线投资							

代码	名称	盈亏	收益率(%)	涨幅(%)	开始时间↓	结束时间	相对大盘(%)	相对用户(%)	年化收益率(%)	大盘同期收益(%)	个体排名	群体排名	个体分数	三战图
300658	延江股份	3965.485	3.54	3.54	2021-03-26	2021-04-06	1.26	2.55	107.71	2.28	1975/5268	196/355	48.3512	查看
002394	联发股份	-680.58	-1.34	-1.01	2021-03-25	2021-04-06	-6.27	-3.19	-37.57	4.93	4171/5267	166/355	45.8804	查看
002262	恩华药业	5455.95	3.69	4.68	2021-03-22	2021-04-06	1.35	0.25	84.13	2.34	1283/5249	172/355	49.7523	查看
300012	华测检测	15658.35	5.95	6.32	2021-03-22	2021-04-06	3.61	2.52	135.8	2.34	949/5249	175/355	48.8783	查看
300040	九洲集团	13119.315	6.7	-0.54	2021-03-18	2021-03-23	9.25	4.47	407.59	-2.55	3004/5241	191/355	57.5298	查看
000027	深圳能源	15762.195	37.52	44.36	2021-03-18	2021-03-30	38.06	32.91	1053.38	-0.54	10/5238	131/355	43.699	查看
000019	深粮控股	540.98	1.49	0.66	2021-03-18	2021-03-31	2.81	-4.06	38.74	-1.33	2752/5234	116/355	39.5391	查看

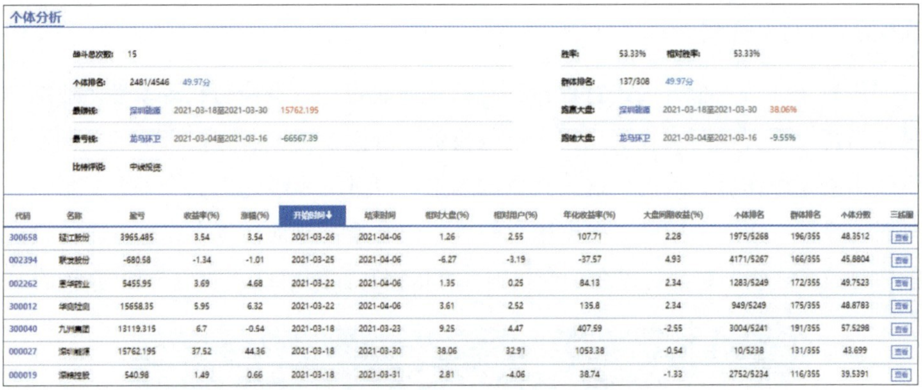

图 5-9　个体分析示意图（个股投资表）

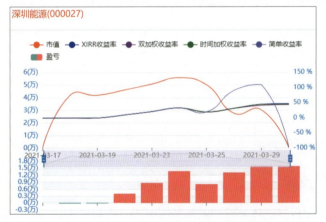

图 5-10　个体分析示意图（个股盈亏图）

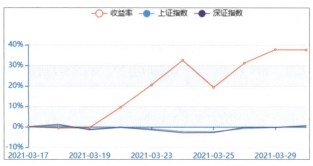

图 5-11 个体分析示意图（个股收益趋势对比图）

5.5.3 业绩归因

用户业绩从三个方面进行评价，包括盈利能力、风险控制和流动性。业绩结果是当初投资者在三大投资逻辑（趋势投资、价值投资、博弈投资）的共同影响下作出决策操作后导致的，这三大影响因素可以进一步细化为五个部分：择时、择股、择行、知人和知己。根据用户的操作记录系统自动计算出在这五个方面的能力分数。这些分数都可以在平台找到计算依据和详细信息，如图 5-12 所示。

	2020-02-19	2020-12-21	涨幅	最大涨幅	对比
上证指数	2975.40	3420.57	14.96%	26.61%	-13.30%
深证成指	11235.60	14134.85	25.80%	39.67%	-24.14%
债券	240.75	249.16	3.50%	3.50%	-1.84%
现金	100.00	102.52	2.52%	2.52%	-0.86%
用户	3045439.32	3096042.40	1.66%	44.14%	0.00%

图 5-12 结果分析具体评价指标示意图

5.5.4 结果点评

根据整体分析、个体分析和业绩归因等用户行为分析，对用户给出通俗易懂的自然语言评价。

如图 5-13 所示，其中，粗体字是以秒为单位进行实时更新的用户描述，会根据用户的操作而产生不同的点评语句。

- Hi,亲爱的XXX，您总体的**个体选择**水平**优秀**，但是**群体判断**水平**较差。**
- 您关注度最高的是**小金属**板块，可以去股票界面看看**洛阳钼业**的近期走势哦。
- 您最近半年**很小心谨慎，无操盘记录。**
- 本月收益**相比上证上涨0.15%**，同比上月**提高0.15%。**
- 本季收益**与上证持平**，同比上季**无涨跌变化。**

图 5-13　结果点评示意图

5.6　小结

- 收益率偏好约束问题可以归纳为以下四种：历史不变约束、平稳过渡约束、收益一致约束和可对比性约束。
- 成本抵消法计算简单，容易理解，比较适合收益率变化不大的区域。问题是收益率可能会跳变失真，不能满足平稳过渡的偏好约束。
- 时间加权法是对外计算法，基金用它计算净值，投资者用它计算自己的内部收益率，可能会产生收益率和收益不一致问题，不满足收益一致偏好约束。
- 到期收益率方法或者 XIRR 法计算的是内部平均收益率，不是实时收益率，不能直接用于实时走势对比和区间收益率对比，否则会不满足历史不变偏好约束。
- 成本时间双加权方法可以用于内部收益率计算，理论上满足四个约束条件。
- 组合计算法是按照自然年划分时间段，年收益率按照时间加权法汇总计算，便于和外部指数比较，年内按内部收益率计算。
- 用户历史投资行为评测分为模拟和实盘两种，实盘数据要进行脱敏处理。评测分为总体评测和个体评测，都要有业绩总结和评测对比。
- 业绩归因是一个诊断过程，可细分为：宏观判势（择时）、个体选择（择股)、群体选择(择行)、调仓适应(知人)和个性偏好(知己),其加权函数评分和总体评测评分有关。
- 平台实训包括总体评测、个体评测、业绩归因和结果点评。

本章习题与实训

一、选择题

1. (单选)有关投资收益率的计算方法下列说法错误的是 ____。

   A. 不变投资额的收益率计算公式为:收益率 $= \frac{收益额}{投资额} \times 100\%$

   B. 成本抵消法解决了收益率跳变失真的问题

   C. 成本抵消法不考虑成本与时间之间的关系,投入资金和撤出资金可进行合并

   D. 成本抵消法比较适合收益率变化不大的区域

2. (单选)有关平稳过渡约束下列说法正确的是 ____。

   A. 收益率应该在资金流入、流出时保持平稳过渡,不应该产生跳变

   B. 收益应该在资金流入、流出时保持平稳过渡,不应该产生跳变

   C. 成本应该在资金流入、流出时保持平稳过渡,不应该产生跳变

   D. 股价应该在资金流入、流出时保持平稳过渡,不应该产生跳变

3. (单选)有关历史不变约束下列说法正确的是 ____。

   A. 资金的变化不会影响之后的收益率,并对历史产生影响

   B. 资金的变化只能影响之后的收益率,不能改变历史

   C. 资金的变化对之后的收益和之前的历史都有影响

   D. 资金的变化不会影响之后的收益率,不能改变历史

4. (单选)有关成本时间双加权法,下列说法错误的是 ____。

   A. 时间成本双加权法试图满足平稳过渡约束、收益一致约束、历史不变约束以及可对比性约束

   B. 不同时间段的成本对收益率不产生影响

第 5 章 以史为鉴

C. 最终的收益率计算公式为：收益率 = $\dfrac{收益}{成本}$

D. 不同时间点的资金对收益率影响不同

5.（单选）有关成本时间双加权法，下列说法正确的 ____。

A. 成本抵消法可以和时间加权法直接对比

B. 成本累加法可以和时间加权法直接对比

C. 双加权计算法中对 S 的计算可以和时间加权法直接对比

D. XIRR 计算法可以和时间加权法直接对比

二、填空题

1. 假设异常模拟投资大赛中共有 36 名用户参赛，对于在比赛排行榜中位列第 6 名的用户 A，采用均值中位评分法计算其得分为（结果保留两位小数）____。

2. 用户业绩总结的三个主要指标为：____、____、____。

3. 投资评测对比的三要素为：____、____、____。

4. 在一段投资期间内，某位投资者持有的股票 A 的成交量在 4100 只股票群体中排在第 2000 名，则这只股票的流动性得分为（结果保留两位小数）：____。

5. "三五"归因法的五因素是：____、____、____、____、____。

三、计算题

1. 对自身的模拟投资历史记录进行总体评测，计算出市值、收益、收益率。

2. 假设每年年初定投上证指数至 2020 年 12 月 31 日 3473 点，分别计算 1990 年以来，1994 年以来，2000 年以来，2010 年以来定投的收益率，采用成本累加法计算，分析对比结果。

3. 对应例 4 的收益率计算如表 5-6 所示，按照五种收益率计算方法在空白处填入数据。

四、简答题

1. 对自身的模拟投资历史记录进行个体评测，找出最佳战斗、最差战斗、胜率。

2. 将自身的目前战绩和他人对比，总结经验教训。

表5-6　各类收益率计算方法在偏好约束满足问题上的表现

真实时间	1月1日	6月1日	6月1日	6月1日	10月1日	10月1日	10月1日	12月31日
抽象时间	t_0	$t_1-\delta$	t_1	$t_1+\delta$	$t_2-\delta$	t_2	$t_2+\delta$	t_3
市值 S_i	10	20	40	40	20	10	10	14
资金流入 z_i		0	20	0	0	−10	0	0
成本抵消(%)	0	100						
成本累加(%)	0	100						
时间加权(%)	0	100						
XIRR(%)	0	100						
双加权法(%)	0	100						

五、实训

1.进入实训平台总体分析模块：对自身的模拟投资历史分析总结，股票、债券、现金仓位占比变化，收益变化，收益率对比，市值曲线的走势是怎样的？市值曲线的波峰和波谷分别对应什么事件（归因分析）？

2.进入实训平台个体分析模块：对自身的模拟投资历史分析总结，历史平仓表现，当前持仓证券的表现，总结经验教训。

3.进入实训平台结果分析模块：分析自己的各项得分；分数计算是否正确合理？

4.将自身的目前战绩和他人对比，总结经验教训。

第 6 章

悟道出师

成功的路径千千万，失败的路径万万千，
由于时间序列的限制，
属于你的投资取胜之路只有一条，
找到它、理解它、改进它，
那才是符合你自身情况的成功之路。

6.1 基于海天 4S 的悟道出师之路

悟道是悟自己的道，每个人的道都是不同的，别人的成功之路是别人的，不是你的，你可以了解，但不能模仿，所谓学我者生，似我者死就是这个道理。因为投资之路是一个时间序列之路，下一刻总在变化，而他人的成功经验不可能总有应对之策，你必须独自拿出解决办法。自己的路自己走，悟道就是要形成适合自己的唯一投资理念和投资风格，这就是悟道升华之路。

出师就是形成了自己的投资理念体系，基于投资理念的决策正确率达到某一高度，越高越好，总体上的收益率至少达到海天评价体系里的优秀标准，也就是跑赢股票债券现金给定投资区间的最大涨幅。这个区间不能太短，以年度为单位，至少包括一个牛熊来回。

悟道出师的最高阶段，就是正确率 100%，提出观点，那就是言出势随、言出股随，说大盘涨，大盘应声而起，说大盘跌，大盘随之倒下……

然而，人不是神，如果有那么一小段的光辉时刻，已经是非常难得了，不可能持续很长时间的。即使是已经悟道出师的人，所悟的道也可能不再适应日后的走势，需要不断改进完善，这是一个没有止境的人生投资之路。

提高决策正确率的一个方法是基于海天 4S 的 4 步骤。

6.1.1 宏观判势，提出你的观点

人不是万能的，我们对外部证券市场的观察是不完全的，很多时候我们不知道发生了什么，知道发生了什么我们也不知道原因，因此也很难对市场的下一步走向给出理性预期，但我们要尽可能改变这种情况，哪怕只有很小的概率和少数时刻，当我们确认把握了这个时刻，我们就要明确给出观点：这个市场发生了什么，由什么原因引起，未来将往什么方向演变。

和他人交流，明确提出自己的观点，有利于提高决策正确率。也可以考虑这样一个方法，在不违规的前提下，观点可以在论坛、微博等社区上发出，这会在日后验证，随着你的诸多观点被证实或者证伪，你自身的学习能力就有了改进的方向，也有助于提高你判断证券市场的能力，从而慢慢形成你独自的投资理念。

观点的正确率是评价观点的常用指标，另一个指标是召回率，指的是发布观点覆盖的时间和市场变化时间的比值，如果你对市场的每时每刻都可以说出你的观点意见，那召回率就是 100%，然而，人们对市场的认知与判断并不能一直处于

清晰准确的状态,强求提高召回率会影响正确率,一般认为,在证券投资领域,正确率比召回率重要。

6.1.2 具体实施,记录你的操作

宏观判势之后,就可以根据你的个人偏好,确定投资决策和进行具体操作了。无论你的决策是什么,最好都要记录每一次自己的投资操作,能附上投资决策的理由更好。这样在日后便于评测总结,会指明提高方向。当然券商或智能系统也会有交割单记录,不过自己事先记录和事后验证亲自感觉还是不一样的。

提高自己的秘诀就在于每次投资后都要进行总结!

很多投资者对自己的操作很随意,甚至投资很长时间却说根本不清楚自己打了多少仗,结果如何?经验教训在哪里?这样怎么会提高水平?谈什么悟道出师提高胜率呢?

这只能理解为:你不是在理性投资,你是在玩游戏,快乐是第一位的,是否盈利是次要的。

具体操作可能是一件很隐私的事情,不像宏观判势,一般情况不要公开。当然,实在忍不住了,在不违规的前提下,公开一下也无伤大雅。

6.1.3 以史为鉴,验证你的决策

理性投资是一件认真耗时的事情,要及时关注外部市场时序变化的反馈,评估决策预期和真实到来的差距,思考要不要采取进一步的措施应对新的变化,是否需要调整策略。

在采取下一步措施之前,先要弄清楚自身的情况。如果可能的话,尽量每天或者每次操作之后及时进行总结,关注目前持仓品种市值、盈亏、涨幅等更新后的情况,总体市值、收益率、仓位配置的时序变化对决策的影响等。还有以往的经验教训的参考意义,总体配置和个体选择有没有类似的情况可以借鉴。这时候以往操作历史中总结归纳的总体评价和个体平仓品种收益、收益率等数据就有了用武之地。

6.1.4 悟道出师,完善你的理念

在前面三个部分的基础上,总结经验教训,当初的决策原因是什么,事后的真实结果如何,差距到来时的应对是否及时妥当?

另一方面,还需要对自己的操作风格、优点和缺点进行总结,即明确自身擅

长什么,以及在什么情况下容易发生失误。

特别是对于影响比较大的重要盈亏战斗,要经常反思因果、策略、心态等。

通过不断地、与时俱进地评测诊断、总结经验、扬长补短,逐渐形成并不断完善适合自己的唯一投资理念和投资风格。

从宏观判势开始,到具体实施,然后以史为鉴对操作历史进行评价总结,所得到的经验教训,总会有一些感悟,进入悟道改进阶段。四个阶段下来,完成一次循环,就会对自己的理性投资理念有所帮助,循环不断进行下去,正确率逐渐提高,就可能达到悟道出师的境界,并继续保持这个境界。

6.2 知人者智,换位思考

悟道出师的要点在于提高个性化理性投资决策的正确率,理性投资决策 = 概率 + 效用,概率是对外部证券市场的量化计算,效用是对自身个性偏好的解读,提高决策的正确率,就从这两方面做起。

外部证券市场是一个处于众人博弈,包括投资者本人共同作用的市场,这是一个时序变化的世界,投资者观察市场不仅要看市场上各类信息,还要观察市场参与各方的反应以及对市场的互相影响,才能找准自身定位,做好决策。

6.2.1 市场信息处理

对于市场上的海量信息,大到宏观判势,小到个体品种分析,都要拿出自己的认识看法,并在日后的真实环境下逐步验证。主要步骤如下。

1. 信息梳理。对于来自政策面、技术面、新闻、评论、研究报告、他人见解、量化资料等的各种信息进行独立地分析、归纳、总结。

2. 给出观点。在信息梳理的基础上独立形成自己的观点,能看明白的就给出观点,看不明白也是一种观点,等待日后清晰,看不懂的最好不碰,观望就是。特别是一些重大事件的发生期或转折期,尽可能给出自己独立的理解和认识。

3. 日后验证。熟能生巧,日积月累,若干轮梳理观点验证之后,自然对证券市场看得越来越清楚。

市场的信息是否了解越多越好?也不是这样,很多信息是噪声,甚至是对方的欺骗信息,对于普通投资者,在有限的时间和精力中识别有用的信息是很重要的一种能力。

6.2.2 市场参与各方分析

对于同样的市场信息，市场参与各方的反应和对策也不相同，一定会有多空对抗。经常换位思考，了解参与各方的思路，才能更加理性地做出决策。市场参与各方主要有以下这些。

管理层：根据市场现状做出相应反应，适时制定、发布、更改、取消各种政策等，其主要职责之一就是保持市场稳定健康发展。

基金、券商、机构等专职投资者：根据对市场现状信息的分析研究进行决策操作或者提供服务，信息梳理趋向于专业化、全面化。

自然人或者散户：对市场现状信息梳理后进行投资或投机操作的都有。信息梳理的特点是所花时间少、梳理信息少，决策形成简单化。

游资：一般是指热钱（Hot Money）或"投机性短期资金"，是一种迅速移向任意能够提供更好回报的国家且流动性极高的短期资本。上海证券研发中心认为，传统意义上的游资主要指国际短期资本，但是根据中国国情，游资既包括国际短期资本，也包括中长期资本。

人工智能体：感知市场，量化处理，结合效用，形成投资，目前所见的量化投资是其中的一种尝试。

6.2.3 简单的博弈模型与案例

证券市场是一个群体博弈，多空交战的场所，敌方、己方经常变换，情况非常复杂。为容易理解，先介绍简单的博弈模型。前面我们提到过囚徒困境，下面再介绍一个非合作博弈的纳什均衡模型：智猪博弈。

猪圈里面有两头猪，一头大，一头小。猪圈很长，一边是一个踏板，另一边是饲料的出口和食槽。每踩一下踏板，在远离踏板的猪圈另一边的投食口就会落下食物。如果有一头猪去踩踏板，另一头猪就有机会抢先吃到另一边落下的食物。当小猪踩动踏板时，大猪会在小猪跑到食槽之前刚好吃光所有的食物；若是大猪踩动踏板，则还有机会在小猪吃完落下的食物之前跑到食槽，吃到另一半食物。

那么，两头猪各会采取什么策略？每个博弈者的策略都是为了达到自己期望收益的最大值，与此同时，其他所有博弈者也遵循这样的策略，会出现纳什均衡点。从博弈矩阵可以得到：小猪选择"不踏板"策略，也就是等在食槽边；而大猪则为另一半剩食奔忙于踏板和食槽之间。

这个结局是不是很残酷？当然，模型简单了一些，如果复杂一些，如小猪增多了会如何，大猪增加了呢？若猪圈增加了，大猪小猪可到其他猪圈呢？更大的猪出现了呢？这些信息是不完备的呢？

这时候，不同身份的个体就会选用不同的策略。

早期证券市场一直有主力和散户的对抗传说：主力拉车，散户坐车，坐车的散户多了，主力没收集到足够多的筹码，不会启动。主力一直熬到收集到足够多的筹码，或者形势不等人了，才会启动。

典型案例："327"国债风波的换位思考。

"327"国债的来由："327"是一个国债产品，兑付方法是票面利率9.5%加上保值贴息。所谓保值贴息是指：由于通货膨胀带来人民币贬值，从而使国债持有者的实际财富减少。为了补偿国债持有者的这项损失，财政部会拿出一部分钱作为利息的增加，这一做法便是保值贴息。保值贴息的不确定性，决定了该产品在期货市场上有相当的投机价值，也成了当年最为热门的炒作素材，由此引发的"327国债案"也成了中国证券史上的"巴林事件"。英国《金融时报》将1995年2月23日称为中国证券史上最黑暗的一天。

市场多空两方决战的走势巨变。

1995年，国家宏观调控提出三年内大幅降低通货膨胀率的措施，到1994年年底、1995年年初的时段，通胀率已经被下调了2.5%左右。众所周知的是，在1991—1994年中国通胀率一直居高不下的这三年里，保值贴息率一直在7%~8%的水平上。根据这些数据，时任万国证券总经理管金生预测，"327"国债的保值贴息率不可能上调，即使不下降，也应维持在8%的水平。按照这一计算，"327"国债将以132元的价格兑付。因此当市价在147~148元波动时，万国证券联合辽宁国发集团，成了市场空头主力。而另外一边，中国经济开发信托投资公司（简称中经开）为多头主力。两个巨无霸航母相持不下！

此时考虑一个背景因素：国债期货于1992年开始流通，采取的是保证金制度，即投资者通过缴纳一定的保证金即可通过资金杠杆实现更大规模的交易，而当时国债期货的保证金比例最高仅为2.5%。以下的例子能够很好地解释这一制度对于当时投资者存在多么大的诱惑：假设投资者有十万元资金，这十万元作为保证金，在采用最高保证金比例的情况下，通过资金杠杆，可操作的资金量将放大40倍，即可以操作四百万元进行国债期货交易。同时，收益与亏损也会被放大40倍。在没有杠杆的情况下，一只价格为100元的国债期货，要实现收益翻倍，需要涨幅100%，即价格涨至200元，但在40倍杠杆的加持下，收益翻倍的难度被大幅度降低，仅需涨幅为 100%÷40=2.5% 时（从 100 元涨至 102.5 元），收益即可翻倍。1995 年 2 月 23 日，财政部发布公告称，"327"国债将按 148.50 元兑付，空头判断彻底错误。当日，中经开率领多方借利好大肆买入，将价格推到 151.98 元。随后辽国发的高岭、高原兄弟在形势对空头极其不利的情况下由空翻多，将其 50 万口做空单迅速平仓，反手买入 50 万口做多，"327"国债在 1 分钟内涨了 2 元。形势对空方极其不利！在收盘前八分钟时，空方突然发难，先以 50 万口把价位从 151.30 元轰到 150 元，然后把价位打到 148 元，最后一个 730 万口的巨大卖单把价位打到 147.40 元。而这笔 730 万口卖单面值 1460 亿元。当日开盘的多方全部爆仓，并且由于时间仓促，多方根本没有来得及有所反应，使得这次激烈的多空绞杀以万国证券盈利而告终。而以中经开为代表的多头，则出现了约 40 亿元的巨额亏损。

1995 年 2 月 23 日晚上十点，上交所在经过紧急会议后宣布：1995 年 2 月 23 日 16 时 22 分 13 秒之后的 327 所有交易是异常的、无效的，这一决定，使万国证券的尾盘操作收获瞬间化为泡影，濒临破产。

有一位在场的散户投资者见证了这个惊心动魄的历史时刻，面对不完全信息，他如何应对市场上一片哗然的异常情况？

1. 情况不清，观望。

2. 巨变隐含机会，套利方法保障盈利。

他的决策是选 2，在 148 元以下买入"327"国债，并在其他国债期货中选一个走势最弱的品种卖出。这样事后无论涨跌，都可以稳赚不赔。这是不是一个理性的决策？

没想到结果出人意料，买入的"327"国债宣布无效，卖出的品种依然有效，面对之后疯狂的多头行情，亏损是不可避免的。

该投资者很委屈，其实换位思考，以管理层的角度想一想就可以理性面对了。

观察外部市场不仅要看市场上的各类信息，还要换位思考观察市场参与方的反应，信息是死的，人是活的，这样才能找准自身定位，做好理性决策。

6.2.4 评测方法

第五章介绍的评测方法中宏观判势评测的是总体选择能力，考虑的是投资大类股票、债券、现金等价物等之间的仓位配置，群体选择能力评测的是群体之间收益率排名的对比情况，与之对应的是个体选择能力，评测的是个体品种收益率之间的对比情况。这些属于投资者初始决策能力，是投资者将外界环境量化为某些概率进行认知的水平。

时序应变能力是投资者对界面投资环境（市场、投资品种等）进行判断决策后应对陆续反馈回来的时序变化信息的处理能力。投资者基于理性计算对未来走势概率分布有预期判断，但真实的时序变化未必如投资者所愿，这时就考验投资者与时俱进的应变能力。例如，投资者选择一个品种后，经常会根据市场变化加仓或者减仓该品种，通过调仓对总体配置进行平衡。

时序应变能力也可称为调仓能力或者适应能力，在智能系统中，对应着自适应和机器学习。调仓能力的高低说明了投资者在该品种选择上和其他品种对比的判断正确性的程度。

基于投资者对市场的有限了解和在此基础上决策的操作历史，如何定量地评价投资者基于对外界投资环境的认知的调仓能力？在生活中常碰到这样的反思："当初就不应该买""幸亏当时抛了"等。这就提供了一个评价思路：如果投资者没做或者做了的结果相对于实际发生的结果会有什么不同？

基本思路：设投资者在指定时间 T 内投资组合仓位变化 n 次，这 n 个组合变化真实反映了投资者在其能力圈内的应变能力，假定这些变化可以做或者可以不做就会出现多种可能性，找出最佳的可能和最坏的可能，并与实际结果进行对比，就可以定量地进行评价。定量评价可以是收益率的比较，也可以折算为百分制的评价。

先考虑一种简单情况：调仓后变化与不再变化的对比方法。

一、计算方法

设指定时间 T，初始时间 t_0，初始投资组合 S_0，投资者投资组合仓位变化 n 次，时间分别为 t_0、t_i、t_n，对应的投资组合为 S_0、S_i、S_n，考虑第 i 次调仓后不再变化的情况，就会有 $n+1$ 个可能的收益率走势曲线，分别为 Y_0、Y_i、Y_n [此处 $Y_i(0 \leq i \leq n)$ 表示 S_i 仓位不再改变的收益率，Y_n 是投资者 n 次仓位变化的实际收益率]。进一步说，持仓的投资组合在 t_0 至 t_n 时间为 S_0，没有调仓变化的收益率为 Y_0，持仓的投资组合在 t_0 至 t_1 时间为 S_0，t_1 至 t_n 时间为 S_1，有过 1 次调仓变化对应的收益率为 Y_1，持仓的投资组合在 t_0 至 t_i 时间分别为 S_0 至 S_{i-1}，t_i 至 t_n 时间为 S_i，有过 i 次调仓变化对应的收益率为 Y_i。图 6-1 为组合仓位变化次数 $n = 8$ 的收益率对比示意图。

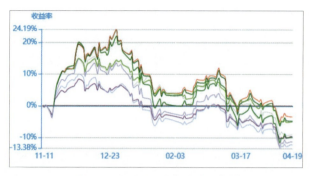

图 6-1 $n=8$ 的收益率对比示意图

令 Y_{max} 为 Y_i 中最高的收益率，Y_{min} 为 Y_i 中最低的收益率，不调仓收益率为 Y_0，投资者实际收益率为 Y_n。进行 n 次仓位变化的效果可以通过跟 Y_{max}、Y_{min} 和 Y_0 对比体现，其百分制评价分数计算公式为：

若 $Y_n = Y_0$，则 ADScore=50 分；

若 $Y_n > Y_0$，ADScore=$(Y_n - Y_0) / (Y_{max} - Y_0) \times 50 + 50$；

若 $Y_n < Y_0$，ADScore=$50 - (Y_0 - Y_n) / (Y_0 - Y_{min}) \times 50$。

如果考虑和指数对应，前提条件是 Y_0 处于指数最大涨幅和指数最大跌幅之间，若满足该条件，可以考虑将 Y_0 替代指数对应法中的基准收益率，按照指数对应法计算 Y_{max}、Y_{min} 和 Y_n 的分数（Y_0 按照指数对应法的定义默认为 50 分）。

二、示例

投资者在 2015 年 1 月 1 日 t_0 时刻，总市值 V_0=30 万元，其中股票 a 市值 10 万元，价格 10 元，股数 1 万。到 2015 年 6 月 1 日 t_1 时刻，总市值 V_1=50 万元，股票 a 价格 20 元，市值 20 万元；此时投资者将 V_1 中非 a 市值（以 e 表示）20 万元换仓到 a，a 股数增至 2 万，市值 40 万元。到 2015 年 10 月 1 日 t_2 时刻，总市值 V_2=27 万元，a 股价格跌为 10 元，市值 20 万元，投资者抛出 12 万元，a 股票减至 8000 股，市值 8 万元。到 2015 年 11 月 1 日 t_3 时刻，总市值 V_3=28 万元，a 股价格涨到 12 元，a 股市值 96000 元，此时加仓 4000 股，股数增至 12000，市值增为 144000 元。到 2015 年 12 月 31 日 t_4 时刻收盘，总市值 V_4=29 万元，a 股价格 14 元，市值 168000 元。

问题：求 $t_0 \sim t_4$ 时间段内的调仓能力。

根据题意，按照计算方法，可以在每一次调仓时刻发生时，根据每一种曾出现过的投资组合内证券的持有数量以及当前价格，计算出该投资组合的市值。表 6-1 列出了 $t_0 \sim t_4$ 时间段内调仓时刻每一种投资组合的市值情况以及该投资组合的相应证券持有数量和价格。

表6-1 调仓时刻投资组合情况

投资组合	t_0	t_1	t_2		t_3			t_4			
	S_0	S_0	S_0	S_1	S_0	S_1	S_2	S_0	S_1	S_2	S_3
总市值（元）	300000.00	500000.00	310000.00	270000.00	323400.00	307803.39	280000.00	322400.00	340803.00	276999.04	290000.00
a的股数（股）	10000	10000	10000	20000	10000	20000	8000	10000	20000	8000	12000
a的价格（元/股）	10.00	20.00	10.00	10.00	12.00	12.00	12.00	14.00	14.00	14.00	14.00
e的股数（股）	20000	20000	20000	6667	20000	6667	18092	20000	6667	18092	13377
e的价格（元/股）	10.00	15.00	10.50	10.50	10.17	10.17	10.17	9.12	9.12	9.12	9.12

为了更好地展示出每一次调仓带来的收益变动情况，表6-2和表6-3分别列出了该投资者所持有的每一种投资组合的市值变动情况以及收益率变动情况。其中：V_i代表投资组合在第i次仓位变化的市值，Y_i代表投资组合在第i次仓位变化的实际收益率。

表6-2 投资组合市值变化

单位：元

	t_0	t_1	t_2	t_3	t_4
V_0	300000.00	500000.00	310000.00	323400.00	322400.00
V_1	300000.00	500000.00	270000.00	307803.39	340803.00
V_2	300000.00	500000.00	270000.00	280000.00	276999.04
V_3	300000.00	500000.00	270000.00	280000.00	290000.00

表6-3 投资组合收益率变化

	t_0	t_1	t_2	t_3	t_4
Y_0	0.00%	66.67%	3.33%	7.80%	7.47%
Y_1	0.00%	66.67%	−10.00%	2.60%	13.60%
Y_2	0.00%	66.67%	−10.00%	−6.67%	−7.67%
Y_3	0.00%	66.67%	−10.00%	−6.67%	−3.33%

根据表6-3，可以绘制出投资组合的调仓收益率走势对比图。例如在图6-2中，

Y_1 代表投资者在 t_1 时刻发生第 1 次仓位变化后的投资组合的实际收益率。

最终，根据前面所述的调仓能力百分制评价分数计算公式，可以计算出调仓能力量化评分。表 6-4 给出了调仓时刻点的收益率情况以及量化评分，能够较好地度量出投资者的时序应变能力。从表中得分可以看出，在 t_2 和 t_3 时刻，投资者前面的调仓属于很差的，评分是最低分 0 分，在 t_4 时刻，评分有所回升，但依然不够好。

表 6-4 调仓能力评分表

	t_0	t_1	t_2	t_3	t_4
实际收益率 Y_n	0.00%	66.67%	−10.00%	−6.67%	−3.33%
基准收益率 Y_0	0.00%	66.67%	3.33%	7.80%	7.47%
调仓最高收益率 Y_{max}	0.00%	66.67%	3.33%	7.80%	13.60%
调仓最低收益率 Y_{min}	0.00%	66.67%	−10.00%	−6.67%	−7.67%
归一化评分	50.00	50.00	0.00	0.00	14.33

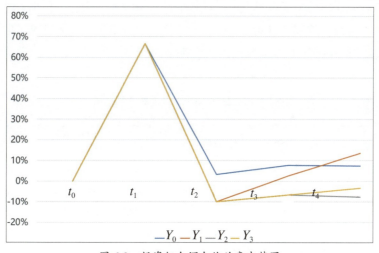

图 6-2 投资组合调仓收益率走势图

三、问题和讨论

（一）简化计算

前面所述的计算方法中，如果指定时间 T 太长，或者调仓次数 n 太多，考虑计算时间和存储空间的限制，有时候很难做到实时计算。简化方法可以从以下两方面考虑：

1. 固定一个时间窗口 K，如一年或者一个月，只计算单个时间窗口的数据，

不考虑前面时间窗口的数据;

2.借鉴自然语言 N 元语法的思路,如果资源限定只能处理 m 个调仓次数,那么当 $n>m$ 时,只考虑最近 m 次调仓的结果,忽略 m 次之前的调仓操作,不计其影响。依据是越近的操作对当前的影响越大,而以前的操作影响会随着时间慢慢淡化。

(二)多种可能选择的对比方法

前面所述是在 i 次调仓后,不能再调仓的简单情况;而真实操作在 i 次调仓后通常可以选择继续调仓。如果放开不能再调仓的限制,投资者可以选择不再调仓,还可以选择之前出现过的投资组合,毕竟这是投资者真实出现过的投资组合,属于投资者能力圈内的范畴。在这种情况下,最佳收益率和最差收益率就有了更宽的计算范围,也让投资者有了更多的反思余地。

仍然使用上节的示例,在第 i 次调仓后,投资者在已知的调仓时刻 t_i 能够选择之前出现过的投资组合,进行调仓换股操作。经过计算,可以得到表 6-5,表中展示了在每一个调仓区间时间段内,投资者可以选择的投资组合。针对每一种投资组合,表中详细列出了该投资组合的构成品种以及相应数目,根据 t_i 时刻的证券价格可以得出在该调仓时间段内的初始市值和结束市值,进而可以得出每一种可能的投资组合在调仓区间时间段内的涨跌幅。

表 6-5 调仓区间内投资组合涨跌幅总表

时间段	投资组合(组合名:品种 股数)	初始市值 (元)	结束市值 (元)	涨跌幅
$t_0 \sim t_1$	S_0: a 10000 ; e 20000	300000.00	500000.00	66.67%
$t_1 \sim t_2$	S_0: a 10000 ; e 20000	500000.00	310000.00	-38.00%
	S_1: a 20000 ; e 6667	500000.00	270000.00	-46.00%
$t_2 \sim t_3$	S_0: a 10000 ; e 20000	310000.00	323400.00	4.32%
	S_1: a 20000 ; e 6667	270000.00	307803.39	14.00%
	S_2: a 8000 ; e 18092	270000.00	280000.00	3.70%
$t_3 \sim t_4$	S_0: a 10000 ; e 20000	323400.00	322400.00	-0.31%
	S_1: a 20000 ; e 6667	307803.39	340803.00	10.72%
	S_2: a 8000 ; e 18092	280000.00	276999.04	-1.07%
	S_3: a 12000 ; e 13377	280000.00	290000.00	3.57%

依据表 6-5,可以得到在 t_i 至 t_{i+1} 时刻内投资组合的涨跌幅最大值和最小值,根据时间加权法,可以得出从初始时刻 t_0 至任一调仓时刻 t_i 的调仓最高收益率和调

仓最低收益率。以 t_0 至 t_4 时间段为例：$t_0 \sim t_1$ 投资组合最大（小）涨跌幅为 66.67%（66.67%）；$t_1 \sim t_2$ 投资组合最大（小）涨跌幅为 –38.00%（–46.00%）；$t_2 \sim t_3$ 投资组合最大（小）涨跌幅为 14.00%（3.70%）；$t_3 \sim t_4$ 投资组合最大（小）涨跌幅为 10.72%（–1.07%）；根据时间加权法可以得出：

调仓最高收益率 Y_{max} = (1 + 66.67%) × (1 – 38.00%) × (1 + 14.00%) × (1 + 10.72%) – 1 = 30.43%

调仓最低收益率 Y_{min} = (1 + 66.67%) × (1 – 46.00%) × (1 + 3.70%) × (1 – 1.07%) – 1 = – 7.67%

实际收益率 Y_n：(290000 – 300000) / 300000 = –3.33%

计算结果如表 6-6 所示，根据表 6-6，可以绘制出投资组合的调仓收益率走势对比图。图 6-3 中展示了投资者的实际收益率、基准收益率，投资期间能够达到的调仓最高（低）收益率。

表 6-6　调仓能力评分表

	t_0	t_1	t_2	t_3	t_4
实际收益率 Y_n	0.00%	66.67%	–10.00%	–6.67%	–3.33%
基准收益率 Y_0	0.00%	66.67%	3.33%	7.80%	7.47%
调仓最高收益率 Y_{max}	0.00%	66.67%	3.33%	17.80%	30.43%
调仓最低收益率 Y_{min}	0.00%	66.67%	–10.00%	–6.67%	–7.67%
归一化评分	50.00	50.00	0.00	0.00	14.33

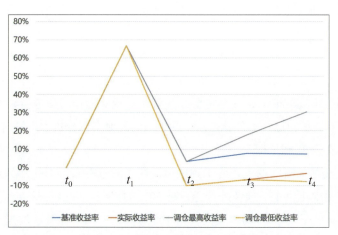

图 6-3　投资组合调仓收益率走势图

（三）个股调仓计算

关注对象可以不是投资组合，而是简单的一只股票。对于一只股票而言，择股的能力体现在开仓之后的时序胜率，调仓能力体现在平仓时机的选择。具体计算方法可以借鉴双加权收益率的计算方法。设 a 为某一具体关注对象（如某只股票），S 为市值，则 $e = S - a$，表示除 a 以外的其他部分。调仓：增加或者减少 A 市值（A 为所有 a 的合集），对应减少或者增加 e 市值，所引起的收益率变化就是对调仓操作好坏的评价依据。

（四）调仓和择时的区别

调仓能力和宏观判势都是研究仓位配置变化的，区别在于：宏观判势着重于横向的外部比较，着重于大类的宏观判断，而调仓能力着重于纵向的内部比较。内部指的是在投资者自己的不同持仓组合内部比较，着重于投资者在不完全信息的前提下，其个性判断水平根据投资环境进行变化的适应能力。

6.3 自知者明，摆正心态

6.3.1 个性偏好认知

上一节介绍了对外部市场的观察了解，要进行理性决策还需要了解自身的偏好。要正确地认识自己，了解自己真正"想要什么"，特别是对于收益和风险的承受能力，找到最适合自己的投资策略，并不断完善它。要知道，适合自己的才是最好的！

投资者经常会出现这种尴尬情况，自己看到的、说到的，却做不到；而做到的有时候并不是自己当初想要的。所以说人贵有自知之明，了解自己的投资风格，提高自己把握市场的能力，一个重要方法就是对投资操作历史进行评测，从经验教训中了解真正的自己。另外就是从一些他人的经典案例分析中启发自己。

例如，百万美元决策问题

一场连续很长时间的大赛终于到尾声，获奖的冠军赢得 100 万美元的奖励，这时主持人为他提供了一项新的选择，有 50% 的机会可以多获得 200 万美元，一共 300 万美元，另外 50% 的机会失去这 100 万美元。如果你是这位冠军，你会接受这样的选择吗？

对了，多赢 200 万美元，错了，亏 100 万美元，胜的概率为 2/3。你接受吗？

这不仅仅是概率计算问题，更是一个个人偏好问题，增加 200 万美元的快乐和损失 100 万美元带来的痛苦哪个更重些！

不同人的选择截然不同，需要判断的就是是否理性。

对于智能体来讲，在进行类似决策时，是要考虑用户偏好的。也就是归纳某一类用户偏好，在决策时满足其需求；或者说，形成某一类独立偏好的操作风格，引领用户去喜欢它。

个性偏好和投资风格因人而异，场景不同，表现的形式也不一样，下面考虑的是两个重要场景的决策偏好选择：顺境和逆境。

6.3.2 顺境不忘风险

投资者根据市场信息处理、市场参与方的反应预期及投资者自身的个性偏好，制定了相应的策略。当策略被未来走势暂时证实，就进入了顺境的喜悦中，这时候还有更好的决策吗？

案例 1：武钢权证决策

2006—2007 年大牛市中，投资者都比较顺利，有投资者觉得牛市来了，采用牛市选快车策略，认为认购权证应该比股票更火爆。那时已经有高价位的 030002 等做出了榜样，是关注 1 元以下低价位认购权证例如 580002、580003、580001 的时候了。之后的一周，上证指数上涨 3.54%，上述三个个体品种囊括沪深涨幅前三名，第一名 580002 周涨幅 89.71%，最高涨幅 120%。

案例 2：城投债风波

2008—2014 年期间，股市走熊，债市走牛，弃股选债，已是顺心顺意，还可以通过债券质押上杠杆，年收益率可望到 20% 甚至 30% 以上，那更是顺上加顺。这里面高收益的城投债尤其引人关注，城投债面值利率一般都很高，7% 甚至 8% 以上。而借钱成本 204001 才 2% 点多。差距可望高到 5% 左右。不考虑价格波动，如果是 3 倍杠杆，3×5 加上本金的 7，年收益率 22% 左右。而很多城投债折算率达到 0.9 以上，理论上高达 10 倍杠杆。有网名为"S 先生"的投资者采用 5 倍杠杆，在网上社区实盘公布，2011 年年初不到半年时间，收益率就高达 30% 多，意气风发。尽管有人质疑杠杆太高风险过大，但仍不以为然。不料 6 月后风向变化，债券开始下跌，越来越厉害，到 9 月底，一天内债券竟有跌了百分之十几的情况，很多城投债从 100 元出头跌到 80 多元，甚至 70 多元，跌幅 20% 以上。3 倍杠杆者面临爆仓，低位平仓亏损巨大！5 倍杠杆者已经穿仓。

顺境的时候往往容易忘记风险，案例1的风险还好，最差赔光，案例2风险在于杠杆过大，赔光不说，还可能欠下巨额债务！

一失足成千古恨！务必要理性投资，时刻不忘风险！

6.3.3 逆境谨防失控

理想和现实总会出现反差，决策的预期和日后的走势也经常出现差距，特别是较长时间的相反走势可能带来的痛苦对投资者的心态是一场考验！

有这样一个例子：三个人A、B、C计划到达目的地，刚进入不久，迷雾飘来前景不清，不时还有石头飞来，B见势不好，跑回去另寻他路前往目的地，A、C依然坚持冒着石弹前进，可是石弹越来越多，迷雾中看不到尽头……在最后关头，C心态失控，伤痕累累地跑回去了，只有A坚持到最后，走出迷雾到达目的地。逆境中A的决策是坚持，虽然伤痕累累，但最后到达目的地，B的决策是变化，受伤不多，今后还有机会绕路到达目的地。C的决策是崩溃，很难再到达目的地。

回到证券市场，看多的人遇到熊市，坚持者虽然伤痕累累，但总有牛市恢复的那天，变化者受伤不多，也有重新再找机会的希望，最难的就是心态失控的崩溃者，屡屡看多者在熊市末期空仓，屡屡看空者在牛市末期满仓，遇上一次，就难以全身而退。

以往新闻中也有关于投资者心态失控走向极端的报道。

投资时碰见逆境是不可避免的，心情不好可以理解，有人选择认输止损，相信"从此不赔心情会好"，有人选择坚持下去，相信"风雨之后才见彩虹"，这就是个性偏好，摆正心态就好。

保持良好的心态是理性投资的前提。所谓"泰山崩于前而色不变，麋鹿兴于左而目不瞬"，这种心态乃为将之道，非常人可执。

吾辈者最好的方法就是"君子不立危墙之下"。一定要把风险控制做到位。实际上，自己心态不失控，等待对手心态失控，或许也是扩大盈利的一个方法。

市场上最常见的散户的一种状况：很多人赔钱了，放那不动，直到解套为止，有人嘲笑其鸵鸟策略，不知变通。其实这也可能避免了更大的风险：心态失控而崩溃。毕竟这些人一般是不会花大把时间在证券市场上的，自身也不太容易做出更好的变化和选择。

尽管投资者不可能100%地了解市场，也不可能100%地了解自己，但看不懂的时候可以稳健甚至不动，当有了把握的时候再出手，也是提高胜率的方法。

知人者智，自知者明。知己知彼，百战不殆。找准自身的定位，认真地分析、了解外部市场，逐步提高自己观察市场、判断市场的能力，根据自身情况，定好相应的策略，是一种逐步提高理性投资能力进而悟道出师的有效方法。

6.3.4 评测方法

为帮助投资者更好地了解自己，可以回顾第五章第四节"三五"归因法中介绍的个性偏好的评测方法和量化分数计算，更详细的内容放在第十章用户画像里介绍。

6.4 提高效率，实训辅助

悟道是个性化，出师是提高理性投资的正确率，智能证券投资的另一个要点就是提高效率，这要借助实训平台来辅助。

6.4.1 社区交流

社区交流是提高自己悟道必不可少的方式之一。

看看其他人的想法，有没有借鉴的地方，不懂得要学习，古语说：三人行必有我师，了解和交流非常重要。

必要时提出自己的观点和见解，以此为证，留待日后检验，这非常重要。发布观点最好慎重，言之有物，毕竟希望日后可以验证，一个好的经验是一段较长时间内集中在一个贴中阐述，这样不仅验证最初思路，还可以检验日后的改变和应对措施，帖子容易找到，也容易积累人气。如是有人留言，那是最好不过，无论赞同还是反对，都是对自己的评价，有利于换位思考。

如果你觉得悟道出师有成，还可以入驻理财家，发布观点，解答问题，帮助他人，展示你的理念。

6.4.2 模拟、实盘、比赛

初学者参加模拟操作，从实练兵，做好每次战斗的记录。

实战者重点在实盘操作，毕竟真金白银重要，一定要对每一次战斗做好记录，认真总结、对比，手工做最好，印象深刻。

初学者还是实盘操作者都可以进行模拟比赛，借助实训系统的比赛排名和分析系统,更好地验证自己的投资理念。

6.4.3 操盘回放

与其说文如其人,不如说股如其人,人的性格更容易从历史操作中看出。

体育比赛中训练提高的一个有效方法就是观看自己和对方的录像回放。例如,世界杯足球、游泳、滑冰等,世界冠军的培养也是如此。实训平台也提供了这方面的帮助,操盘回放对用户投资历史以动态可视化的形式展示。如图 6-4 所示,视图为"证券品种—用户资产收益率"视图,横轴表示显示的品种数量,图 6-4 中显示了包括上证指数、个人市值、现金等 9 个品种;纵轴表示各个品种的涨幅,即图 6-4 中深黑色字体的数字,如-1.27% 和 0.21% 等。图中最左边的一条十字线表示的是用户投资组合市值,横线表示的是组合市值指数相对于起始日的涨幅,竖线是市值指数的历史波动区域,右边竖着的点线表示持仓个体品种,点表示个体持仓品种相对于起始日的涨幅,基准对应于开仓当日组合市值,上面的数字为持仓品种所占市值仓位比例,下面数字为涨幅。还有一条横线是对比的基准指数线,可以选择上证指数或者其他。

图 6-4 操盘回放示意图

需要特别指出的是:之前正视图表达的各个比较元素的起始日是相同的,而操盘回访的情况不一样,起始日是不同的。图中持仓个股有四个信息:起始点(不是开盘价)、当前点、最大涨幅、最大跌幅。最大涨幅和最大跌幅的连线表示该品种的走势范围,起始点和当前点的上下位置表示涨幅,涨幅为正,则为红色,否则为绿色。

操盘回访可以清晰地表示两种情况的时序对比：

1. 用户组合市值和基准指数的时序对比，如果组合市值线高，则说明用户的收益率跑赢基准，越高越好；

2. 组合市值线的高低，取决于用户决策操作所有个体品种的合力，如果持仓品种的当前点位高于用户市值线，则说明该个体品种对用户的市值起到正面作用，如果低于用户市值线，则对用户的业绩起到负面作用。

需要说明的是：计算个体收益率，简单战斗很容易，复杂战斗就需要解决好计算收益率的方法问题（参见 5.1 节和 5.2 节）。

6.4.4 评测、诊断、提高

隔一段时间，模拟投资和实盘操作就可以借助平台实训系统的评测诊断功能，对自己的操作历史进行分析，温故知新，对自己有一个更加清晰的认识，这有助于提高正确率。

评测诊断的总结报告分为三部分。

一、评测概要

评测概要着重给出了总体评测的三要素：收益率、风险控制和流动性的评测数据和得分，个体和群体的细节评测可以到相关部分细查。

二、业绩归因

业绩归因给出了总体判势、个体判断、群体判断的评测数据和得分，以及用户调仓能力和个性画像对业绩的影响。

三、提高建议

（1）根据上述定量数据，针对常见区域以外的评测诊断结果，给出扬长补短的建议，发挥优点，改掉缺点。

（2）根据个人偏好对用户聚类，给出有同样偏好的学习高手，用户可以按照各类排名榜对比相应高手，学习其经验。

（3）量化辅助：利用各类数据挖掘工具，如伯乐相马等，辅助改进决策。

（4）开发助人提高的机器人辅助系统——智能私教。

6.5　小结

- 悟道是悟自己的道，每个人的道都是不同的，自己的路自己走，悟道就是要形成适合自己的唯一投资理念和投资风格。
- 出师就是找到自己的路，形成自己的投资理念体系，投资收益率达到优秀标准。
- 借鉴海天 4S 方法，悟道出师之路从宏观判势开始，提出观点，形成策略，具体实施，记录操作，评测诊断，验证决策，总结感悟、改进理念，循环下去，不断完善。
- 悟道出师的要点在于提高个性化理性投资决策的正确率，理性投资决策 = 概率 + 效用，概率是对外部证券市场的量化计算，效用是对自身个性偏好的解读。
- 知人者智，投资者观察外部市场不仅要看市场上的各类信息，还要换位思考，考虑市场参与各方的反应，这样才能找准自身定位，做好决策。
- 自知者明，认清自己的个性偏好，扬长补短，制定好个性决策，顺境不忘风险，逆境谨防失控。君子不立危墙之下，保证自己心态不失控，等待对手失控的机会。
- 个人理性投资提高效率的方法可以借助实训平台，参加社区交流，模拟、实盘、比赛，操盘回放，评测诊断等。

本章习题与实训

一、选择题

1. （单选）有关"悟道出师"的解释错误的是 ____。

    A. 悟道就是要形成适合自己的唯一投资理念和投资风格

    B. 悟道出师的结果是投资理念的正确率能始终达到 100%

    C. 出师就是形成了自己的投资理念体系

    D. 出师意味着投资理念的正确率达到某一高度

2. （单选）基于海天 4S 的悟道升华之路的正确顺序是 ____。

    A. 具体实施、宏观判势、悟道出师、以史为鉴

B. 宏观判势、以史为鉴、具体实施、悟道出师

C. 以史为鉴、宏观判势、悟道出师、具体实施

D. 宏观判势、具体实施、以史为鉴、悟道出师

3.（单选）对于投资市场海量信息的处理不包括以下哪个步骤 ____。

A. 信息梳理

B. 给出观点

C. 日后验证

D. 信息留存

4.（单选）有关理性投资，下列说法错误的是 ____。

A. 顺境不忘风险、逆境谨防失控

B. 需要根据自身的实际情况制定好相应的投资策略

C. 市场收益表现最高的证券是"最好"的证券

D. 个性偏好和投资风格因人而异，场景不同，表现的形式也不一样

5.（单选）不属于总体评测三要素的是 ____。

A. 资产

B. 收益率

C. 风险控制

D. 流动性

二、简答题

1. 谈谈你对海天 4S 的悟道升华之路的理解。

2. 结合智能证券投资学相关理论，归纳并阐述自身独特的投资偏好及投资特点。

3. 从投资市场的参与角度，阐述不同投资类型投资者，对于市场信息分析的特点。

4. 智猪问题扩展：猪圈增加了，大猪小猪可到其他猪圈里，博弈策略是什么？

5. 借鉴智猪问题，构造大羊、小羊、养羊人游戏，养羊人负责 k 个羊圈，每个羊圈给出一定数量饲料后就随机启动对大羊、小羊按照比例剪羊毛，要求规则尽可能简单，给出游戏的博弈策略。

6. 继续社区交流市场观察（回顾历史、分析现在、展望未来）。

7. 抱团机构集中的股票波动大还是散户集中的股票波动大，给出理由和依据。

8. 从博弈投资的角度看趋势投资的多空理念，追涨杀跌和高抛低吸的应用场景，试举例分析。

9. 从博弈投资的角度看价值投资的不同理念，低估值和高成长的对立统一，并举例分析。

三、实训

1. 进入实训平台操盘回放模块：总结经验教训；其中，盈亏最多、最少的分别是哪只证券，对应的收益为多少？保留播放期间你觉得最有价值的3~5帧截图，并对截图进行复盘说明与分析。

2. 分析总结：对于"操盘回放"模块，你认为它有哪些优点，以及有哪些需要改进的地方。

3. 从排行榜中选择你比较"关注"或"感兴趣"的其他两位投资者，点击用户名后进入该投资者的个人主页，并在其个人主页下方找到其操盘回放界面以及发帖界面。分析总结：你和他们的投资风格有哪些异同点？能否从他们的投资过程中获取相关经验？为什么选择这两位投资者？

4. 进入实训平台结果分析模块：分析自己业绩归因的5项得分；分数计算是否正确合理？总结经验教训。

5. 进入实训平台结果分析模块：分析自己的操盘记录，总结自己的个性偏好和投资风格，和系统给出的用户画像对比，认为对的有哪些？有哪些不一致的地方？理由是什么？

第三部分 算法篇

基础篇第一章简要地介绍了实现自动证券投资的两个方向：个性投资自动化和自动投资个性化，第二章介绍了自动证券投资的基础知识，应用篇第三章至第六章以海天 4S 为例重点介绍了个性投资自动化，并对证券投资的三大逻辑方法趋势投资、价值投资和博弈投资进行了阐述。算法篇主要介绍实现自动投资个性化的一些模型、算法、系统、工具等，结合投资三大逻辑方法的思路，在满足不同偏好投资者需求的前提下，辅助人们提高理性投资的效率。

价值投资的多因子策略

在第二章中已经介绍了一个描述价值投资方法的常用量化方法,即采用多量化因子组合,可以按照个人偏好制定价值投资组合,也可以结合趋势投资和博弈投资因子制定混合组合,在此基础上再增加一些限制和规定,就可以交由计算机完成余下繁琐的工作了。本章将对自动投资个性化的基本结构和总体思想做进一步阐述,并在对自动投资智能体 SADI 结构的简单示例基础上,介绍一个采用多因子组合的方法实现自动证券投资 Level-2 简化版的例子。

7.1 自动投资总体框架

7.1.1 自动证券投资整体结构

本书前面章节简略阐述了自动证券投资智能体的"SADI 结构",包含感知量化(Sensing)、任务执行(Acting)、评测归因(Diagnosing)及学习进化(Improving)四个主要部分,本部分将围绕自动证券投资智能体与市场环境、证券投资者之间的交互,详细描述自动证券投资智能体的整体结构,并给出如图 7-1 所示的整体结构。

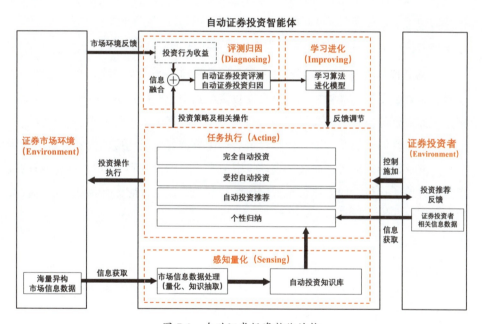

图 7-1 自动证券投资整体结构

一、证券市场环境与证券投资者(Environment)

自动证券投资智能体所处的宏观任务环境主要包含证券市场环境及证券投资者两个部分,前者的信息数据用于智能体客观全面地掌控证券市场形势,进行市场数据的感知量化,后者则使智能体能够理解投资者的需求及偏好,对投资者进行个性归纳并以此为基础进行不同层次的证券投资服务。自动证券投资智能体的任务环境是一项庞大的体系,需要将结构不同、来源多样、形态迥异、数量庞大的信息数据进行收集、归纳及整理，同时也要考虑实际投资者的需求及偏好，这为智能体提供了坚实的信息资源支持，同时也是智能体进行感知量化、任务执行等证券投资操作行为的必要前提。

二、感知量化（Sensing）

从市场环境中获取的海量异构市场信息无法直接应用于自动证券投资智能体的算法及模型中，需要通过数据量化、知识抽取等方式对信息进行感知。此处需要明确"信息感知"的含义：信息感知是信息感觉及信息认知的总称，它将信息转变为结构化的经验或知识表达，是信息利用的开端。通过信息感知，智能体能够对海量异构信息进行理解认知，并将其转变为量化的知识，并以此为基础构建自动投资知识库。智能体对海量异构信息感知的程度及方式将直接影响自动投资模型的构建及方法应用，良好的环境信息感知为后续的策略生成奠定了基础。

三、任务执行（Acting）

此部分根据投资者的控制程度及需求，具体可分为四个层次：个性归纳、自动投资推荐、受控自动投资、完全自动投资。其中，个性归纳侧重于基于自动投资知识库对证券投资者的投资行为进行画像、对投资需求进行分类；自动投资推荐则是在个性归纳的基础上，依据投资者的需求偏好生成相应的投资方案（投资对象）并反馈给投资者；而受控自动投资与完全自动投资则需自行生成相应的投资策略并给予执行。任务执行是智能体结构的核心，是智能体与市场环境及投资用户进行交互的主要部分。

四、评测归因（Diagnosing）

智能体将投资操作应用于证券市场环境后可以获得市场环境反馈，即投资行为收益，这是环境对于智能体交互行为的响应。将智能体的投资决策与对应的投资收益相结合并以此为基础进行自动证券投资评测与归因。该部分的作用是客观、精准、全面地评价智能体的证券投资策略及对应的投资操作行为，并通过归因分析，得到智能体所获投资业绩好坏背后确切的原因。

五、学习进化（Improving）

这一部分是智能体能够逐步提升自我，制定更加合理的投资策略，做出更加精准的投资操作的必要部分。学习进化是将评测归因的结果进行分析和调整，反馈作用于感知量化及任务执行的各个环节中，作为新的信息促进智能体的自我调整与迭代进化。学习进化与评测归因的有效结合，使得智能体能够衡量自身投资表现的优劣与否，并通过反馈调节的形式驱动智能体朝更好的方向完善进化。

为了更加有效地明确智能体 SADI 结构各部分工作之间的相互关系，我们对上述整体结构进行拆解，从而得到更具体的内容。

7.1.2　证券市场环境体系及证券投资者

本部分的内容对应图 7-1 中的证券市场环境与证券投资者（Environment），对此我们给出如下形式化定义：

$$E = \{E_{Market}, E_{Investor}\} \tag{7-1}$$

在定义中，智能体所面临的任务环境用 E 进行表征，E 是一个包含 E_{Market} 及 $E_{Investor}$ 两个子集的集合，其中 E_{Market} 代表从证券市场环境中获取的信息，从市场获取的信息客观描述了当前市场背景及市场形势；而 $E_{Investor}$ 则代表来自证券投资者的信息，这些信息因人而异，描述了不同的证券投资者的投资经历、投资目标及投资需求。这一形式化表征明确了智能体任务环境中海量异构信息的两个主要来源：证券市场环境及证券投资者。

智能体任务环境体系的构建，关键在于对海量异构信息的获取收集。海量异构信息具备结构不同、来源多样、形态迥异、数量庞大等特征，结构不同体现在信息载体的结构形式的差异上，如上市企业财报及新闻报道虽同为文本信息，但二者的文本结构差异巨大；来源多样则意味着不同的信息有不同的信息来源，这些信息既来源于网络媒体，也来源于相关组织机构甚至个人；而形态迥异则是指信息的呈现形式存在差异，如新闻报道及企业公告为文本类信息，市场交易行情及证券投资记录为报表类信息。海量异构信息环境体系的大致情况如图 7-2 所示。

任务环境是自动证券投资智能体认知市场形势、了解投资主体需求及风格的必要前提，为后续智能体进行信息感知、投资策略生成等环节提供信息资源支撑。

图 7-2　自动证券投资智能体所处的任务环境构成

7.1.3 感知量化

本部分的内容对应图 7-1 中的感知量化（Sensing）。随着海量异构信息的获取，自动证券投资智能体所处的环境体系逐步构建，但智能体对于环境所提供的信息资源无法直接利用，因此需要对这些信息进行感知，从而将信息转换为结构化的知识及经验。

由于海量异构信息感知建立在海量异构信息获取的基础上，因此本部分的内容紧密承接前文所述的环境体系构建。

$$S_{Market}(I(E_{Market})) = K_{Market} \quad (7-2)$$

其中，$I(E_{Market})$ 代表从证券市场获取的原始信息，S_{Market} 表示一类对相应类型信息的感知模型及方法，这一部分主要研究针对上市企业公告、财报、金融市场交易行情、新闻舆论报道等证券市场环境信息的感知。由于证券市场环境信息涉及文本、报表、数据库等多种结构形式，为此本部分的研究又可进一步细化为面向基于自然语言处理和数据挖掘的异构信息量化、证券品种层次化动态聚类与分类、证券品种关系发掘。经过对信息的感知，可以得到结构化、规范化的知识表达，即 K_{Market}。

7.1.4 任务执行

本节的内容对应图 7-1 中的任务执行（Acting）。自动证券投资智能体的任务执行是自动投资智能体最核心，也是最具挑战性的部分。智能体以信息感知为基础，面对所要完成的不同层次任务，生成、改进和完善策略，进而细化为具体操作执行，执行结果送评测诊断模块，诊断结果和学习进化模块用于改进策略。

一、策略生成和操作执行

在 *Artificial Intelligence: A Modern Approach* 一书中提到"在不确定环境下制定策略需要结合信念与愿望"。这句话清晰地指出策略生成建立在概率与效用相结合的基础上，其中概率代表了制定策略所需的"信念"因素，即智能体"相信什么"，而效用则反映了智能体行为的偏好，是智能体达成目标、满足需求的一种度量形式，即智能体"想要什么"。此处提出如下形式化定义对概率和效用做进一步阐述。

概率：$P(Result(A)|A, K_{Market})$

效用：$U(A|K_{Investor})$

第7章　价值投资的多因子策略

$$\text{行为：} A: \{Target, Time, Amount, Operation\} \quad (7\text{-}3)$$

上述形式化定义中，概率 P 表达的是：在市场环境（由 K_{Market} 表征）下执行某一投资行为 A 得到市场反馈结果 $Result(A)$ 的可能性；效用 U 表达的是：在行为偏好（可用 $K_{Investor}$ 表征）的前提下执行某一投资行为 A 带来的期望。投资行为 A 对应一个集合，该集合中包含 $Target$、$Time$、$Amount$、$Operation$ 四个元素，分别代表投资行为 A 所对应的投资目标、投资时间、投资数量及投资操作形式（买入、卖出、持有等）。它可以代表针对某一个具体投资标的简单操作，更多是包含多个简单操作的复杂组合。

在概率和效用的定义基础上，我们对策略生成进行形式化定义：

$$V_S = F_S(P, U) \quad (7\text{-}4)$$

策略 V_S 是一组实现目标完成任务的行为方案，通过策略生成方法 F_S 对概率 P 及效用 U 的整合运算得到。结合概率、效用及策略的表述，可以进一步构建策略生成方法及系统。

二、不同层次下的人机交互

智能体的策略生成和操作执行在不同层次的任务下表现形式是不一样的，所需的人工干预和控制也不一样，智能体要完成的任务所处层次分为个性归纳、自动投资推荐、受控自动投资、完全自动投资四个层次。

（一）个性归纳

这是面向证券投资者的信息感知。这一层次主要针对与证券投资者相关的证券投资记录、历史收益情况等信息的感知，从多个维度对投资者进行刻画与描述，从而发掘出投资者的投资需求与投资风格。此处需要明确的是对投资者的刻画仅靠投资主体相关的信息是不完全的，这部分的感知需要建立在对证券市场整体形势的感知（K_{Market}）基础上，依托对客观市场环境的认知并结合与投资者自身相关联的主观信息，才能对投资者进行全面准确的刻画。

目前个性归纳的完全自动化尚未完善，很多投资者更愿意人工定义自己的个性偏好，也就是自己制定宏观策略，让计算机自动执行具体操作，本章的第三节给出了这样的例子。

（二）自动投资推荐

这是基于个性归纳与市场信息量化的结果，智能体生成符合当前市场环境趋势及投资者投资需求风格的投资组合、投资方案和投资策略，但此时的智能体并不具备独立进行自动投资的许可，其受到投资用户最大限度地控制，因此智能体在生成投资方案后并不会自行投资，而是进行自动投资推荐，将投资方案和操作计划推荐反馈给投资用户。也就是投资策略和操作方案由计算机自动生成建议，是否采纳由投资者决定，类似于导航系统。

（三）受控自动投资与完全自动投资

受控自动投资与完全自动投资层次下的智能体拥有独立进行证券投资的许可，因而其可代替投资者制定相应的投资策略，进行相应的投资操作。由于智能体需要面向真实投资者进行服务，且投资行为对于投资主体而言至关重要，因而我们需要投资者对策略执行情况进行一些控制，这些"控制"本质上是一系列约束条件，以 $C_{Investor}$ 进行表示。根据投资主体施加的不同控制 $C_{Investor}$，策略执行呈现出相应不同的形式，这就是自动投资推荐、受控自动投资及完全自动投资三者的区别所在。三者受到的控制逐步减少，自动证券投资对应投资主体施加最大限度控制的情况，具体采取的投资操作几乎完全由投资主体决定，智能体则扮演策略提供及操作推荐的角色，相当于自动投资顾问；受控自动投资中智能体受到投资用户的控制施加减少，拥有大部分投资操作决定权，将由智能体按照投资者要求自动生成投资策略和自动执行相应的投资操作行为，仅在投资者指定的情况以及特殊情况下（如涉及高风险操作或敏感操作时），将投资操作行为的控制权移交给投资主体，由投资主体对特殊情况进行处理。而完全自动投资中智能体受最小限度的投资主体控制干预，能够完全自主地根据生成的投资策略进行证券投资操作。

7.1.5 评测归因与学习进化

本部分的内容对应图 7-1 中的评测归因（Diagnosing）与学习进化（Improving）。基于自动证券投资智能体相关投资操作行为及市场收益反馈的量化指标评测，并针对评测结果进行业绩归因，从而根据评测归因的结果进行学习进化，实现智能体的逐步提高与完善。

研究对自动证券投资智能体的评测归因，关键在于制定客观、合理、全面、精准的指标评测体系，运用合理的评测方法将智能体在证券投资各方面的表现进行量化，使得对于智能体的整体评价结构化、具体化，同时基于量化的评测结果，建立逆因果模型，对投资业绩进行归因，同时采用合理有效的学习算法及进化模型，在评测归因结果的基础上，对智能体从感知量化到任务执行的各个环节进行调整，使得智能体通过一次次的"投资—评测—进化"的迭代获得长足的提高与完善，使之能够制定更加合理高效的投资策略，执行更加精准的投资操作。

7.2 自动投资简单示例

示例自动投资智能体结构中的 SADI 四个部分的实现介绍如下。

7.2.1 感知量化（Sensing）

自动投资机器人感知的一个直接的数据来源就是金融时序数据。

金融时序数据是统一指标按时间排列的数据。金融时序数据的覆盖范围很广，按照市场种类划分有股票时序数据、债券时序数据、期货时序数据等。按照数据表现的内容可以划分为行情数据、财务数据、指数数据、基金数据、行业经济数据、宏观经济数据等。按照时间颗粒度可以划分为分钟行情、日线行情、月线行情等。图 7-3 是平安银行分时行情及日线行情示意图。

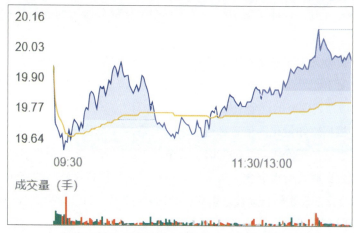

图 7-3　平安银行分时行情及日线行情示意图

金融时序数据的体量大、种类多、覆盖的范围非常广泛。单就股票市场而言，中国股市中有将近 4000 只上市股票，这意味着在过去 20 年，有 800 万条以上的股票日线历史数据。如果将时间粒度缩小到分钟，数据量会变得异常庞大。不难看出，金融时序数据的数据量非常庞大。但是在过去的 1 天，我们仅能得到 3000 条左右的日线历史交易数据，如果我们针对昨日的股票市场表现引用传统的数学建模方式，3000 条数据毫无疑问是不够的。在时间维度上，金融时序数据体现出非常强的稀疏性质。处理金融数据的同时面临着数据量大、数据稀疏的挑战。传统的人工处理方式很难准确快速地分析处理海量的金融时序数据，人工智能是处理金融时序数据的最好选择，但也面临着巨大的挑战。

感知量化的其他数据源有：上市企业公告、新闻舆论报道等证券市场的各种异构信息，涉及文本、图表、数据库等多种结构形式。为简单起见，示例中的各种感知信息以多因子属性形式表达。信息应该保证自身的准确性与全面性，只有良好的数据集才能让自动投资机器人发挥优良的性能。

7.2.2 任务执行（Acting）

为简单起见，感知量化仅考虑行情数据部分，而且仅考虑深圳交易所挂牌的股票中的前 5 只（平安银行、万科 A、国农科技、世纪星源、深振业 A）自 2010 年以来的日线历史行情。

假定 2018 年 12 月 7 日上午 0 点，自动投资机器人持有现金 89.75 万元，平安银行股票 1 万股，合计市值 100 万元。感知量化部分给出的最新信息如表 7-1 所示。

任务执行分为策略制定和策略执行两部分，负责策略执行的部分称为自动投资引擎。为简单起见，策略执行采用追涨杀跌策略。也就是从持仓中卖出全部在昨日下跌的股票，现有的资金平均买入全部在昨日上涨的股票。

那么，根据感知量化的信息和追涨杀跌策略，自动投资机器人决定卖出所有持有股票，也就是平安银行（000001）的全部 10000 股，然后用目前持有的全部资金（包括卖出股票所得资金）买入国农科技。自动投资策略模块将决策内容整合成交易指令提前发送给自动投资引擎，2018 年 12 月 7 日开盘后，自动投资引擎将根据指令向交易所发出交易请求，执行挂单卖出和买入的操作，并将交易结果整理保存。

表 7-1　2018-12-6 日线行情（来自深交所官网）

交易日期	证券代码	证券简称	前收	今收	升跌/%	成交金额/元	市盈率
2018-12-06	000001	平安银行	10.450	10.250	−1.910	594649682.990	7.880
2018-12-06	000002	万科A	25.300	25.100	−0.790	611204445.160	9.880
2018-12-06	000004	国农科技	16.760	16.770	0.060	10434145.070	164.410
2018-12-06	000005	世纪星源	3.010	3.010	0.000	24852884.020	207.590
2018-12-06	000006	深振业A	5.670	5.640	−0.530	112413806.230	9.450

例子中的自动投资机器人将在每个交易日按照相同的交易规则进行自动交易，尽管它的交易规则非常简单，但是它展示了机器人从感知到操作的自动投资全过程。

7.2.3 评测诊断（Diagnosing）

自动投资机器人每次的操作都会被保存下来。评测诊断可以随时进行，也可以经过一段时间再进行，这时候要处理的就是这一段时间保存的连续投资记录。

为简单起见，本例中评测诊断部分独立出来，同海天 4S 的评测诊断共用。评测诊断对机器人的历史操作序列即交割单进行分析诊断，通过收益率、最大回撤等技术指标针对自动投资策略给出总体上的评价，并进行业绩归因分析，如择时能力、选股能力等。

7.2.4 学习进化（Improving）

有了评测诊断信息，结合感知量化的时序反馈信息，就可以对任务执行中采用的策略制定和策略执行部分进行学习进化。这部分工作和采取的策略密切相关。在制定策略时就应该考虑到如何对策略和整个自动投资系统完善和改进。不同的市场环境以及不同的反馈信息可以采取不同的策略。例如，根据宏观判势事先设置好牛市和熊市以及平衡市的策略，并根据感知到的市场信息进行判断并采用对应的策略，判断是牛市或者熊市采用追涨杀跌策略，判断平衡市则相反，采用高抛低吸策略，如果判断不了，就保持原状观望。判断能力是在投资经验日积月累中逐渐提高的。

7.3 多因子选择自动投资策略

上述采用的追涨杀跌的策略太简单了,下面介绍一个更贴近实用化的多因子自动投资策略,主要面向不会或者不想编程的普通用户。

为简单起见,自动证券投资机器人示例是 Level-2 的简化版,感知量化的结果以多因子形式呈现,基于个性偏好的投资策略由用户人工选择多因子定制,之后的策略执行和评测诊断由机器人自动执行,任务执行中自动投资策略分为四个部分,以下将逐一阐述。

7.3.1 策略制定

自动投资策略相当于人的大脑,是智能体的核心部分,决定了投资机器人的总体性能。构建自动投资策略有多种方法,在本例中,智能体对感知到的信息进行整理、分析、量化,以多因子形式提供给用户按照偏好进行选择,用户通过设置基本参数、限定仓位管理、制定各种卖出、买入交易规则和风险控制规则构建自动投资策略。

一、基本设置和仓位管理

(1)股债金比例。股债金比例为投资者在判断市场大势情况下,对资产的仓位配置。为简单起见,自动投资目前不支持债券投资,债券比例设为 0。

(2)最大持股数量 n。在本例中,只考虑现金和股票,现金作为单独的证券品种,证券品种最大持有量为 $n+1$。

(3)操作集指定。可以操作的股票范围,选择通常有:上证 50,沪深 300,中证 500,创业板、沪深股市等。

(4)调仓周期 T。间隔 T 个交易日进行一次调仓。由于策略的投资理念不同,长线投资和短线投资的调仓周期有着巨大的差异。调仓周期短,意味着看中股票的短线收益,期望通过高频的低价买入和高价卖出赚取收益进而套利。调仓周期长,意味着看中股票的长期收益,期望股票在今后较长的一段时间之后获得更高的收益进而套利。调仓周期的长短代表着不同的投资理念。

(5)调仓比例。调仓比例代表资产变动的幅度,一般长线策略调仓比例较低,短线策略的调仓比例较高。考虑到最大持股数量为 n,为简单起见,调仓以只数为计算单位,买卖股票采用全入全出制,买入时除现金外以均摊形式购买股票。

二、买入规则

买入规则设定:在调仓周期日按照一定的筛选条件在指定操作集中给出一个有序的买入候选集合,策略执行机制会根据可以购买的现金数量和最大股票限制 n 按照候选顺序生成买入操作指令。

买入规则分为两部分。

(1)候选生成。采用多因子筛选,用户可以在各种量化因子设定限制里选出个人偏好的候选集合。

(2)候选排序。采用多因子筛选,按照设置的因子及权重对买入候选进行排序,优先买入得分高的股票,也可以用单因子排序。

三、卖出规则

卖出规则设定:在调仓周期日按照一定的筛选条件在持仓集中给出一个有序的卖出候选集合,策略执行机制会根据调仓比例按照候选顺序生成卖出操作指令。

卖出规则也分为两部分:候选生成和候选排序。

为简单起见,一般卖出方式设定为一次性全部卖出,这样股票只数会减少一只,有利于以后买入新的股票。股票评分的计算方法与买入规则中股票的评分方法相同。

买入、卖出规则根据不同的投资理念和个性偏好会表现出非常大的不同。但制定卖出规则和买入规则时要考虑彼此的相关性和互相限制,一般需要统筹考虑,以免出现想买的股票由于没有现金无法买入等例外情况。

四、风险控制规则

风险控制从以下几个方面考虑。

(1)止盈。在获得了期望的收益之后,抛出股票换取资金。因为没有只涨不跌的股票,随着价格的上涨,风险也在不断提高。因此,止盈是风险控制的一种方法。

(2)止损。止损是指亏损达到一定程度之后,抛出股票换取现金,避免更大的损失,因为股票有可能出现摘牌破产等一直下跌的极端情况。因此,止损也是风险控制的一种方法。

(3)分散投资。这是风险控制的一种常用方法,可以通过前面设置最大持股量完成。

风险控制对于不同的策略有不同的意义,对于长线投资风险控制的作用非常显著。由于长线投资的调仓周期较长,对市场变化不敏感,因此良好的止盈止损规则可以非常有效地降低策略的风险。但是对于短线投资来说,由于短线投资交易频率高,对市场变化较为敏感,因此风险控制的作用并不是非常明显。

7.3.2 策略执行

策略执行部分根据以上多种规则构成的投资策略进行解析，分解为一系列的操作指令，并进行操作，在执行多种规则构成的策略时要注意以下情况。

1. 规则顺序。顺序是先卖出后买入。令 X 等于"调仓比例"乘以"持仓股票数"，Y 等于"最大持股数"减去"当前持股数"，j、k 分别为卖出、买入候选数量，根据自动投资规则给出的有序卖出候选列表按序卖出 $\min\{X, j\}$ 只股票，然后根据自动投资规则给出的有序买入候选列表按可用资金等比例买入 $\min\{Y, k\}$ 只股票。

2. 规则缺失。市场是经常变化的，可能产生没有有效规则应用的极端情况，如买入候选为空，或卖出候选为空，此时无法进行调仓操作，要等待市场变化。

3. 规则冲突。可能会出现卖出和买入同一只股票的情况，为避免由此产生无意义的手续费与印花税，降低自动投资的成本进而提高收益率，策略执行部分会验证是否存在这种情况，若存在则买入、卖出的股数相互抵消。

7.3.3 策略测试

由用户自定义的投资策略固然符合用户的个性偏好，但是否好用、是否有效、是否符合用户的需求，还需要进一步的检验，这可以进行历史回测。

历史回测是指基于历史已经发生过的真实行情数据，在历史上某一个时间点开始，让自动投资机器人进行自动投资，并模拟真实金融市场交易的规则进行买入、卖出，得出一个时间段内的自动投资机器人的投资表现。基于市场惯性理论的假设，在最近一段时间表现较好的自动投资机器人更倾向于在今后也有相同较好的表现，因而历史回测是用来预估自动投资机器人在未来的表现的重要手段。

用户可以反复修改投资策略，并进行历史回测，直到选出结果好的满意的策略后，再提交策略，投入运行，由此制定出符合用户个人偏好的投资策略。

7.3.4 策略改进

策略测试后就可以投入运行，可以分为模拟或者实盘两种形式，一般需要参加未来进行中的模拟比赛测试，进一步检验和完善。未来的模拟测试运行和历史回测不大一样，后者的数据均为已知，可以随时人工调整。未来的数据是未知，可能具有更多的变化，需要提高策略运行的自适应能力和学习进化能力，通过感知和评测诊断根据自动投资策略表现出的性能，有针对性地自动调整完善自动投资策略。

示例是面向非编程人员的多因子选择式定制自动投资机器人,策略制定由用户根据个人偏好手工选择定制后系统自动执行,执行后的结果序列由评测诊断机制自动评测,用户如果不满意结果,可以人工修改完善策略,可以说,这里的学习进化部分还是由用户人工完成。其原因在于学习进化部分是和策略制定密切相关的,而本例中个性化的策略制定是用户定制,学习进化也只好由用户人工完成了。

完全自动化的学习进化依赖算法,这部分内容放在算法篇后面的章节里介绍。

自动投资的方法各种各样,有兴趣的投资者可以进一步探索!

7.4 平台实训

7.4.1 海知平台自动投资策略介绍

海知平台面向没有编程基础的用户提供了一套向导式策略生成业务。海知向导式策略生成器基于量化投资中的多因子策略,让用户能够直观方便地构建属于自己的多因子策略。

使用海知向导式策略生成器构建多因子策略需要四步操作:

1. 设定股票池;

2. 设定买入规则;

3. 设定卖出规则;

4. 设定风险控制规则。

海知向导式策略生成器生成的多因子策略自带交易行为优化功能,用户只需要关注自动投资策略的买卖策略本身就能得到经过优化的自动投资策略。同时,海知平台的自动投资引擎自带完整、可靠的金融时序数据集,自动投资引擎根据策略完成选股、交易等后续操作。并且海知自动投资引擎提供非常方便的历史回测功能,配合平台自身的评测诊断功能,方便使用科学方法进行投资。

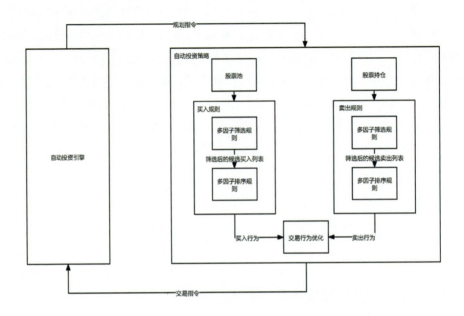

图 7-4　海知多因子策略

海知自动投资引擎会根据用户设定调仓周期 T，每间隔 T 个交易日向自动投资策略发出规划指令，海知多因子策略会按照图 7-4 的规则进行交易行为规划。

1. 初始买入列表初始化为股票池，初始卖出列表初始化为股票持仓。
2. 多因子筛选规则会将不满足用户设定的筛选条件的股票从股票池中移除。
3. 多因子排序规则会根据用户设定的因子及其权重对股票进行打分排序。
4. 根据调仓比例从候选买入列表和卖出列表中选择出合适数量的股票向自动投资引擎发出交易指令。

需要注意的是，条件筛选功能和多因子排序功能都是可选选项，用户如果相应地设定，系统会自动跳过这两个环节生成相应的自动投资策略。

7.4.2　海知平台自动投资机器人定制

自动投资平台定制分为两步：报名和自动投资交易，下面将以参加"海知自动投资××赛"为例。

一、报名自动投资比赛

（1）登录海知理财，找到相应的自动投资比赛，并报名参赛，如图 7-5 所示；

（2）报名成功后进入"我的比赛"页面，选择刚刚报名成功的自动投资比赛。

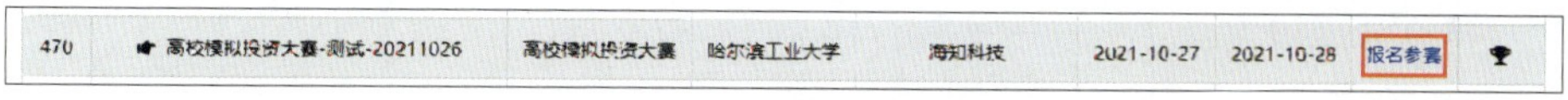

470
高校模拟投资大赛-测试-20211026
高校模拟投资大赛
哈尔滨工业大学
海知科技
2021-10-27
2021-10-28
报名参赛

图 7-5　自动投资比赛报名

点击右侧的“进行交易”链接，会跳转到自动投资页面，注意，首次跳转时需要在自动投资页面输入海知理财账户的用户名和密码，之后只要在海知理财登录，跳转到自动投资将自动登录，如图 7-6 所示。

登录海知
请使用海知账号（海知Pro）登陆
用户名
EthanHunt
密码
记住我
登录

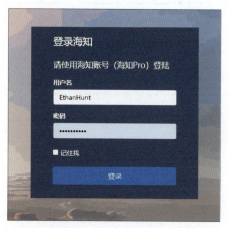

图 7-6　自动投资登录

点击登录，就进入了自动投资页面。

二、进行自动投资交易

自动投资交易主要包括以下几个功能：自动投资机器人设定—制定策略、自动投资机器人回测—策略在历史数据上回测、自动投资机器人实盘演练—策略在实盘上模拟交易。

（一）自动投资机器人设定

自动投资机器人设定其实是制定策略的过程，用户无须具有编程基础，使用向导式策略生成器辅助生成。以“自动投资机器人 1 号”生成为例。

策略名称：

策略名称	自动投资机器人 1 号

股票池内容：

股票池类型	上证 50

持仓管理设定：

股债金比例	1：0：0
调仓周期	2
调仓比例	0.5
股票持仓只数上限	10
单股最大持仓天数	5

卖出规则设定：

卖出方式设定	单股清仓卖出
多因子筛选	市盈率 >10
多因子排序	市盈率：1

买入规则设定：

买入方式设定	等量现金买入
多因子筛选	1< 市净率 <20
多因子排序	总市值：1，市盈率：1

风险控制设定：

单股止盈设定	10%
单股止损设定	10%

1. 策略名称设定

点击导航栏"我的智能投资"下的"向导式策略生成器"，如图 7-7 所示。

图 7-7　向导式策略生成器示意图

进入向导式策略生成器页面，点击下图红框部分可以修改策略名称，此处修改为"自动投资机器人 1 号"，如图 7-8 所示。

图 7-8　修改相应的名称

2. 股票池内容设定

设定的目的在于确定投资机器人在回测或实盘模拟时所用的股票范围，可选项有"全部股票""上海交易所股票""深圳交易所股票""沪深 300""上证 50""中证 500"，建议选择后三种中的一种，回测速度快一些，此处选择"上证50"，如图 7-9 所示。

图 7-9　股票池设定

3. 持仓管理设定

（1）股债金比例。资产在股票、债券、现金的分配比例，暂不支持债券，设置 1∶0∶0，即全仓股票。

（2）调仓周期。策略的运行周期，即每隔多少个交易日做一次调仓，设置为 2 个交易日。

（3）调仓比例。每次调仓的资产比例，如持有 10 只股票，调仓比例为 0.5，将对 5 只股票进行调仓，设置为 0.5，即调半仓。

（4）股票持仓只数上限。策略最多持有股票只数，设置为 10。

（5）单股最大持仓天数。单只股票最多持有的交易日数，设置为 5 个交易日，如图 7-10 所示。

图 7-10 持仓管理设定

4. 卖出规则设定

（1）卖出方式设定。选择"单股清仓卖出"，如图 7-11 所示，即一旦决定卖出某只股票，将会一次性全部卖出。

（2）多因子筛选。对策略的持仓股票进行条件筛选，符合条件的股票加入卖出候选，此处设置"市盈率>10"，即市盈率大于 10 的持仓股票加入卖出候选。

图 7-11 规则设置（一）

（3）多因子排序。按照设置的因子及权重对卖出候选进行排序，优先卖出得分低的股票，此处设置"市盈率权重为 1"，如图 7-12 所示。

图 7-12　规则设置（二）

此处的过程：在某个调仓日，持仓股票为 n 只，按照卖出条件对持仓的 n 只股票进行筛选，符合条件的加入卖出候选，然后再按照排序规则对卖出候选进行排序，根据候选和调仓比例卖出得分低的股票。

5. 买入规则设定

（1）买入方式设定。选择"等量现金买入"，即平摊现金到所有要买入的股票上。

（2）多因子筛选。对第 2 步确定的股票池进行买入条件筛选，符合条件的加入买入候选，此处设置"市净率大于 1 小于 20"，即上证 50 股票池中市净率大于 1 小于 20 的股票加入买入候选，如图 7-13 所示。

图 7-13　规则设置（三）

（3）多因子排序。按照设置的因子及权重对买入候选进行排序，优先买入得分高的股票，此处设置"总市值权重为1，市盈率权重为1"，如图7-14所示。

图7-14　规则设置（四）

6. 风险控制设定，设置的目的是降低风险，及时止盈止损，此处进行风险控制设定，如图7-15所示。

图7-15　风险控制设定

7. 最后点击"生成策略"按钮即可，生成成功会进行提示，如图7-16所示。

图7-16　生成策略

（二）自动投资机器人回测

策略生成后，点击"我的智能投资"下的"策略管理器"，如图7-17所示。

第 7 章 价值投资的多因子策略

图 7-17 策略管理器示意图

进入策略管理界面，点击历史回测，如图 7-18 所示。

图 7-18 查看历史回测

设置好回测区间的起止时间，可以通过上方的选项进行快速选择。本示例设置的区间中包含 20 个交易日，如图 7-19 所示。

图 7-19 设置回测区间

点击运行策略，回测时会实时显示进度和成交记录。

（三）自动投资机器人诊断与改进

回测完成后，会出现下载交割单和查看评测诊断链接，用户可以下载交割单后到海知平台进行详细的评测诊断，也可以点击查看评测诊断链接查看完整的分析结果。图 7-20 策略表现是精简的评测分析，可以直观迅速地看到收益情况。

图 7-20 策略表现

用户可以基于评测诊断结果改进投资机器人，即在前一个策略的设置基础上，重新创建一个新的机器人，直到你认为已经创建好投资性能优良的机器人。

（四）自动投资机器人实盘模拟

如果用户认为自己的策略已经表现足够好，或者用户创建出的策略不必回测就可以直接进行实盘模拟。

开启实盘演练只需要在策略管理器页面点击"开启策略"即可，"开启策略"链接会变为"关闭策略"，投资机器人将按照策略在后台定时运行，如图 7-21 所示。

图 7-21　开启策略实盘模拟

如果用户想取消该策略的实盘模拟，点击"取消实盘模拟"即可。

（五）策略管理

用户在策略管理器页面可以查看历史回测记录和删除策略，查看历史回测记录将看到用户在此策略上所做的回测，删除策略会将该策略删除，如图 7-22 所示。

图 7-22　策略管理

7.4.3　实例分析

下面以前面所述的机器人设定为例，简要解析买卖运行机制。

一、2018-11-15 日为开盘日

（以下将初始状态下的空列表表示为"[]"）

初始卖出列表：[]

过滤后卖出列表：[]

排序后卖出列表：[]

初始买入列表：股票池为上证50，50只股票

['600000', '600016', '600019', '600028', '600029', '600030', '600036', '600048', '600050', '600104', '600111', '600276', '600309', '600340', '600519', '600547', '600585', '600606', '600690', '600703', '600887', '600958', '600999', '601006', '601088', '601166', '601169', '601186', '601211', '601229', '601288', '601318', '601328', '601336', '601360', '601390', '601398', '601601', '601628', '601668', '601688', '601766', '601800', '601818', '601857', '601878', '601881', '601988', '601989', '603993']

过滤后买入列表：买入规则为"市净率大于1小于20"，将不符合条件的剔除，还剩41只

['600016', '600028', '600029', '600030', '600036', '600048', '600050', '600104', '600111', '600276', '600309', '600340', '600519', '600547', '600585', '600606', '600690', '600703', '600887', '600958', '600999', '601006', '601088', '601169', '601211', '601288', '601318', '601336', '601360', '601398', '601601', '601628', '601668', '601688', '601766', '601800', '601857', '601878', '601881', '601989', '603993']

排序后买入列表：对这41只股票按照排序规则总市值与市盈率权重之比1∶1进行排序，得到排序后列表

['601398', '601288', '600016', '601318', '600036', '601857', '601668', '601169', '601088', '600028', '600309', '600104', '600340', '600606', '601800', '601006', '601628', '600048', '600519', '600585', '600690', '601211', '601601', '601688', '600029', '600030', '600999', '601766', '601881', '600958', '600703', '600887', '601336', '601878', '603993', '600276', '601360', '600547', '600050', '601989', '600111']

买入前十只股票，见表7-2所示。

表7-2 排名前十的股票一览表

编号	股票代码	成交日期	成交类型	成交价格	成交数量
1	601398	2018-11-15	买	5.33	18800
2	601288	2018-11-15	买	3.60	27800
3	600016	2018-11-15	买	6.15	16200

续表

编号	股票代码	成交日期	成交类型	成交价格	成交数量
4	601318	2018-11-15	买	64.55	1500
5	600036	2018-11-15	买	28.32	3500
6	601857	2018-11-15	买	7.84	12700
7	601668	2018-11-15	买	5.39	18600
8	601169	2018-11-15	买	6.02	16600
9	601088	2018-11-15	买	19.64	5100
10	600028	2018-11-15	买	5.98	16700

综上所述，在 2018-11-15 没有可卖股票，之后全仓买入 10 只股票，每只股票平均市值 10 万元。

二、由于调仓周期为 2 个交易日，2018-12-20 日为开盘日

初始卖出列表（当前持仓）：

['601288', '600028', '601088', '600016', '601668', '600036', '601398', '601857', '601318', '601169']

过滤后卖出列表：

['600028', '600016', '600036', '601857', '601318']

排序后卖出列表：

['601857', '600028', '601318', '600036', '600016']

初始买入列表：

['600000', '600016', '600019', '600028', '600029', '600030', '600036', '600048', '600050', '600104', '600111', '600276', '600309', '600340', '600519', '600547', '600585', '600606', '600690', '600703', '600887', '600958', '600999', '601006', '601088', '601166', '601169', '601186', '601211', '601229', '601288', '601318', '601328', '601336', '601360', '601390', '601398', '601601', '601628', '601668', '601688', '601766', '601800', '601818', '601857', '601878', '601881', '601988', '601989', '603993']

过滤后买入列表：

['600016', '600028', '600029', '600030', '600036', '600048', '600050', '600104', '600111', '600276', '600309', '600340', '600519', '600547', '600585', '600606', '600690', '600703', '600887', '600958', '600999',

'601006','601088','601169','601211','601288','601318','601336','601360','601390','601601','601628','601668','601688','601766','601800','601857','601878','601881','601989','603993']

排序后买入列表：

['601288','601318','600016','601857','600036','601668','601088','600028','601169','600104','600309','601628','600519','601800','601006','600340','600606','600048','601390','600585','600690','601601','601211','601688','600030','600029','601766','600999','600887','600958','601881','600703','601336','600276','603993','601360','601878','600547','600050','601989','600111']

卖出指令集，按照卖出候选列表排序选出前 5 名，若成功，剩余现金为 x。

{'601857':12700,'600028':16700,'601318':1500,'600036':3500,'600016':16200}

买入指令集：

{'601288':27800,'601318':1500,'600016':16200,'601857':12800,'600036':3500}

优化后卖出指令：

{'601857':0,'600028':16700,'601318':0,'600036':0,'601169':16600}

优化后买入指令：

{'601288':27800,'601318':0,'600016':16300,'601857':100,'600036':0}

实际上卖出全部"601169"，买入"601288""600016""601857""600036"，持仓 10 只。

其他交易日以此类推。

7.5 小结

- 自动证券投资智能体的整体结构描述了自动证券投资智能体 SADI 与市场环境、证券投资者之间的关系。

- 任务执行中自动投资策略分为四个部分：策略制定、策略执行、策略测试和策略改进。
- 自动投资的评测诊断可以和海天 4S 的评测诊断共用。
- 平台实训给出了定制一个自动投资机器人的示例。

本章习题与实训

一、选择题

1. （单选）有关证券市场海量异构信息的处理下列说法错误的是 ____。

    A. 海量异构信息包含信息的感知、梳理、量化，再到知识库的构建

    B. 感知量化的数学化表达形式为 $S_{Market}(I(E_{Market})) = K_{Market}$

    C. 感知模型及方法只对结构化确定的证券信息进行分析

    D. 感知量化知识库是对信息进行结构化、规范化的知识表达

2. （单选）有关自动投资的相关描述，下列说法错误的是 ____。

    A. 感知量化的直接数据来源和主要表示形式都是金融时序数据

    B. 任务执行分为两部分：策略制定、策略执行

    C. 感知量化的数据只能以金融时序数据的方式存储在数据库中

    D. 自动投资引擎按照交易指令向证券交易所发出交易请求，执行卖出和买入操作

3. （单选）有关自动投资的相关描述，下列说法错误的是 ____。

    A. 有了评测诊断信息，结合感知量化的时序反馈信息，就可以对任务执行中采用的策略制定和策略执行部分进行学习进化

    B. 在制定策略时就应该考虑到如何对策略和整个自动投资系统进行完善和改进

    C. 不同的市场环境、不同的反馈采取不同的策略

    D. 判断能力取决于投资者的投资天赋，无法通过积累经验提高

4. （单选）有关多因子自动投资策略，下列说法错误的是 ____。

    A. 感知量化的结果以多因子形式呈现

B. 基于个性偏好的投资策略由自动投资机器人自己制定

C. 策略执行和评测诊断由自动投资机器人执行

D. 简单的自动证券投资机器人属于高级智能体的 Level-2 简化版

二、填空题

1. 自动证券投资智能体的"SADI 结构"主要包括：____、____、____、____。

2. 自动投资任务执行的四个层次依次是：____、____、____、____。

3. 任务执行中自动投资策略的基本流程分为四个部分，从左到右依次是____、____、____、____。

三、简答题

1. 简述并解释构建多因子自动投资策略制定的基本内容。

2. 列出你认为最重要的 5 个因子并排序，给出理由。

四、实训

设计一个多因子投资策略，并实现一个自动投资机器人参与平台比赛。

趋势自动投资方法

研究趋势的方法通常可分为两类：一是基于近期数据对趋势进行判断，常见的有"分布延续性"理论和"惯性"理论；二是基于历史统计的趋势判断，常见的各类回归模型及大数定律等。本章将围绕这两类趋势研究方法，探讨如何基于趋势判断制定相应的自动投资策略。

8.1 基于双均线策略的自动投资策略

技术分析法及其交易策略的有效性在学术界有不少研究。移动平均线是目前股票市场上使用最简单、应用最广泛的技术分析方法之一。它将一定时期内的证券价格进行平均,并将得到的移动平均值相连接,形成一条移动平均线。其中,短均线是第一类趋势判断(基于近期数据),而长均线是第二类趋势判断(基于历史统计),而这条看似简单的线对于投资而言则有不少妙用,以下我们将介绍如何计算移动平均,并利用它构建一个自动投资策略。

8.1.1 移动平均的基本概念

移动平均是一种低通滤波,其目的是要剔除掉短期的高频波动、保留长期的变动趋势来使信号平滑化。假设有一个时间序列定义如下:

$$y = (y_1, y_2, \cdots, y_{n-1}, y_n) \tag{8-1}$$

对于某个时间序列,其在某一时刻的双侧移动平均(Two-sided Moving Average)可以表示为某时间点两侧等长度窗口范围内的时间序列和过滤函数在相应时间范围上的卷积,即

$$x_t = \frac{1}{2k+1} \sum_{i=-k}^{k} y_t + i \quad (t = k+1, k+2, \cdots, n-k) \tag{8-2}$$

双侧移动平均简单来说就是将目标时刻的数据以及它两侧各 k 个时间点的数据求和后取平均值。分别求出时间序列中每一个时刻的双侧移动平均后即可得到整个时间序列的双侧移动平均序列,但需要注意的是 k 值的选取有一定范围,依照公式(8-2),当 $t < k+1$ 或 $t > n-k$ 时我们无法计算对应时刻的双侧移动平均值。

双侧移动平均在实际应用时往往面临一些问题,主要分为两个方面。

1. 无论我们指定的窗口大小 k 为何值,计算平均值时涉及的观测数据点的数量必定为奇数($2k+1$,双侧各 k 个观察点以及 t 时刻本身的数据点)。

2. 无论我们如何设置窗口大小 k,根据双侧移动平均的计算方法我们都无可避免地使用到未来的数据(即 t 时刻之后的数据),这意味着必须等到数据齐全后才能进行均值的计算,这对于实时数据运算而言是无法实现的(无法获取 t 时刻之后的数据,因为那是未来的数据),同理,对于投资回测而言也不应引入当前回测时刻之后的未来数据。

因此在实际应用时通常使用(左侧的)单侧移动平均(One-sided Moving

Average），即

$$x_t = \frac{1}{k}\sum_{i=t-k+1}^{t} y_i \quad (t = k, k+1, \cdots, n) \tag{8-3}$$

与双侧移动平均不同，单侧移动平均简单来说是将目标时刻 t 数据以及此时刻之前 $k-1$ 个时间点的数据共计 k 个时间点的数据求和后取平均值。类似的，依照公式（8-3），在 $t<k$ 时我们也无法求出相应的左侧的单侧移动平均。

以上两种移动平均统称为简单移动平均（Simple Moving Average），由于无法使用未来的数据，实际计算出来的移动平均序列是略微滞后的，针对简单移动平均的滞后性，后续又诞生了加权移动平均（Weighted Moving Average）与指数移动平均（Exponential Moving Average）等改进方法。其中，加权移动平均的思想来源于加权平均数，在简单移动平均基础上，对每个参与求和的数据赋予一个权值，即给定一个权值序列 W：

$$W = (w_1, w_2, \cdots, w_{k-1}, w_k) \tag{8-4}$$

在此基础上，相应的加权移动平均为：

$$x_t = \frac{1}{k}\sum_{i=t-k+1}^{t} y_i w_{i-t+k} \quad (t = k, k+1, \cdots, n) \tag{8-5}$$

加权移动平均能够缓解滞后性主要是考虑到了权重的影响，距离当前数据点 t 越近的数据其被赋予的权重越大，保证权值序列 W 为递增序列，距离当前时刻越久远的数据重要性越低，反之越高。这一处理方式使得加权移动平均的方法能够更好地反映观察时间附近的数据趋势。

指数移动平均方法则是使用递归的方式来计算各个时间点的移动平均值。通过给定一个权重衰减系数 α，可得整个递归计算的公式为：

$$x_t \begin{cases} y_1 & t = 1 \\ \alpha y_t + (1-\alpha) x_{t-1} & t > 1 \end{cases} \quad 0 < \alpha < 1 \tag{8-6}$$

随着 α 的增大，序列中较为早期的数据所占的比重逐步衰减，而较为晚期（距离观察时刻 t 较近）的数据对于整体均值的影响却越大。

8.1.2　移动平均线的实例

根据前文所介绍的几种移动平均方法，我们从中选取一种移动平均的计算方法后，对给定的时间序列依次计算得到对应的移动平均序列，在图表中将每一个时刻的数据依次连接就形成了移动平均线，一般与股价走势线一起配套使用。在实际应用中，通常将收盘价格时间序列用于移动平均计算。

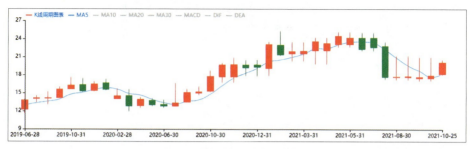

图 8-1 某股票五日均线的示例

移动平均线根据计算时间区间（窗口大小 k）的不同，可分为短期、长期等类型。一般来说，窗口大小在 20 天以内的为短期均线，20 天以上的为长期均线。不同计算长度的移动平均线可以用来判断不同时段市场的趋势。移动平均线最常用的方法，就是将证券价格和证券移动平均价格进行比较。如图 8-1 所示，是某股票五日收盘价均线和股价 K 线图，五日均线和股价呈现交错的形态。

8.1.3 基于移动平均的投资策略

证券的价格总是波动的，移动平均方法借助移动平均对原始的证券价格序列进行平滑，平滑后得到的序列在一定程度上可以反映序列的趋势。应用较长的窗口值得到的移动平均序列可以反映较长的趋势，较短的窗口值得到的移动平均序列则反映的是短期趋势。结合价格不断波动这一固有规律，我们可以结合使用证券原始价格序列和移动平均序列进行交易信号的检测。

通常我们利用移动平均方法进行分析时都使用移动平均线进行，这样比较直观。如图 8-2 所示，当证券价格上涨且超过平均线时，出现"金叉"，产生买入信号。当证券价格下跌，低于其移动平均价格时，出现"死叉"，产生卖出信号。

我们可以这样理解移动平均线思想的原理：移动平均线比证券的实际价格走势更加平滑，或许更能反映证券的真实价格，当短均线大于长均线时，短线上涨趋势确立，有可能继续上涨，可考虑做多；当短均线小于长均线时，短线下跌趋势确立，有可能继续下跌，可考虑做空。以此，可以产生一系列的交易指令。就总体趋势而言，从熊市转为牛市，短均线必定会上穿长均线，而从牛市转为熊市，短均线必定会下穿长均线，但这仅是必要条件，并非趋势判断的充分条件，使用双均线时需注意这一点。

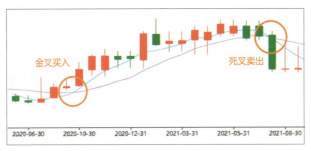

图 8-2 双均线中"金叉"与"死叉"的示例

除了上面介绍的几种移动平均线的计算方法以外，还有更高阶的分形自适应移动平均线、赫尔移动平均线等。为了便于读者理解并掌握，本章节后续的算法实现与实验仅使用算术移动平均线，其他方法仅在移动平均值计算方法上有区别。

8.1.4 自动投资策略的算法实现

使用移动平均方法进行交易信号检测的策略通常被称为均线策略或双均线策略，"双"是指在使用时至少需要两种不同的均线，有时我们也直接使用原始序列和一种移动平均线，参照计算方法可以发现，这时原始序列实际上是窗口大小 $k=1$ 时的特例，因此一般统称双均线策略。

实现这个策略的关键算法主要有两个：移动平均值序列的计算和移动平均线交叉检测。

移动平均值序列的计算比较简单，直接进行求和并取平均即可，遵循以下算法流程。

算法 1：简单移动平均值序列的计算

```
输入：原始序列S、窗口值大小k
输出：移动平均序列MA
步骤：
1    length ß 原始序列S的长度
2    if k < 1 or k > length do
3        抛出异常         // 这时给出的窗口大小不合法
4    end if
5    for i = 1 to length do
6        if i<k do
7            MA[i] ß NaN // 根据计算公式，前k-1个位置无法得到移动平均
8            continue
9        end if
10       sum ß 对S[i-k + 1]到S[i]这k个数值遍历求和
```

```
11      MA[i] ß sum / k
12   end for
```

算法 1 中每次都对当前位置之前的 k 个数值进行遍历求和，实际上对于迭代回测的过程，无须每次都重新进行求和，例如，在时间点 t 和 t–1 两处，窗口值为 k 的移动平均值为：

$$x_t = \frac{1}{k}\sum_{i=t-k+1}^{t} y_i = \frac{1}{k}\left(y_{t-k+1} + y_{y-k+2} + \cdots + y_{t-1} + y_t\right)$$

$$x_{t-1} = \frac{1}{k}\sum_{i=t-k}^{t-1} y_i = \frac{1}{k}\left(y_{t-k} + y_{y-k+1} + \cdots + y_{t-2} + y_{t-1}\right) \quad (8\text{-}7)$$

对比上述两式可以发现有递推关系：

$$x_t = x_{t-1} + \frac{1}{k}\left(y_t - y_{t-k}\right) \quad (8\text{-}8)$$

这意味着每次迭代一个时间点 t，只需要加上一个差值即可，这个差值是将下一个时间点的原始数据与当前窗口范围内最早的数据求差并除以 k 得到的。

对于移动平均线的交叉检测，策略在回测过程中会动态地调整可见数据范围，因此我们只需使用最近两个时间点的数据，使用以下公式检测即可，设两种窗口大小不同的移动平均序列分别为 MA_{long} 和 MA_{short}，则：

$$MA_{short}[t] > MA_{long}[t] \text{ and } MA_{short}[t-1] < MA_{long}[t-1] \quad (8\text{-}9)$$

上述布尔表达式为真时，表示较短均线上穿较长均线，对应产生买入信号。

$$MA_{short}[t] < MA_{long}[t] \text{ and } MA_{short}[t-1] > MA_{long}[t-1] \quad (8\text{-}10)$$

上述布尔表达式为真时，表示较短均线下穿较长均线，对应产生卖出信号。

有了以上两个策略实现的关键步骤，下面给出简单双均线策略在交易信号检查时的实现流程。

1. 加载包含当日在内的过去 n 个交易日的历史数据。

2. 选取两种不同的窗口大小 short 和 long，并计算得到上述两种窗口大小下的移动平均序列。

3. 使用均线交叉检查尝试发现交易信号，根据发现的相应信号做出交易决策。

上述过程中需要注意的有以下两点。

1. 两种窗口大小不可超出历史数据长度。

2. 由公式（8-3）可知，序列数据的初始部分无法计算移动平均值。因此在加载用于回测的数据时，必须在选定的回测开始日期基础上向前回溯来多加载一段时间的数据，以保证回测开始时可以正常检测信号，这个回溯交易日个数取决于较长的窗口大小。

算法2：用于迭代回测中的优化简单移动平均值序列的计算

```
输入：原始序列S、窗口值大小k
输出：移动平均序列MA
步骤：
1    length ß 原始序列S的长度
2    if k < 1 or k > length do
3        抛出异常          // 这时给出的窗口大小不合法
4    end if
5    sum ß 0
6    for i = 1 to length do
7        sum ß sum + (S[i] / k)
8        if i < k do
9            MA[i] ß NaN // 根据计算公式，前k-1个位置无法得到移动平均
10       else if i = k do
11           MA[i] ß sum
12       else do
13           sum ß sum - (S[i - k] / k)
14           MA[i] ß sum
15       end if
16   end for
```

8.1.5 实验设计与投资结果分析

现在将基于前述的简单移动平均方法实现策略并进行实验。这里我们选取上证50（股票代码：000016.SH）指数的成分股作为研究对象，在回测期间我们对每只成分股都将构建两种窗口大小不同的移动平均序列，并使用上证50指数在同一时段内的收益率作为基准收益率以衡量策略表现。调仓周期设定为5个交易日，也就是每5个交易日进行一次交易信号检查以进行仓位调整，投资周期为一个自然年，时间范围为2020年1月1日至2020年12月31日，初始资金为100万元。总结以上所设定的条件如表8-1所示。

移动平均方法对于股价走势的反映具有一定的滞后性，因此选取不同大小的窗口对最终的策略表现是有影响的，作为示例，实验将分别指定 $k = 1$、3、5、10、20、30、60、120、240 等九种数值，并进行组合来观察策略效果。

迭代回测的过程如图 8-3 所示，该过程是对手动交易过程的一个模拟。在设定有调仓周期的情况下，首先我们检查当前日期是否已到达调仓时刻，如果不是则跳至下一个交易日，否则，对目前已持仓的股票进行卖出信号的检查，符合卖出条件的放入卖出备选集合中，然后对所有未在卖出备选集合且在股票池中的股票进行买入信号检查，符合买入条件的放入买入备选集合中。在上述检查过程中，如果股票存在已停牌等情况，则不会将其放入备选集合。最后执行交易，为了便于回收资金，会先挂单卖出，之后再挂单买入。卖出时全部卖出，买入时则针对买入候选集合的大小进行资金的平均分配。

表 8-1　回测实验的参数设置

控制的参数	取值
股票候选集合	上证 50 指数成分股
比较基准	上证 50 指数
调仓频率	每 5 个交易日 / 每个交易日
交易信号检查频率	与调仓频率一致
回测实验时长	一个自然年
回测起始日期	2020 年 1 月 1 日
回测结束日期	2020 年 12 月 31 日
初始资金	1000000 元

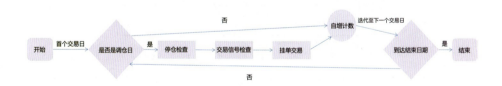

图 8-3　回测实验整体流程图

同时考虑到，在设定调仓周期的情况下，如果两次调仓操作中间某一时刻有交易信号产生，也只能在调仓时进行相应的买卖操作，一定程度上增大了滞后性。在以下实验中额外搭配调仓周期为 1，也就是每个交易日均检查交易信号的对比实验，以同时检验调仓周期对策略表现的影响。

表 8-2 所示的组合均使用了两种不同的短均线窗口，以检验偏好短线操作时的策略表现。由于是偏短线操作，这部分实验没有采用固定调仓周期的方式，仅

使用了每个交易日均进行交易信号检查的方式。

对比表 8-1 中各个策略的表现，如果仅仅使用两种短均线来做短线操作，在使用窗口为 $k = 1, 3$ 的情况下表现极差，而其他情况均有相对来说较好的表现。窗口组合 $k = 3, 10$ 的累积收益率与总资产走势如图 8-4 所示，得益于 2021 年元旦前的股市上涨，策略收益率在此段时间内表现不错。

表 8-2　不同窗口大小的短均线组合策略的收益率对比

较短均线窗口	较长均线窗口	基准收益率	策略收益率
1	3	18.85%	−3.23%
1	5		24.40%
1	10		17.92%
3	5		3.10%
3	10		57.18%

图 8-4　短均线窗口大小为 3 且长均线窗口大小为 10 时的累积收益率与总资产走势

如表 8-3 所示的组合使用 $k = 5, 10$ 分别与不同大小的长均线搭配，以检验偏好长线投资时的表现。这部分实验加入了固定调仓周期的策略对比。也就是使信号检查周期等于调仓周期。其中，"定期检查"列对应的是调仓周期为 5 时的策略表现，"每日检查"列则对应的是每个交易日均检查交易信号。对比各个策略表现，在搭配短均线窗口 $k = 5$ 时，除了长均线窗口 $k = 240$ 的策略外，每日进行交易信号检查的策略表现均优于仅在调仓时检查交易信号；而搭配短均线窗口 $k = 10$ 时，则在过半数的窗口组合中是调仓时信号检查优于每日进行交易信号。

表 8-3　不同窗口大小的均线组合策略收益率对比

短均线窗口	长均线窗口	基准收益率	定期检查	每日检查
5	10	18.85%	−2.37%	53.40%
	20		14.94%	30.17%
	30		−0.26%	23.55%
	60		38.75%	48.17%
	120		13.70%	25.51%
	240		18.45%	6.74%
10	20	18.85%	−14.09%	−5.59%
	30		33.99%	−14.88%
	60		45.69%	−7.55%
	120		49.94%	0.71%
	240		−5.35%	43.56%

对于均线策略来讲，窗口大小组合、交易信号检查周期等均是影响策略表现的因素，对不同的窗口大小组合，能使其表现较好的交易信号检查周期也不同。在选定特定的窗口大小组合和调仓周期的情况下，交易信号的检查只能在调仓时进行，这在一定程度上增大了滞后性，错失交易时机导致买卖不及时，进而影响策略表现，但对于其他的一些窗口大小组合并不适用这一点。

总结上述的实验结果，移动平均序列是对原序列的平滑，可在一定程度上反映证券价格变化趋势，较长的窗口大小反映较长期的变化趋势，合适的长短期趋势搭配有助于发现较好的投资机会，从而获取更高的超额收益。

8.2　基于回归的 ARIMA 自动投资策略

预测股票的走势是自动投资的一项核心需求，上一节所述的双均线就是一种对股票趋势的预判方法，本节将继续探讨如何使用一种新的方法（ARIMA 算法）对股票走势进行预测，并根据预测结果制定合理的自动投资策略。但在探讨股票预测及策略之前，我们需要引入"回归"这一基本概念，对回归方法的初步认识将有助于我们更好地掌握 ARIMA 算法及其在自动投资中的应用。

8.2.1 回归概念简述

回归（Regression）是一类监督学习方法，同时也是一种经典的科学研究思想。作为一种普遍的研究方法及思想，回归分析对于自动投资的研究至关重要，可以说迄今为止绝大多数用于证券投资技术分析的方法都在一定程度上与"回归"相关。"回归"一词最早是英国维多利亚时期的科学家弗朗西斯·高尔顿（Francis Galton）提出并使用的。高尔顿与著名生物学家达尔文（Charles Robert Darwin）二人为表兄弟，其在生物进化问题的研究上有相当高的造诣。高尔顿一生的研究贡献主要在于开创性地将统计学思想及方法引入了生物及人文社科的研究中，提出了相关性与定量研究的研究理念，引领了维多利亚时代乃至后世人文社科及生物学研究领域的发展。

高尔顿最著名的研究发现之一是他发现了父辈的身高与子辈的身高之间存在某种既定的模式与联系，并通过与其学生皮尔逊（Karl Pearson）的合作研究进一步量化了这个"既定的模式"，这便是著名的"高尔顿定律"：子辈与父辈身高的样本分布近乎一条直线，当父辈的平均身高增加时，子辈的平均身高也趋向于增加；当父辈的平均身高趋向极端时，子辈的身高则趋向回归至种群的平均身高。"子辈平均身高"可由其"父辈平均身高"以及他们"所处种群平均身高"二者进行加权平均得到。这种借由身高表达出来的生物遗传现象，高尔顿将其称为"Regression"，意为"Reversion to the mean or reversion to the mediocrity"（均值回归或平庸回归）。高尔顿的研究给出了"回归"这一概念最初始的阐述：回归是一种趋势，这种趋势总是朝着样本群体平均水平的方向，即"回归平均"。

然而，由于没有引入"变量控制"的概念，高尔顿及皮尔逊的研究结果终究只是将"回归"阐述为两个变量间在统计上的关联度，而非它们的因果关系。这与现如今"回归"的理念相差甚远，此时我们需要介绍另一位对"回归"思想作出巨大贡献的学者：尤勒。尤勒是公认的"现代统计学的先驱"之一，他继承了高尔顿与皮尔逊的思想，在他们的研究基础上提出：回归模型中应当尽可能多地融入控制变量的理念。尤勒对于"回归"理念的贡献还在于其在诸多时间序列分析问题中引入了回归方法，使得回归思想从生物遗传学单一范畴中延伸到各类自然科学领域，初步构建了针对各类研究问题进行"回归分析"的思想。

随着后世进一步的发展完善，在现代统计学中，回归分析的含义要比高尔顿时期更加广泛，主要有以下四个方面。

1.回归是一种重要的监督学习，其目的是预测分析变量间的关系。

2. 回归模型的本质是一种从自变量到因变量之间的映射，在数学层面上回归分析等价于"函数拟合"。

3. 回归分析能够从众多的自变量中判断出哪些自变量对因变量的影响是显著的，哪些是不显著的。

4. 回归平均是一种最常见的回归形式，也是回归最初的形式。在现代统计学中回归被赋予了更深刻的意义，即回归期望。"平均"是"期望"的一种特殊形式，在诸多科学问题的研究中，研究者往往无法确切地描述回归过程的期望结果，这种"期望"可以是一个数值，可以是一种类别，甚至可以是一种动态模型所表达的模式及规律。当无法将"期望"进行量化时，通常将"平均"作为一种特殊的期望。ARIMA方法是在移动平均方法基础上的进一步提升，上一节中所阐述的双均线策略本质上是一种对于均值期望的判断。

8.2.2 回归分析方法与自动投资任务形式化

一个典型的回归分析分为"学习"与"预测"两个阶段。在"学习"阶段，通常需要给定一组训练数据：

$$T = \{(x_1, y_1), (x_2, y_2), \cdots, (x_N, y_N)\} \quad x_i \in R^n, y_i \in R \quad (8\text{-}11)$$

此处，x_i是回归分析的输入，即自变量；y_i是回归分析的输出，即因变量。"学习"阶段基于给定的训练数据进行回归模型构建，即进行函数$f(x)$的拟合；在得到回归模型后，进入"预测阶段"，对于新的输入变量x_{N+1}，根据已经学习到的拟合函数$f(X)$确定相应的输出y_{N+1}，具体流程如图8-5所示。

至此，我们可以对回归分析的含义进行总结：回归分析本质是一种预测性的建模技术，是建模与分析数据的重要工具。回归分析评估了两个或多个变量之间的关联，能够表明变量之间的显著关系，也能够表明自变量对于因变量的影响强度。

回归分析的具体方法依照不同的划分规则有多种类型，如按照自变量的个数可分为一元回归和多元回归；按照自变量与因变量之间的关系类型，可分为线性回归与非线性回归等。

自动投资是一类智能投资任务（问题）的集合，从市场信息量化到行情趋势预测，从投资者意图发掘到投资组合策略生成，涵盖了大量的研究内容，因而在自动投资任务的形式化上需要进行针对性处理，并不是每一个研究环节都适合应用回归分析的方法进行求解。

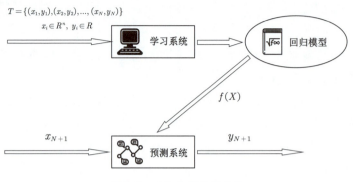

图 8-5　回归分析流程结构

回归分析擅长对序列化的数据进行建模，将输入变量与目标变量进行关系拟合，从而实现对目标变量的预测。此处的预测可以是输出数值类型（连续型）结果的定量分析，也可以是输出类别型（离散型）结果的定性分析，因而在自动投资的诸多研究问题中，市场趋势预测、投资风险分析等序列数据分析预测问题可以将其形式化为回归问题，并采取回归模型及算法进行求解。

以股价预测问题为例，假设我们知道某一上市企业在某段特定历史时期的股票价格（如每日的收盘价、开盘价等），以及在该段历史时期之前可能影响该上市企业股价的信息（如该企业前一周的营业额、利润等）。围绕这一假设，我们的目标是基于这些历史数据学习一个模型，使得该模型能够基于当前的数据预测该上市企业下一时期的股票价格。这是一个典型的以连续型结果为目的的预测任务，因而可以将该问题形式化为回归问题并加以解决，具体来说就是：将影响股价的信息视为自变量（模型的输入特征），将股价视为因变量（模型的输出结果），将历史数据作为训练数据，构建回归模型就能够对未来的股价进行预测。

将自动投资中某些特定问题形式化为回归问题并非难事，真正困难的地方在于形式化后如何进行回归问题的求解。就如上述例子中，影响股价的因素非常多，作为研究者我们未必能够准确地判断哪些信息（特征）或者信息组合对于我们的回归建模是有效的，不同种类的特征信息对于模型的贡献程度也是未知的。因而在自动投资领域中，回归问题的求解一方面依靠先进完善的建模拟合方法，另一方面也需要依靠大量的尝试及经验的引导辅助。

8.2.3　使用 ARIMA 模型的前提条件

ARIMA 模型（自回归整合移动平均模型）是经典的时序数据预测模型，由

Box 和 Jenkins 提出。ARIMA 模型的基本思想是将预测目标的历史数据表现序列作为一个随机序列进行处理,从而采用相应的数学模型来尝试解释该序列的生成过程,当这些数学模型能正确描述原始序列的产生及其变化趋势后便可通过预测目标的历史数据序列对其进行未来值预测。此方法在现代统计方法及计量经济学中已有广泛应用,其模型效率及准确性得到了业界的一致认可。

但这一方法的使用具有一定的前提条件——时序平稳性。对于时间序列而言,平稳性是极为重要的属性,它反映了该时间序列是否存在大量无法被量化及预测的随机过程成分,以及该时间序列的各项统计属性是否会随时间的推移而发生变动。

时间序列的平稳性的直观含义是指该时间序列没有明显的长期趋势、循环变动和季节性(周期性)变动,而在统计意义上,时间序列的平稳性有以下两种情况。

一、严平稳状态(Strictly Stationary)

对于该状态,有以下的定义:如果对于所有的 t,任意正整数 k 和任意 k 个正整数 $(t_1, \cdots, t_k)$,$(r_{t1}, \cdots, r_{tk})$ 的联合分布与 $(r_{t1}+t, \cdots, r_{tk+t})$ 的联合分布是相同的,则称该状态为严平稳状态。换言之,严平稳状态要求 $(r_{t1}, \cdots, r_{tk})$ 的联合分布在时间的平移变换下保持不变,这是极为严苛的平稳条件,几乎无法用经验方法验证,目前也仅存在于理论层面。

二、弱平稳状态(Weakly Stationary)

弱平稳状态又称为"宽平稳状态"或"广义平稳状态",是最常见的平稳性判定标准,它是严平稳状态的一个较弱的表现形式,有如下的定义:当存在时间序列 $\{r_t\}$,且 r_t 的均值与 r_t 和 r_{t-l} 的协方差不随时间而改变(其中 l 是任意整数),则称时间序列 $\{r_t\}$ 是弱平稳的。在实际使用中,假定有 T 个数据观测点 $\{r_t | t = 1, \cdots, T\}$,则弱平稳状态意味着样本数据所对应的时间图中,其所显示的包含 T 个数值的时序曲线会在一个常数水平上进行上下波动。

在具体问题的应用中,弱平稳性使得研究者可以对其未来观测进行推断,即保证了时序的分析预测的可行性。本书主要以弱平稳状态为时序数据平稳性的评测标准,并基于此标准做进一步分析。

对于判断一个金融时间序列是否符合平稳性标准,通常采用 ADF 校验法。由于金融数据构建的时间序列往往处于非平稳状态,其非平稳性主要源于其特征(价格、成交量等)没有一个相对固定的水平,这样的非平稳序列称为"单位根非平稳时间序列",其有以下的定义:

$$P_t = P_{t-1} + a_t \tag{8-12}$$

其中 P_t 为某一时间序列，a_t 为一个白噪声随机序列，若 P_t 满足公式（8-12），则可将 P_t 称为一个随机游走序列，该序列可以看成是一个特殊的自回归序列，但不满足自回归序列的平稳性条件，所以随机游走序列不是弱平稳的，故可将其称为"单位根非平稳时间序列"。在这样的时序模型下，对于所有的预测步长，其每一点的预测最终都会落到对序列原点的预测上，导致金融时序的相关信息无法真正实现预测。

为了检验某一金融时序是否服从随机游走，即是否为单位根非平稳时序，通常可利用以下两个模型：

$$P_t = \phi P_{t-1} + e_t \tag{8-13}$$

$$P_t = \phi_0 + \phi_1 P_{t-1} + e_t \tag{8-14}$$

上述公式中 e_t 为误差，考虑原假设对备择假设。这是一个经典的单位根检验问题，若对其做最小二乘估计，可得：

$$DF = \frac{\sum_{t=1}^{T} P_{t-1} e_t}{\delta_e \sqrt{\sum_{t=1}^{T} P_{t-1}^2}} \tag{8-15}$$

此处的 DF 称为 Dickey-Fuller 检验（简称 DF 检验），由于 DF 检验建立在随机扰动项不存在自相关的假设前提下，而绝大多数金融时序数据是无法满足此假设的，在金融时序中使用 DF 检验会出现偏差，为此需要对 DF 检验进行拓展，也就是本书所使用的"增广 Dickey-Fuller 检验"（Augmented Dcikey-Fuller Test，简称 ADF 检验）。

基于 ADF 检验的理念，主要从两个角度对检验结果进行判断。

1. P 值。P 值是 ADF 校验法最直观的判断方法，依据数学经验，P 值越小则所对应的时间序列平稳性越好。在本书中，设定当 P 值小于 0.01 时，则认为该金融时间序列达到了弱平稳状态，具备良好的平稳性。

2. ADF 统计量及假设临界值。假设临界值又称为 Mackinnon 临界值，其基于 Mackinnon 临界值表，表示在 1%、5% 及 10% 三个显著水平下拒绝原假设的可能性，当 ADF 统计量均小于 1%、5% 及 10% 三个显著水平下的 Mackinnon 临界值时，我们可认为原非平稳假设可拒绝，该时间序列达到了弱平稳状态，具备了良好的平稳性。

以中国平安（601318）及中信证券（600030）从 2016 年 1 月 4 日至 2017 年 3 月 3 日期间每日的收盘价序列为例，对这两个时间序列样本进行 ADF 检验，可得结果如下。

由表 8-4 可知中信证券（600030）的平稳性要优于中国平安（601318），从 ADF 校验结果来看，前者的 P 值为 0.0475，明显小于后者的 P 值 0.8582。中国平安（601318）的 ADF 统计量大于三个显著水平下的 Mackinnon 临界值，而中信证券（600030）仅大于 1% 显著水平下的 Mackinnon 临界值。即便如此，上述两只股票的收盘价序列仍然达不到弱平稳的要求。

表 8-4　中国平安（601318）及中信证券（600030）ADF 检验结果表

股票代码（code）	ADF 统计量（Statistic）	假设临界值（1%）	假设临界值（5%）	假设临界值（10%）	P 值（p）
601318	−0.6540	−3.4461	−2.8685	−2.5704	0.8582
600030	−2.8815	−3.4465	−2.8683	−2.5704	0.0475

基于经济学经验，绝大部分的金融时序达不到弱平稳标准，而平稳性是构建 ARIMA 模型的基础，所以针对非平稳时序需要对其进行平稳化处理。针对非平稳时序进行平稳化处理的过程等同于消除其趋势的过程，常用的平稳化方法有以下五种类别：转换法（如取对数、取平方根、取立方根）、聚合法、平滑法（如取移动平均）、差分法、多项式拟合法。同时，我们还需注意到 ARIMA 模型的构建中存在还原步骤，聚合法、平滑法及多项式拟合法处理后的股票时间序列还原难度大，故在使用中通常以转换法及差分法作为非平稳时间序列的平稳化方法。

所谓转换法及差分法是指对原始时间序列分别做取对数转换和做一阶差分，对处理后的时间序列再进行平稳性校验，下面以中国平安（601318）从 2016 年 1 月 4 日至 2017 年 3 月 3 日期间每日的收盘价序列为例展开对平稳化处理方法的研究。如表 8-5 所示，以 ADF 检验进行判断，下表为相关结果：

表 8-5　中国平安（601318）时间序列平稳化处理后 ADF 检验结果

股票代码（code）	取对数法-统计量（Statistic-log）	一阶差分法-统计量（Statistic-diff）	取对数法-P 值（p-log）	一阶差分法-P 值（p-diff）
601318	−0.9060	−8.4144	0.7859	2.0617*10-10

由表 8-5 可知，非平稳时间序列在经过一阶差分处理后已经达到平稳，且平稳性优良，而取对数转换法则没能很好地进行平稳化处理，本书以差分法作为非平稳时序的平稳化处理方法，并将处理后的时序数据用于构建 ARIMA 模型。

8.2.4　ARIMA 模型的基本理论

ARIMA 模型，全称为 Autoregressive Integrated Moving Average，意为自回归移动平均模型，该模型是一种用于时序分析及预测的经典模型，常用于销售量、税收等经济量的分析及预测中，在股票价格的分析及预测问题上也有一定的应用，同时也取得了一定的成果。

ARIMA 模型本质上是一套混合模型，其主要由三个部分组成：

1. AR（Autoregressive，自回归模型）；
2. MA（Moving Average，移动平均模型）；
3. Difference（n 阶差分模型）。

所以 ARIMA 模型可有以下表述：

$$\text{ARIMA}(p,d,q) = \text{AR}(p) + \text{Difference}(d) + \text{MA}(q) \qquad (8\text{-}16)$$

其中 p、d、q 分别为 AR、Difference 及 MA 模型的阶数。ARIMA 模型的构建重点在于 AR、Difference 及 MA 三个模型的定阶，现对这三个模型进行详细分析。

AR(p)，p 阶自回归模型，自回归模型认为当前值是过去值的加权求和结果，即当前时刻的数值是由历史时刻的数据通过某一加权模型线性叠加而成，其理论定义如下：

$$X_t = \delta + \phi_1 X_{t-1} + \phi_x X_{t-2} + \cdots + \phi_p X_{t-p} + u_t \qquad (8\text{-}17)$$

其中 u_t 代表白噪声，δ 为常数（用于避免 AR 模型陷入零均值化）。

MA(q)，q 阶移动平均模型，MA 模型代表了历史数据中白噪声的移动平均，其理论定义如下：

$$X_t = \mu + \theta_1 u_{t-1} + \theta_2 u_{t-2} + \cdots + \theta_q u_{t-q} + u_t \qquad (8\text{-}18)$$

其中 u_t 与 AR 模型中的一样，均代表白噪声过程。

Difference(d)，d 阶差分模型，该模型源于时序数据的平稳化过程，若对原始时序进行一阶差分的平稳化处理，则 $d=1$，该模型的定阶由时序平稳化处理过程决定。

综上所述，ARIMA 模型的理论定义如下：

$$W_t = \delta + \phi_1 X_{t-1} + \phi_2 X_{t-2} + \cdots + \phi_p X_{t-p} + \mu +$$
$$\theta_1 u_{t-1} + \theta_2 u_{t-2} + \cdots + \theta_q u_{t-q} + u_t \quad (8\text{-}19)$$

基于 ARIMA 构建股票时序预测模型的整体过程如图 8-6 所示。

ARIMA 模型对 AR 及 MA 组分进行定阶可采用 ACF（Autocorrelation Function，自相关函数）及 PACF（Partial Autocorrelation Function，偏自相关函数）。其中，ACF 函数描述了时间序列当前值与历史值的线性相关性，即时间序列与其自身滞后序列之间的关联性。PACF 函数则描述了在给定中间观测值的情况下时间序列前后的线性相关性。二者对于 AR 及 MA 组分的定阶至关重要。

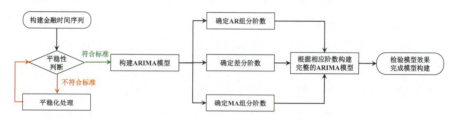

图 8-6　基于 ARIMA 构建金融时序预测模型的流程示意图

此处同样以中国平安（601318）为例，对上文中平稳化处理后的时序构造 ACF 及 PACF，其结果如图 8-7 所示：

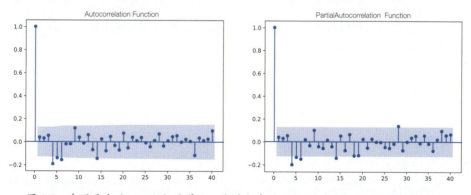

图 8-7　中国平安（601318）平滑化一阶差分序列 ACF 图（左）与 PACF 图（右）

通过对 ACF 及 PACF 的观察可得：ACF 图在滞后 6 阶之后自相关系数呈正弦形式波动（14 阶时可视为误差），PACF 图在滞后 1 阶、4 阶、5 阶、6 阶等时偏自相关系数超出置信边界（14 阶及往后可视为误差），可以认为在 6 阶之后偏自相关系数逐步震荡缩减至 0。这种"震荡缩减至 0"的现象称为"截尾"，ACF 在 q 阶之后截尾则 MA 组分可定阶为 q，PACF 在 p 阶之后截尾则 AR 组分可定阶为 p。

综上所述，可得 AR 组分定阶 p 为 6，MA 组分定阶 q 为 6。则所构建的 ARIMA 模型为：

$$\text{ARIMA}(6, 1, 6) = \text{AR}(6) + \text{Difference}(1) + \text{MA}(6) \quad (8\text{-}20)$$

此处需要注意的是 ARIMA 模型不具备泛用性，需要针对不同金融品种样本构建对应的模型，例如上述构建的 ARIMA(6, 1, 6) 模型对于中信证券而言可能就完全不适用，需要再次进行参数的设定。

8.2.5 实验设计与投资结果分析

ARIMA 模型能够从历史数据中学习特定样本的趋势和走向，从而拟合出一个复杂的公式以解释样本的生成过程，这一方法可以很容易地用于自动投资中，通过对股票历史数据的学习拟合，从而对股票在未来的涨跌趋势作出判断，进而产生买卖的信号。

在理论研究中，常用于评价 ARIMA 模型优劣的标准有以下三种：AIC（Akaike Information Criterion，赤池信息准则）、BIC（Bayesian Information Criterion，贝叶斯信息准则）以及 RMSE（Root Mean Square Error，均方根误差）。但对于自动投资策略而言，投资收益是最直观也是最根本的标准，本书将以收益率为衡量指标，度量 ARIMA 模型在自动投资中的效果。

基于 ARIMA 模型可以构筑诸多自动投资策略，本书在此以一个相对简单的策略及其市场回测情况为例，旨在抛砖引玉鼓励读者在此基础上扩展出属于自身的投资策略。

基于 ARIMA 模型的自动投资策略的实现分为以下几个步骤。

1.确定自动投资的范围（买什么？卖什么？）。自动投资的范围包含两个层次，一个是投资标的上的范围，另一个是时间上的范围。本书在示例中以上证 50 指数中 50 只成分股为选取投资标的上的范围，策略的回测时间从 2020 年 7 月 1 日至 2020 年 12 月 31 日，回测的初始资金为 100 万元。

2.确定投资标的的买卖（怎么买？怎么卖？）。ARIMA 模型能够依据历史数据得到对未来趋势的预测，但正如前文所述，每一个时序样本的情况都千差万别，因此需要针对不同的样本构筑 ARIMA 模型。放在本文的例子中，需要对上证 50 指数中 50 只成分股的每一只都单独构建匹配的 ARIMA 模型，选取交易前 30 个交易日的历史收盘价序列作为训练数据。基于 ARIMA 模型对于趋势的预测结果确定买卖策略：如果预测结果显示未来该股票价格上涨，则买入该股票（若该股票已经买入过且未平仓则继续持有）；如果预测结果显示未来该股票价格下跌，则卖出该股票（若该股票没有持仓，则不作任何动作）。在实践中需要考虑一个特殊情况，即 ARIMA 模型做单步（One-step）预测时，会出现预测值与当前时刻的值一致，其原因在于 ARIMA 模型所学习到趋势变动量太小以至于预测值相比当前时刻值几乎没有变化，面对这一情况时，本策略对此采取的操作是：若已经持仓该股票，则继续持有，不增持也不卖出；若尚未持仓，则继续观望，不买入。

3. 确定买卖的周期与数量（买多少？卖多少？）。调整投资组合中各个投资标的的仓位占比是一门高深的学问，涉及复杂的组合优化及相关理论。本策略为了使读者能够简单掌握，采取了较为直接的买卖份额操作，买卖的调仓周期也设置为 1 天，即每一个交易日都会对每只股票的 ARIMA 模型进行更新，得到下一个交易日的预测情况，并根据预测情况进行仓位调整。需要从投资组合的视角进行对于买卖操作的阐述。对于买入操作而言，分为两类情况。

（1）回测的初始状态下，投资者持有的全部是现金，没有任何股票持仓，此时根据 ARIMA 模型的预测，得到一批可买入的股票，则将所有现金平均到这些股票上进行买入，即买入时所有的股票市值保持一致。例如，通过预测结果发现第二日有 10 只股票价格上涨，则买入这 10 只股票，此时投资者手里有 100 万元初始资金，每一只股票能够平均分配到 10 万元资金进行买入。

（2）在回测的过程中，此时投资者已经有一些持有的股票，此时根据新一轮的 ARIMA 模型预测，可以得到下一个交易日的涨跌情况，从而得到新一轮的买卖信号。依据该买卖信号，得到新的股票继续持仓及买入的列表，将现有持仓股票的总市值与流动现金相加后，平均分配到这些在下一个交易日继续持有、增持或者买入的股票上，并采取"多退少补"的思想，将这些股票的市值调整为一致的。

例如，在 t 时刻投资者持有 A、B 两只股票，各自市值为：A55 万、B65 万。通过模型判断在 $t+1$ 时刻，A 股票继续上涨，B 股票下跌，还有额外 C、D 两只股票会上涨，此时则对 B 股票进行平仓处理，将 65 万元市值转换为流动现金，在 $t+1$ 时刻之前需要保持 A 的仓位并对 C 和 D 进行买入建仓，此时 A 股票市值 55 万元加上 65 万元流动现金共 120 万元，对于 A、C、D 三只股票来说，每一只股票的市值都应该为 40 万元，显然此时 A 股票仓位过大，卖出 15 万元的 A 股票，将 A 股票的市值降为 40 万元，卖出 A 股票获得的 15 万元现金和已有的 65 万元现金合并，分别买入 C 股票与 D 股票各 40 万元，至此完成买入操作。

对于卖出操作而言，策略的设定就更加简单，一旦接收到卖出信号，则直接将持有的某只股票全仓卖出。

相关的回测实验设置如表 8-6 所示：

表 8-6　基于 ARIMA 策略的回测实验参数设置

控制的参数	取值
股票候选集合	上证 50 指数成分股
比较基准	上证 50 指数
调仓频率	每 10/5/1 个交易日
ARIMA 训练数据长度	30/60/90 个历史交易日
模型更新频率	与调仓频率一致
回测实验时长	6 个月
回测起始日期	2020 年 7 月 1 日—14 日
回测结束日期	2020 年 12 月 31 日
初始资金	1000000 元

相关的回测实验结果展示如表 8-7 所示。

表 8-7　基于 ARIMA 策略的自动投资回测结果

ARIMA 训练数据长度	调仓频率（天）	回测起始时间	指数收益率	策略收益率
30	1	2020-07-01	20.95%	12.69%
60	1	2020-07-01		13.10%
90	1	2020-07-01		14.57%
120	1	2020-07-01		2.79%

在初步实验中，我们比较了不同训练数据长度对于策略收益率的影响。在此实验中每一个交易日都进行调仓与模型的更新，随着训练数据逐步从 30 增加至 90，策略收益率也从 12.69% 提升至 14.57%，但随着训练数据进一步增大至 120，策略收益率骤降为 2.79%，其原因在于：每日调仓意味着进行短期操作，太长的训练数据使得 ARIMA 模型捕捉到的是股票的长期趋势而非短期起伏，这对于短期操作而言是不利的。而在一定限度内适当增大训练数据的规模，能够帮助 ARIMA 模型学习到更多时序相关的信息，进而更加有效地拟合股票的短期走势特征。

同时，本文针对不同调仓频率下的策略收益率也做了进一步的实验。借鉴控制变量法的思想，此时实验中所有的 ARIMA 模型均采用 90 天的训练数据长度，并更改了回测起始日期以探究策略在不同情况下的有效性，相应的结果如表 8-8

所示。

表 8-8 更改调仓频率及回测起始日期后的回测结果

ARIMA 训练数据长度	调仓频率/天	回测起始时间	指数收益率	策略收益率
90	5	2020-07-01	20.95%	14.84%
90	5	2020-07-02		10.06%
90	5	2020-07-03		3.84%
90	5	2020-07-06		1.05%
90	5	2020-07-07		4.02%
90	10	2020-07-01		16.67%
90	10	2020-07-02		8.77%
90	10	2020-07-03		10.25%
90	10	2020-07-06		0.12%
90	10	2020-07-07	20.95%	5.06%
90	10	2020-07-08		1.60%
90	10	2020-07-09		9.21%
90	10	2020-07-10		9.69%
90	10	2020-07-13		21.27%
90	10	2020-07-14		14.47%

不难发现，在所有的实验中，仅有训练数据长度为 90、调仓周期为 10 天、从 2020-07-13 开始的投资回测中，策略所取得的收益率 21.27% 大于指数收益率 20.95%，其余情况下，策略收益率均处于 10% 左右；在 2020-07-06 与 2020-07-07 开始的投资回测，策略收益率甚至一度低至 0.12%。因而可以判断采用 ARIMA 模型的自动投资策略受到训练数据长度、调仓频率以及投资起始日期等多方面因素的影响，对于基于 ARIMA 模型的自动投资策略而言，精确调参和多次回测累积经验是不可或缺的。本文仅以一种浅显易懂的策略实现了对 ARIMA 模型的应用，在具体实践中仍有很多值得进一步完善与探究的内容等待大家发掘。

本章习题与实训

一、选择题

1.（单选）对于日线，通常使用 _____ 来计算移动平均序列。

   A. 开盘价

   B. 收盘价

   C. 最高价

   D. 最低价

2.（单选）为了避免未来数据的影响，通常采用 _____ 移动平均方式计算移动平均值。

   A. 左侧

   B. 右侧

   C. 双侧

3.（单选）对于加权移动平均，在仅使用左侧数据时，如需缓解滞后性，以下几种权值序列较为合适的是 _____。

   A. $\{1,1,1,1,\cdots 1\}$

   B. $\{1,2,3,4,\cdots k\}$

   C. $\{k, k-1, k-2, \cdots, 3, 2, 1\}$

4.（单选）回归是一类 _____ 学习方法。

   A. 监督

   B. 无监督

   C. 半监督

5.（多选）典型的回归分析主要包括哪两个阶段？

   A. 学习

   B. 拟合

   C. 分析

   D. 预测

6.（多选）ARIMA 模型是由哪三个部分组成的？

   A. 自回归模型

B. 移动平均模型

C. n 阶差分模型

D. 多项式拟合算法

E. 指数平滑算法

7.（多选）判断一个时序样本是否达到平稳状态可以通过 ADF 检验，其中有哪些值得参考的数值？

A. P 值

B. ADF 统计值

C. 假设临界值

D. RMSE 值

8.（多选）ARIMA 模型的构建中需要确定哪三个组分的阶数？

A. AR

B. Difference

C. SVR

D. MA

二、填空题

1. 设有如下时间序列：{20.75，21.14，21.49，21.93，22.01，22.65，22.34}，则该序列在窗口大小为 4 时的左侧移动平均值为 _____（精确到小数点后两位）。

2. 时间序列的平稳性分为 ____ 和 ____，通常在实践中采用 ____ 作为衡量时序平稳性的标准。

三、简答题

1. 试结合左侧移动平均值计算公式解释：当给定窗口时，为何原始序列的前 个位置无法得到移动平均值？

2. 用自己的话简述移动平均方法存在滞后性的原因，可借助绘图等方式辅助说明，你有何改进的思路？

3. 你更偏向于短线操作还是长线操作？你会如何针对自己的偏好来选择均线窗口搭配？简述你的想法。

4. 如果不是使用两种均线，而是使用三种或更多种均线，你会如何利用这些均线进行交易信号的检查？简述你的思路。（开放性题目，言之成理即可）

5. 如何检验时间序列的平稳性？请以一只股票的真实数据为例，阐述检验的过程与结论。

6. 对于非平稳时间序列如何进行平稳化处理？举例说明处理方法各自有哪些优势和弊端。

7. 选取一只股票，检验其数据的平稳性，并用 ARIMA 模型对其趋势进行预测。

8. 结合 ARIMA 模型设计一个投资策略，简述如何使用该策略进行股票的买卖。

第 9 章

智能博弈决策的模型和算法

在 Artificial Intelligence: A Modern Approach 一书中，作者提到"在不确定环境下制定策略需要结合信念与愿望"。这句话清晰地指出行为决策的生成建立在概率与效用相结合的基础上，其中概率代表了制定决策所需的"信念"因素，即"相信什么"；而效用则反映了行为的偏好，是达成目标、满足需求的一种度量形式，即"想要什么"。在投资领域中，博弈决策不仅需要同时对概率和效用进行计算，还需要考虑其时序性演化的特性，由此产生了对策略迭代、学习进化的多种需求。本书从时序演化的投资策略架构出发，逐步展示各种方法在自动投资决策中的应用。

9.1 基于时序窗口演化的自动投资策略构建

与常见的机器学习方法不同,自动投资策略并不只是一次性"训练—验证"的模式。这与真实投资方式息息相关,市场每时每刻都在发生变化,这就意味着自动投资的策略不是一成不变的,而是应该随着时间的推移,根据当前最新的市场信息逐步完善的,简言之,其遵循一种"训练—验证—再训练—再验证……"的时序递进模式。这一模式的整体结构如图9-1所示。

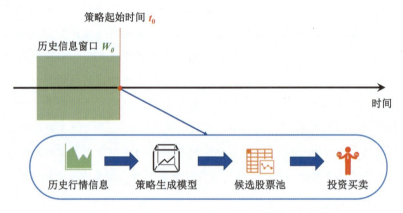

图9-1 自动投资策略在初始时间点的框架结构示意图(静态)

在任意时刻,自动投资的时序性结构分为三个部分:一是历史信息窗口 W;二是当前时刻 t;三是依据历史行情生成买卖操作。其中,历史信息窗口 W 决定了在这一时刻进行投资策略制定时需要参考此前多久的历史行情数据,比如在今天进行投资操作前需要对前两周的股票市场行情进行分析,其中的"两周"就是历史信息窗口 W 的窗口大小,它既可以是时间型的描述(如"两周""三个月"和"一年"等)也可以是具体数值型的表达(如"10个交易日"等);当前时刻 t 的作用在于为自动投资策略在时间轴上的位置进行标定;"依据历史行情生成买卖操作"则是自动投资时序性结构中最关键也最为复杂的一环,它包含以下四个基本步骤。

1.历史行情信息获取。依据历史信息窗口 W,从历史行情数据中截取适量的历史数据用于后续的步骤。

2. 策略生成模型构建。这一步的目的是通过"分类""预测"等手段,依据股票的历史行情数据对其进行分析,并进一步将分析结果抽象为股票市场的筛选条件。

3. 候选股票池建立。计算模型能够将历史行情转换为适合当前环境的股票筛选条件,而依据这些筛选条件能够对整个股票市场进行过滤,从而得到有潜力、可考虑进行后续买卖操作的候选股票池。

4. 自动投资买卖执行。当拥有了候选股票池之后,按照仓位配置等综合策略选择当前在池中的部分股票对象执行买卖操作。

需要注意的是,在自动投资时序结构中,"依据历史行情生成买卖操作"发生在每一个需要进行处理的时刻,通常本书将这类时刻称为"调仓"时刻,意味着需要对历史信息窗口进行迭代,并根据新的历史行情数据训练对应模型,进行买卖并调整持仓。这也是自动投资结构的时序性演化的表现,图 9-2 通过一个简单的示例展示了时序窗口演化的过程。

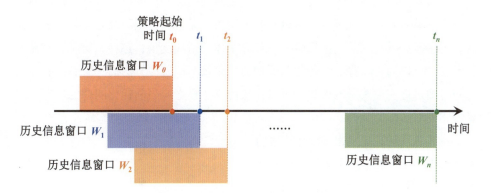

图 9-2 自动投资策略的时序窗口演化过程示意图

如图 9-2 所示,在整个自动投资策略的执行期内包含 $n+1$ 个需要进行操作的时间点($t_0, t_1, t_2, \cdots, t_n$),每一个时间点对应一个历史信息窗口($W_0, W_1, W_2, \cdots, W_n$),所有的历史信息窗口都保持固定的窗口大小,随着时间点的变动逐步朝着时间轴正方向移动,这一设定保证了在任意需要进行买卖操作的时间点处进行分析处理的都是最近的历史行情数据,保障了策略生成的时序有效性。

基于时序窗口演化的自动投资策略构建遵循两个原则:一是在时间轴上逐步递进;二是在每一个时间点对历史信息、策略模型、候选股票池、买卖操作等进行迭代更新。一个良好的自动投资策略的生成与执行需要遵循以上两项原则,但时序窗口演化仅是策略构建的一个框架,这个框架可根据需要自行配置,包括选择不同的策略生成模型、不同的买卖操作方法等。本书将以四种常见的策略生成方法为例,介绍如何将各类智能模型与自动投资策略构建框架相结合。

9.2 基于遗传算法的自动投资方法

大自然中存在着众多有趣的自然现象,如生物变异、鸟类迁移、蚂蚁搬家……在计算机科学中,有不少学者通过对自然现象和社会模型的模拟而设计出了一系列的演化算法应用到最优化问题的解决当中。在众多演化算法中,遗传算法是一种经典的、模拟自然选择过程的启发式算法,它通过借鉴进化生物学中的一系列现象发展起来,这些现象包括基因选择、基因交叉、基因变异等。

遗传算法具有众多的优势。它可以直接对问题编码后的结构进行操作而不需要考虑函数可导性和连续性,可以很好地适用于无法通过函数求导进行求解的问题;遗传算法具有天然的并行性,在计算个体的适应度值,选择、交叉、变异等算子上,可以通过将算法并行化从而加速优化效率;遗传算法拥有概率化的寻优特点,通过适应度算子的设计,可以让遗传算法自适应当前优化问题的边界,调整搜索方向。

遗传算法的思想是很多演化算法的基本框架。图 9-3 所示是遗传算法的基本流程。在遗传算法中,优化问题的解通常被称为个体,它通过一定的编码方式表示为一个变量序列,称为基因。在开始演化过程前,通过一定的随机算法生成一定数量的个体,被称为初始化种群。为了保证该初始化种群的质量,通常会对初始化算法进行特定修改,从而提高初始化种群的有效性。

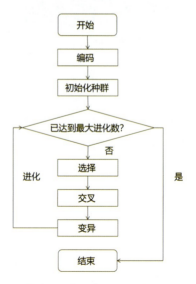

图 9-3 遗传算法流程示意图

初始种群在进入演化流程后,将通过适应度评估函数来评价种群中每个个体的适应度值,该函数形成了个体到适应度值的映射。适应度值可以看作个体在环境中的生存能力,代表了该解决方案的优劣。适应度值高的个体在这个"适者生存"的世界中,更容易生存下来,并繁衍后代,这也意味着具有高适应度值的个体基因会有更高的概率被保留下来,遗传给下一代。遗传算法中的选择、交叉和变异等生物启发算子正是对生物遗传现象的模拟。

选择算子是将当前种群中的个体根据适应度进行择优选择,具有较高适应度的个体将被保留下来,剔除不能适应环境的个体,提高整体种群对环境的适应能力。选择函数通常有轮盘赌算法、随机竞争算法、最佳保留选择等。

交叉算子有丰富的种群多样性,可以探索更优解。交叉算子模拟生物基因交叉的过程,将两个个体的基因片段进行适当交换,从而形成新的后代,新后代在一定程度上兼具了父代个体优良的基因。交叉算子常见的方法有单点交叉算子、多点交叉算子、均匀交叉算子等。

变异算子是模拟基因的突变过程,从而形成新的个体,它有丰富种群多样性的功效;将个体的基因片段用其他等位基因进行替换,替换后即可生成两个新的个体。常见的变异算子有基本位变异、均匀变异等。

可以将遗传算法的基本流程分为以下三步。

1. 随机初始化优化问题得到初始解决方案集合。

2. 对初始解决方案采取一定的编码方式,从而得到初始种群。

3. 初始种群进行演化流程。对种群个体进行适应度评估,接着进行遗传算法的选择、交叉、变异等算子操作,从而生成新一代种群。判断是否满足演化的终止条件,不满足终止条件的,利用新一代种群继续进行步骤3;满足条件的,则退出遗传算法的优化流程。

遗传算法并不能保证搜寻到的解决方案是问题的最优解,但是它不需要使用者了解如何去寻找最优解,只要从种群中去除或者说否定一些表现不好的个体即可让搜索的解接近最优解。

9.2.1 策略种群遗传算法

自动投资策略发展至今延伸出了许多类型的策略,其中最为常见的是前文所述的多因子筛选策略。多因子筛选策略是指在一个多因子的集合上,确定每个因子的取值范围,利用这个多因子集合在所研究股票集合中筛选股票。对于每只股票,如果满足该多因子集合中每一个因子的取值范围,则放入股票池中,并在后续的投资操作中对股票池内的股票进行持有。

本节将遗传算法的思想应用于多因子筛选策略的优化当中，对遗传算法的各个步骤进行设计，包括策略种群初始化、策略编码、策略适应度评估、策略选择、策略交叉和策略变异等步骤，从而解决多因子筛选策略优化中所触及的难点。首先将遗传算法和投资策略的术语进行统一。遗传算法中所提到的种群，可以看作一个策略的集合，个体则对应每一个策略。基因可以看作是策略中的各个因子的筛选条件。每个因子筛选条件包含了上边界和下边界，因此基因在表示时需要确定每个因子的上下界。致死型个体是指遗传中出现无法正常发育而被自然淘汰的个体，在文中特指无法筛选出任意一只股票的多因子筛选策略，**即空仓策略**。

一、策略种群初始化

种群的初始化是在可行域内生成若干个初始解。策略的搜索空间巨大，以一个拥有 10 个多因子的策略为例，在采用后文所述的编码方式时，若编码的实数值精度为 0.001，则基因中的每个数值均有 1000 种选择，10 个因子的情况下基因中共 20 个数值，其搜索空间大小为 1000^{20}，即 10^{60}。但是策略搜索空间中大部分策略都无法筛选出任何一只股票，例如在使用后文所述的编码方式时，必须保证下界小于上界，也就是上述搜索空间中有约一半的策略并不合法，显示了策略搜索空间的稀疏性。为了得到一个有效的初始化种群，采用随机投资组合的方式来生成初始化策略集合。该方法的基本思想是对股票集合采样出若干只股票组成一个投资组合，并在投资组合上统计多因子集合的取值区间，将统计结果作为各个因子的区间下界和区间上界的取值，从而得到一个初始化策略。

算法的整体执行可分为以下 4 个步骤。首先需明确算法的输入与输出：

输入：股票集合 S，因子集合 F，最小采样数 a，最大采样数 b，种群大小 s；

输出：策略集合 D；

步骤 1：从股票集合 S 中采样出一个股票子集 P。该子集的大小满足 $a = |P|$；

步骤 2：对于因子集合 F 中的每个因子，统计该因子在股票子集 P 上的最大值 max 和最小值 min；

步骤 3：根据各个因子取值范围构建该策略，并优化该策略（具体优化方法见后文），且保证策略可筛选出的股票数量 P' 满足 $a \leq |P'| \leq b$；

步骤 4：重复以上三个步骤，直至生成大小为 s 的策略集合 D。

由于投资组合是随机构建的，采样情况有可能如图 9-4 所示，采样所得的股票子集的某个因子最大值和最小值与整个股票池的最大值、最小值一致，这时再去依据此条件对原来的股票池进行筛选,会导致所有股票都满足条件,也就是该条件实质上无效,在极端条件下会导致全部筛选条件失效,因此在采样时需要给出最大采样数 b。

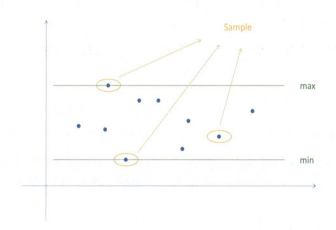

图 9-4　投资组合采样情况示意图

二、策略编码

编码是遗传算法中将问题解决方案转化为固定结构的过程,它将影响到后面的选择、交叉、变异过程,很大程度上影响到遗传算法的效果。在对多因子筛选策略进行编码设计时,为了让遗传算法不仅具有能够优化各个因子上下界的能力,同时要让遗传算法兼具筛选有效因子的能力,为此在策略编码时引入了多因子掩盖编码,用于控制策略中多因子的表达。该方法能让有效因子随着遗传算法的迭代得到筛选。在对多因子编码时,采用了实数编码方式对策略进行编码。如图 9-5 所示,这是一个策略编码后的形式。整个策略编码可以分成左右两部分。左边部分为多因子筛选条件编码部分,下文简称多因子编码部分。该部分对策略各因子的上下界进行编码。多因子编码部分编码了 n 个因子,共拥有 $2n$ 个基因位,即对应着 n 个因子的区间上界和区间下界;右边部分为掩盖编码部分,该部分共有 n 个基因位,分别一一对应 n 个因子,代表各因子在策略中的表达情况。

因子区间上界和区间下界的取值为实数,本文采取如下方法进行基因的编码,如图 9-5 所示。对于当前策略 s 中包含的每个因子 f,其上界 max 和下界 min 均是介于 0 至 1 的实数值,其数值的含义是因子排名的上 / 下界与可交易股票总数的比值,称为排名比例值,即设当日可交易股票总数为 N,所有 N 只股票的因子 f

按照一定的方式进行排序后，若某只股票的排名为 r，那么其排名与可交易股票总数的比值 pct 为：$pct = r / N$，当比值 pct 满足 $\min \leq pct \leq \max$ 时，认为此股票符合策略 s 的筛选条件，否则不满足。

图 9-5　策略编码示意图

通过上述方式可以得出因子 f 的上下界编码。在一个策略 s 中，不同因子具有不同的 max 和 min。掩盖编码部分具有与因子数相同的长度编码，与基因部分不同，掩码部分采用布尔值进行编码，当对应掩码位是 1 时，代表因子将在策略中表达；当掩码位是 0 时，表示因子将被抑制表达，也相当于其对应的因子上下界分别为 0 和 1。

三、策略适应度评估

适应度值代表了个体在环境中的生存优势程度，可区分个体的好坏。投资中有一个常规的特点，即投资组合的预期收益越高，投资人所承受的波动风险也越高；反之，投资组合的收益越低，投资人所承受的波动风险也越低。通常，理性的投资者希望在给定风险水平下，使策略所产生的投资组合的回报率能够更大。这个核心思想可以通过信息比率来衡量。如公式 9-1 所示，其中 $E(R_p)$ 为投资组合预期收益期望，$E(R_b)$ 为市场基准的收益期望。TE 为投资组合超额收益的标准差。适应度 $fitness$ 计算如公式 9-2 所示。

$$IR = \frac{E(R_p) - E(R_b)}{TE} \quad (9\text{-}1)$$

$$fitness = \begin{cases} IR, & \text{有投资记录} \\ -\infty, & \text{无投资记录} \end{cases} \quad (9\text{-}2)$$

四、策略选择

遗传算法的选择阶段是为了把优化的个体遗传到下一代当中，选择操作是建立在群体中个体的适应度评估基础上的。本文采用改进的轮盘赌算法作为选择算子。轮盘赌算法的基本思想是通过让个体进入下一代的概率和它的适应度值成正比，从而让具有高适应度的个体有更大概率被保留下来。轮盘赌算法将每个个体看作轮盘上的区域，个体适应度越高，个体在轮盘中对应的面积越大，当滚动轮盘指针停止时落入范围的概率也越大，具体计算流程如下：

输入：策略集合 D；个体适应度 $S_i, i = (1, 2, \cdots, |D|)$；

输出：选中个体 d_1 和 d_2；

步骤 1：从 D 中剔除适应度值满足公式 9-3 的策略个体，获得新的策略集合 D'；

$$S_i = -\infty, i = (1, 2, \cdots, |D|) \tag{9-3}$$

步骤 2：获得剩余策略集合 D' 中适应度最小值 min；

步骤 3：根据以下公式计算各策略个体 d_i 被选中的概率：

$$p(d_i) = \frac{S_i - \min}{\sum_{j=1}^{m}(S_j - \min)} \tag{9-4}$$

步骤 4：根据步骤 3 中计算的策略概率，抽样得到两个策略个体 d_1 和 d_2。

五、策略交叉

遗传算法的交叉阶段模仿生物遗传基因的重组过程。所谓交叉是指把两个父代个体的部分结构通过一定的方式进行替换从而生成新的个体。通过交叉操作，可以加强种群的多样性，促进遗传算法的搜索能力。

交叉可采用两种方法：

一是单点交叉，设染色体中共有 n 个基因，随机选取 k 满足 $1<k \leqslant n$，以第 k 个基因为界，将双亲染色体的前 $k-1$ 个与后 $n-k+1$ 个基因进行交叉互换得到子代；

二是均匀交叉，对双亲染色体上的每个基因均以一个给定的交叉概率 pc 进行交叉判定，如果判定需要交叉，则将对应的基因进行交叉互换，全部判定结束后得到子代。

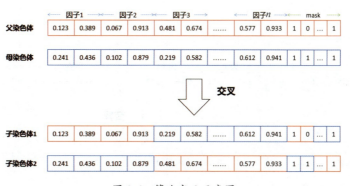

图 9-6　策略交叉示意图

以上述的单点交叉方式为例：首先利用交叉概率 pc 判定是否进行此次交叉，判定失败则退出此次交叉过程，判定成功则继续进行。对具有 n 位基因的亲代染色体，随机产生一个 k 满足 $1 < k \leq n$ 作为切分点，交叉过程即将两个染色体切分点两侧的基因进行互换。如图 9-6 所示，展示了如何在父染色体和母染色体之间生成新的两个子代染色体。由于基因的编码中还包含了掩码，该部分的每个二进制位与基因一一对应，因此交叉时掩码部分按照相同的切分点进行切分并交换。

六、策略变异

遗传算法的变异阶段，是对基因中编码的值产生随机变动的过程。变异可以给遗传算法带来局部的随机搜索能力，还能使种群的多样性更加丰富。对于每一个个体，都有概率进入变异阶段。进入变异阶段的个体在编码上随机选取一个基因进行变异。变异阶段完成后将给出新的策略。

对于本文使用的基因，由于编码是基于区间的实数值编码，变异时不能简单地像二进制一样按位取反。可以选取的思路是重新随机生成因子对应的上下界，即随机选取两个介于 0 与 1 的实数值，且保证它们的差必须大于一定的阈值。这有可能会导致致死型个体的出现，其原因可能是重新随机后得到的筛选条件过于严苛，得到的符合条件的股票几乎没有。由于存在致死型个体的自动剔除机制，即使变异算子产生了这种策略，也可以在之后被淘汰。

图 9-7 展示了策略变异的过程，其具体计算流程如下：

输入：变异概率为 pm；具有 n 位基因的个体 d_1；

输出：变异个体 d_2；

步骤 1：利用概率 pm 进行判定，判定成功进入步骤 2；判定失败，则结束变异流程，返回 d_1；

步骤 2：随机选取一个 k 满足 $1 \leq k \leq n$，按照范围重随机的方法对其上下界重新调整，同时掩码位也可随机选出一位进行按位取反，完成变异流程后返回新个体 d_2。

图 9-7 策略变异示意图

七、策略优化

上述交叉与变异方法并不能够保证总是可以产出有效的个体，这里的有效的个体指的是满足以下条件的策略：即符合此策略筛选条件的股票必须存在，并且其数量要介于种群初始化时设定的最小采样数 a 和最大采样数 b 之间。对于交叉方法，可尝试将亲代染色体中对应基因的上下界共计四个数值重组成新的两两一组的区间来调整，也可对上界或下界单独进行随机数值调整；而对于变异方法，可直接采用上下界的随机数值调整。

如果考虑熊市期的空仓策略是有效的情况，则可考虑保留适量比例的空仓策略样本。

种群的迭代进化不一定能够保证子代表现要优于亲代，也就是子代最高适应度总是能大于亲代最高适应度。为了使迭代进化得到的适应度总是能够有所提高，可以采取的一种方法是借鉴被称为"精英重组"的选择算子，在得到子代个体后，仍会将亲代适应度高的个体进行保留，直接加入下一代中，这可以保证总能将适应度较高的个体保留下来。

当策略无法生成对应的**投资记录**时，一般为该策略在整个回溯测试时期保持空仓，即策略的筛选条件未能从股票池中筛选出任意一只股票进行操作，为了让策略不空仓，本书采取了淘汰此类策略的方式，给予适应度值为负无穷。适应度值为负无穷的策略将在选择算子阶段被遗弃，无法进入下一代。股市呈现熊市时，即使空仓也会使信息比例大于 0，如果此时适应度值仍然等价于信息比例会导致遗传算法偏向于选择筛选不出股票的策略进行优化，因此增加了致死型个体剔除机制，将适应度值为负无穷个体进行标记，方便选择算子剔除。策略有投资记录时，适应度值即为信息比例值，后续启发式算子可继续对策略进行优化。

9.2.2 自动投资实验设计及结果分析

这里的实验将选取一段时间的历史数据来验证遗传算法策略的表现，采取的方式是对选定的历史时期进行每个交易日的迭代回溯。以下使用上证 50 指数成分股作为股票池，选定的回测时段为 2020 年一个自然年，并将基准的大盘指数在回测时段的表现作为对比来探究本策略的有效性。使用的遗传算法策略参数如表 9-1 所示，本实验以策略相对基准表现的超额收益作为衡量标准。

在迭代回测实验中，对于每个需要进行调仓的交易日 t，选定该交易日之前的一段时间 T（前两个月）作为训练数据，使用上文所述的遗传算法得到适应度最

高的 k 个策略，将当前正在使用的 k 个策略和新训练生成的 k 个策略进行合并，筛选出这一轮的新 k 个策略，随后通过加权平均的方式得到最终使用的策略，并使用这个新的策略用于当前交易日 t 的交易。在此处的实验中，我们将对回测期间内每个交易日都使用遗传算法进行训练并得到相应的交易策略。

表 9-1　遗传算法策略参数

参数	取值
基准	上证 50 指数
初始资金 / 元	1000000
交叉概率	0.8
交换概率	0.5
变异概率	0.2
种群大小	50
优化代数	10
训练历史时长	两个月

实验使用前文所述的编码方式进行，为此在数据准备阶段需要获取 A 股所有股票的因子数据，实验中使用的因子共计 13 种，具体因子的名称与说明见表 9-2。

表 9-2　策略使用因子说明

因子名	含义说明
amount	成交额
turnover_rate	换手率
turnover_rate_f	换手率（自由流通股）
volume_ratio	量比
pe	市盈率
pe_ttm	市盈率（ttm）
pb	市净率
ps	市销率
ps_ttm	市销率（ttm）
dv_ratio	股息率
dv_ttm	股息率（ttm）
total_share	总股本
float_share	流通股本

对每个因子进行排名，并将排名数值与总股票数相除得到排名与总数的比值，也就是排名比例值。考虑到实验时间段内存在以下两种情况。

1. 不再满足上市条件的股票退市，或者新的股票上市。
2. 个别股票较长时间停牌，如 000995.SZ 皇台酒业。

由于存在这些情形，实验在回测时间段内不能保证股票总数一致，进而影响在不同日期下排名比例值的可比较性，因此在数据准备阶段，将符合上述情形的股票做了排除处理。最后经处理得到的部分数据如表 9-3 所示。

表 9-3　部分排名比例值数据（示例）

code	date	amount	volume_ratio	ps
600000.SH	2020-01-02	0.93958	0.88732	0.38813
600036.SH	2020-01-02	0.99701	0.95727	0.62929
601398.SH	2020-01-02	0.98149	0.83097	0.48694

数据准备阶段除了要给出每只股票的排名比例值之外，这里额外进行了一定的优化以提高训练效率。由于股票的筛选过程会依据给定的排名比例值范围来进行股票选取，为了避免对某日的全部股票排名比例值进行扫描，这里采取的优化措施是依据排名比例值建立索引，加快筛选时的查找速度。

回测时间段内的策略表现以及采用的基准走势如图 9-8 所示，其最终的策略总收益率、基准收益率、超额收益率、最大回撤以及夏普比率等数据如表 9-4 所示，策略在大多数时间内都能够优于基准的表现，且下半年与基准拉开了一定的差距。多因子优化后的筛选条件可以认为是对原有股票池的选优，从策略的表现来看，也起到了比较好的选优效果，策略表现超出基准的时间占总回测时长的比例达到了 83.13%。

图 9-8　回测期间的策略表现与基准走势

表 9-4　策略回测结果

指标	数值
策略总收益率	22.11%
基准收益率	17.79%
超额收益率	4.32%
最大回撤	14.12%
夏普比率	0.8949

遗传算法自动投资策略仍存在一些值得改进的点以供读者进一步发掘。

1. 实验中使用的因子有些归属于价值类因子（如市盈率等），有些则归属于规模类因子（如成交量等），在上述实验中未将它们区别对待，这些因子可以按照类别分别进行考虑。

2. 实验使用的适应度衡量标准仅使用了训练时间段内的总收益率，仅凭此指标无法衡量策略的风险，可以借助其他指标如夏普比率等作为适应度指标。

9.3　采用支持向量机的自动投资决策

以机器学习为代表的人工智能是实现自动投资决策的一个有效途径，上一节关于遗传算法的应用已经论证了这一点。本节将引入另一种用途广泛的机器学习算法——支持向量机，进一步探究如何把这一智能算法与自动投资决策结合起来。

9.3.1　支持向量机理论概述

Corinna Cortes 和 Vapnik 在 1995 年的时候首先提出了支持向量机（Support Vector Machine，SVM），其基础是统计学习理论，适合解决非线性的分类和回归问题。统计学习理论建立在一套较为坚实的理论基础上，为解决有限样本的学习问题提供了一个统一的框架。它能将许多现有方法纳入其中，能有效解决许多原来难以解决的问题，例如神经网络的结构选择问题、局部最小点收敛性等问题。SVM 现在已经成了机器学习领域中的标准工具之一，而且还在高速的发展。

SVM 有三层结构，分别是输入层、计算层、输出层。SVM 的思想是寻找线性可分最优平面。对于线性不可分的情况，利用非线性映射算法将低维输入空间的线性不可分样本转化为高维特征空间，使其线性可分，在特征空间中建立一个最优超平面，以得到全局优化，整个样本空间中的期望值以一定的概率满足一定的上界。在这个三层的结构里面，输入的样本处于输入层，通过输入样本获取到数据的基本信息，经过核函数的映射以后得到决策函数输出结果。核函数的引入，解决了高维和非线性问题，降低了运算难度。常用的核函数有多项式核函数、径向基函数核和 Sigmoid 核函数等。

在自动投资中，对于股票的趋势判断是一个核心需求，掌握行情在未来的变动情况对于投资决策的制定至关重要。此时，不妨换个角度，所谓趋势判断是指判断未来的行情是"上涨"还是"下跌"（抑或是"持平"），这可视为一类典型的"分类"场景，即某只股票是属于"行情上涨"一类还是属于"行情下跌"一类。SVM 的算法结构意味着它能够很好地处理"分类"性质的任务，可以将股票的行情作为输入数据，通过 SVM 进行分类从而得到对其未来趋势的判断。具体实施过程中还需要考虑诸多细节，以下将围绕 SVM 的算法流程，结合真实的股票数据实现一个自动投资算法。

9.3.2 结合 SVM 的自动投资算法实现

构建基于 SVM 的自动投资策略，首先需要获取原始股票金融时序数据。因为本书采用"分类"这一有监督学习，还需要根据投资者的需要对数据进行标注，以此得到带标签的序列数据，并按照一定比例将带标签的数据切分为训练集、验证集和测试集。其中，训练集用来训练 SVM 的分类能力，验证集则用于筛选相关的超参（又称为"超参数"，是机器学习各种模型算法在开始学习过程之前设置的各种参数值，而不是通过模型训练得到的结果。通常情况下，对超参数进行优化可以进一步提高模型的性能和效果）。然后将训练好的 SVM 模型在测试集上验证分类预测的能力，并根据分类预测结果来构建投资策略。具体流程参考图 9-9。

具体的过程主要分为两个步骤：

1. 首先需要根据训练集来对 SVM 进行训练，然后在测试集上得到预测分类标签，即预测的涨跌情况；

2. 根据预测分类标签来构建投资策略。

其中，训练过程的详细步骤参见算法 1，投资策略的构建步骤参见算法 2。

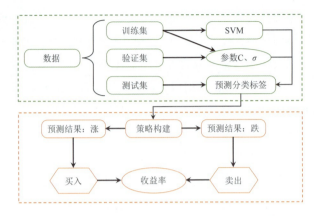

图 9-9　采用 SVM 预测股票数据构建投资策略的逻辑流程示意图

算法 1：基于 SVM 的预测算法

```
输入：初始股价序列X=[x₁, x₂, x₃, ⋯, xₙ]ᵀ
输出：基于SVM预测的标签向量Y=[label₁, label₂, label₃, ⋯, labelₙ]ᵀ
初始化：训练集，验证集，测试集
for all data T∈ Train set do
    训练 SVM.
for all data V∈ Validation set do
    优化SVM的相关超参.
for all data D∈ Test set do
    预测D的标签并将结果插入输出向量
End.
```

算法 2：基于 SVM 的自动投资策略

```
输入：初始股价序列X=[x₁, x₂, x₃,... xₙ]ᵀ
基于SVM预测的标签向量Y=[label₁, label₂, label₃, ⋯, labelₙ]ᵀ
输出：YMR = 到期收益率；ARR = 年化收益率
     BYH = 买入并持有到期策略的到期收益率
初始化：初始资金, Initial balance =1000000;
仓位比例, Position_ratio =50%.
测试集样本覆盖时间长度, N_year=3.
变量：买入持仓数量, long_hold=0; 买入价格, BP=0;
卖出价格, SP=0; 股票最小交易单位, multiplier=100;
动态资金权益, dynaminc_balance = Initial balance.
for all label Y[i]∈ Y do
    temp_buy_hold=Round(Position_ratio*dynaminc_balance/
(multiplier*X[i].closeprice)
    #买入股票
    if Y[i]>0 and long_hold==0:
```

```
            long_hold= temp_buy_hold
            BP=X[i].closeprice
        #卖出股票
        if Y[i]<=0 and long_hold>0:
            SP=X[i].closeprice
            dynaminc_balance= dynaminc_balance+ long_hold* multiplier*(SP- BP)
long_hold= 0
        #最后一个测试日期，清仓
        if long_hold>0 and X[i] is the last data:
            SP=X[i].closeprice
            dynaminc_balance= dynaminc_balance+ long_hold* multiplier*(SP- BP)
long_hold= 0
YMR=100%* (dynaminc_balance- Initial balance)/ Initial balance
ARR= YMR/N_year
BYH=(X[N]-X[1])/X[1]
End.
```

9.3.3 自动投资结果分析

本书构建了相关的投资实例。使用的股票数据来自中国上海和深圳股市的 10 只股票。这些股票的交易日期从 2001 年 1 月 1 日到 2020 年 12 月 3 日，时间跨度大于 20 年。以每个交易日的日交易数据为原始数据，包括股票代码、开盘价、最高价、最低价、收盘价、交易量等。删除了部分停牌或新挂牌的股票，选取了 10 只股票，这些股票各自的数据均累计超过 4000 行。

本书对这 10 只股票的数据进行了基于趋势预测的标注，上涨 5% 的标注为一类，下跌 5% 的标注为另一类，获得了带标签的数据。然后将日期靠前的 70% 的数据作为训练集，中间 15% 的数据作为验证集，最后 15% 的数据作为测试集。

在对应的 10 只股票上各自训练了相应的 SVM 模型。分类结果的评估指标采用 Acc 和 AUC。其中 Acc 表示分类正确率，AUC 表示 Roc 曲线下的面积。对这两个指标而言，可相对直观地认为当指标的数值越大，其对应的分类效果就越好。具体公式如表 9-5 所示。其中，TP 表示正确预测的阳性样本比例（真阳性）；FN 表示错误预测的阴性样本比例（假阴性）；FP 表示错误预测的阳性样本比例（假阳性）；TN 表示正确预测的阴性样本比例（真阴性）。SVM 在测试集上的分类表现见表 9-6 所示。

表 9-5　用于评估分类效果的指标

评估指标	公式	评估重点
Accuracy (Acc)	$\dfrac{TP+TN}{TP+FN+FP+FN}$	正确分类的样本与总样本的比率
AUC	$\dfrac{\sum_{i=1}^{N^+}\sum_{j=1}^{N^-}\mathbf{1}_{f(x_i^+)\geq f(x_j^-)}}{M}$	Roc 曲线下的面积，在 0.1 到 1 之间

表 9-6　SVM 在测试集上的分类表现

Stock Code	Test_SVM_Acc	Test_SVM_AUC
000027	0.6486	0.6487
000045	0.6885	0.6895
000050	0.6314	0.6349
000426	0.6282	0.6293
000505	0.6313	0.6333
000513	0.7356	0.7346
000582	0.6692	0.6600
000712	0.6078	0.6075
000738	0.6543	0.6506
000785	0.6550	0.6497

根据算法 2 所示的步骤及以上测试集的分类预测结果，构建了一个简单的投资策略，并且和买入不能改持有到期的策略进行了对比。本书构建的 SVM 策略简单参数为：初始资金预设为 100 万元，仓位为 50%，股票乘数为 100，当预测标签为上涨即买入，预测标签为下跌即卖出。买入并持有到期策略，初始买入，到期卖出。

表 9-7 给出了两个策略的到期净值。可以看到，就到期净值而言，SVM 策略显著高于买入并持有策略。图 9-10 则给出了整个净值曲线在对应的测试集上的结果，其中 BYH 表示买入并持有策略。可以看到，SVM 策略的投资结果的净值曲线走势更稳健，回撤也比买入并持有策略的回撤小，累计净值在整个测试期间基本上都高于买入并持有策略。

表 9-7 基于 SVM 构建的策略与买入并持有策略的到期净值对比

Stock Code	买入并持有策略	SVM 策略
000027	114.25%	122.24%
000045	97.27%	128.84%
000050	101.16%	128.29%
000426	76.68%	143.52%
000505	105.26%	132.84%
000513	115.31%	144.49%
000582	138.35%	151.56%
000712	106.33%	139.56%
000738	138.70%	152.45%
000785	87.75%	139.12%

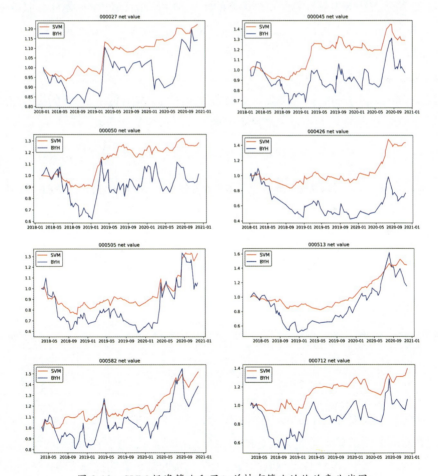

图 9-10 SVM 投资策略和买入并持有策略的收益率曲线图

图 9-10　SVM 投资策略和买入并持有策略的收益率曲线图（续）

为了可以更好地比较到期的盈利结果，本书将累计净值减去了成本，计算了到期收益率。从表 9-8 可以看到，买入并持有策略的到期收益率中有 3 只股票是负数，即在对应的股票上采取持有到期策略最终导致的结果是亏损的，其中 000426 亏损达到了-23.32%。而 SVM 策略的到期收益率均为正数，其最低值都已超过 22.24%。表 9-8 中还计算了两个策略的年化收益率指标，NRR 表示年化收益率。从 NRR_SVM 的结果可以看出，SVM 策略的年化收益率最好的能达到 20.98%，最差的能达到 8.90%，同时需要注意的是，本书构建策略的过程中是 50% 的仓位。测试期间是 2018 年 1 月 1 日到 2020 年 12 月 1 日，此期间的上证指数从 3348.32 跌到 3317.62，跌了 30.7 个指数点，变动率为-0.92%，显著低于 SVM 的投资结果，即结合 SVM 的到期收益率显著超过了同期大盘的指数基金结果。

表 9-8　两类策略的到期收益率以及年化收益率对比

Stock Code	买入并持有策略	SVM 策略	NRR_BYH	NRR_SVM
000027	14.25%	22.24%	5.70%	8.90%
000045	−2.73%	28.84%	−1.09%	11.53%
000050	1.16%	28.29%	0.46%	11.32%
000426	−23.32%	43.52%	−9.33%	17.41%
000505	5.26%	32.84%	2.10%	13.14%
000513	15.31%	44.49%	6.12%	17.80%
000582	38.35%	51.56%	15.34%	20.62%
000712	6.33%	39.56%	2.53%	15.82%
000738	38.70%	52.45%	15.48%	20.98%
000785	−12.25%	39.12%	−4.90%	15.65%

本节内容简要介绍了 SVM 的相关理论，基于沪深股市的股票训练了 SVM 模型，在对应的测试集上得到了较好的预测分类结果。在预测分类结果的基础上，进一步构建了基于 SVM 分类预测的投资策略，实验结果表明投资策略在选择的股

票上结果显著，到期收益率超过了买入并持有策略的结果，并且远远超过了同期大盘指数的表现。说明基于 SVM 构建的自动投资策略是大有可为的。

9.3.4 问题与讨论

一、该方法在股票市场上的适应性

目前，本书仅围绕 10 只股票样本进行了自动投资实验，样本总数在整个股票市场中的占比不到 0.25%，这就引出了一个值得各位读者细细思考的问题，即采用 SVM 的自动投资策略能够适用于所有目前在市场上正常交易的股票吗？其表现都能像上文所述的一样优越吗？限于篇幅，本书无法对整个股票市场四千多只股票样本进行一一分析，这个策略的有效性和优越性有待诸位读者在课后进行全面验证。

二、本节所阐述的投资策略模式是否完全合理

不难看出，上文所述的自动投资策略对 SVM 采用了"一次性训练，永久性使用"的设计，即当 SVM 模型训练完成后便不再对其做任何更新，而且基于机器学习的常规思维对训练与测试数据进行了固定比例的划分。事实上，这一策略的设计太过于理想化，有悖于真实的投资情况。真实环境下，投资者多采用迭代的策略设计，即随着模型的运行，已经验证过的测试数据都应该作为新的训练数据加入模型中，从而训练出新的模型（增量学习的思想），这样才能实时紧跟市场的变化。各位读者完全可以基于本节所述的"一次性训练"的策略版本，在此基础上引入迭代环节编写一个新的投资策略，看看其效果会不会更加优秀。

三、自动投资策略的比较基准是否合适

文中主要采用买入并持有策略（BYH）作为对比，但通常情况下投资者会将策略与同期指数基金的效益进行比较，本节研究了 10 只股票的投资组合，但在具体投资中这 10 只股票的仓位如何配置？如果仅是平均持仓未免太过简单与理想，但平均持仓不失为一个良好的参考基准，目前对于投资组合的配置优化尚不存在最优方案，各位读者可自行研究如何对股票的持仓进行优化从而扩大收益。

9.4　基于 DTW 的自动投资方法

上一节中通过探讨采用 SVM 的自动投资策略了解了机器学习算法及"分类"思想如何与证券投资相互结合。本节将转换视角，从"相似性"的角度探索新的自动投资策略。通过前文的阐述，不难发现对于股票的趋势预测其实是一项十分困难的任务，金融市场每时每刻都在发生变化，而从历史中学到的知识并不能支持本书对未来的趋势作出完全准确的判断。因此，不妨转变一下思维，股票市场中存在典型的群聚效应，即存在一部分股票它们之间的走势呈现高度的相似性。当本书发现一只涨势良好的股票 A 时，本书有理由相信与 A 的历史行情走势高度相似的股票 B 和股票 C 也存在良好的增长潜力，进而可以构建良好的投资策略。那么，如何发现"相似"的股票就成了首要问题，在人工智能算法中有许多方法和模型可用于计算两个序列样本之间的相似性，本节将围绕其中最为泛用的一种相似性度量方法——DTW 算法展开叙述。

9.4.1　DTW 算法的原理简述

DTW（Dynamic Time Warping，动态时间规整）算法，用于口语单词的识别。这种算法能够有效地度量测试语音与模板语音信号之间的相似度，通过规整语音的时间序列使得序列间最相似的特征能够相互匹配。DTW 算法是基于动态规划（Dynamic Programming）的思想，针对整体上相似但长短不同的时间序列提出的相似性的度量方法。当两个序列整体上有非常相似的形状，但这形状在时间轴上并非对齐的，使用传统的欧氏距离等计算距离的方法无法有效确定这两个时间序列之间的距离（也就是相似性），因此需要将其中一个序列在时间轴上进行 Warping（扭曲，即压缩或延展），达到相似部分在时间轴上的对齐后再计算相似度，如图 9-11 所示。

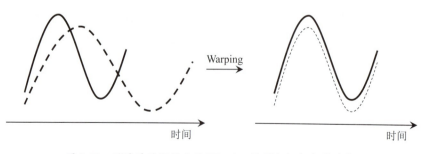

图 9-11　通过对时间轴上的 Warping 达到相似部分的对齐

DTW是一种具有鲁棒性的时间序列相似度度量方法，不同于传统的距离度量方法，DTW能够恢复模板序列和测试序列中点与点之间的最优对齐，且任意两点间的最优路径都能够作为一个特征用来度量两序列之间的相似度。

以图9-12中的情况为例，虚线连接的是上下两条时序中相似的点，DTW就是利用这些相似点之间距离的和，也就是所谓的规整路径距离（Warp Path Distance）来衡量两个时间序列之间的相似性。

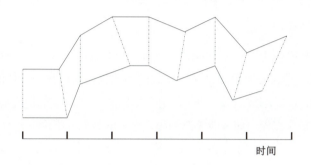

图9-12　形状相似但长度不等的两条序列

给定两个序列，序列 $X = (x_1, x_2, \cdots, x_m)$ 和序列 $Y = (y_1, y_2, \ldots, y_n)$，同时给定两序列中任意点到点的距离函数 $d(i,j) = f(x_i, y_j) \geq 0$（一般为欧氏距离，也可以是别的距离函数）。由于 $m \neq n$，因此需要构造一个 $m \times n$ 的矩阵，用于对齐两个序列。为了得到对齐矩阵，首先要得到一个序列距离矩阵 D，其中行对应 X 序列，列对应 Y 序列，矩阵元素 $D(i,j)$ 表示 x_i 到 y_j 的距离 $d(x_i, y_j)$，一般采用欧氏距离。然后利用如下方法计算得到损失矩阵 D_c：

$$D_c(1, 1) = D(1, 1)$$

$$D_c(i, j) = \mathrm{Min}(D_c(i-1, j-1), D_c(i-1, j), D_c(i, j-1)) + D(i, j) \tag{9-5}$$

两个序列的距离即为损失矩阵的最后一行、最后一列所对应的元素的值。通常距离越大的两个序列，越不相似。

基于DTW的距离计算，通常有如下约束。

1.单调性。时间序列中的所有数据都是按照顺序获取和存储的，即点与点之间的匹配必须遵循时间顺序。

2.连续性。计算过程中为了保证两个序列里的所有点都被匹配到，计算时不能跳跃，要连续计算。

3.边界条件确定性。两个时间序列的初始点和结束点必须相互对齐。

4. 斜率约束。一个时间序列中的每个点不能在另一个时间序列中对齐太多次。需要对坡度进行约束,防止因为路径过于平缓或陡峭而导致太短的序列与太长的序列相匹配。

5. 全局路径窗口。通常比较好的匹配路径往往在对角线附近,因此只需要考虑在对角线附近的一个窗口内寻找合适路径。

9.4.2 结合 DTW 的自动投资算法实现

一、策略原理及应用思路

DTW 算法主要用于比较长度不同的片段的相似性,在证券投资结合方面,通常用来比较长短不同的股票价格时序序列的相似性,通过找到相似的股票片段确定相似的股票,用以调整个人的投资组合。如图 9-13 所示,假设当前处在 t_1 时刻,此刻股票 1 已接近涨停,如果能够找到与它相似的且尚未涨停的股票 2,那么股票 2 有很大概率会在某个大于 t_1 的时刻 t_2 涨停。股票 2 由于与股票 1 相似且波动慢于股票 1,因此倘若 t_1 时刻买入股票 2,则股票 2 的价格会继续上涨从而带来收益。反之亦然,当股票 1 处在 t_2 时刻已经下跌,若能找到与它相似的股票 2,及时卖出,则能在股票 2 价格下跌到更低以前及时止损。具体的应用思路如下。

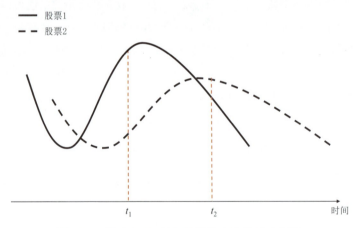

图 9-13 利用 DTW 制定投资策略的原理示意图

(一)确定基准股票 S_0,比如当日涨幅最高,或连续多日上涨。

(二)确定需要被筛选的股票 $Stock_1 \cdots \cdots Stock_n$,截取用于比较的价格时序序列 $S_1 \cdots \cdots S_n$。

(三)利用 DTW 算法计算基准股票 S_0 同被筛选股票 $S_1 \cdots \cdots S_n$ 的距离 $d_1 \cdots \cdots d_n$。

（四）对 $d_1 \cdots d_n$ 排序，距离大的时序序列与基准序列的相似度低，对应股票之间的相似度也低；距离小的时序序列与基准序列的相似度高，对应股票之间的相似度较高。

（五）根据股票之间的相似度调整投资组合（筛选条件可根据情况自行定制，比如最相似的或最不相似的，或其他复合条件）。

（六）对 n 只股票分别设置仓位比，按仓位设置买入股票。

（七）设置买入卖出时间间隔 t，在 t 时间后卖出。

（八）计算收益率，循环步骤（一）至（八）。

用 DTW 算法计算序列之间的距离方法，如算法 3 所示。

算法 3：用 DTW 算法计算两序列之间的距离。

```
输入：序列M, N
输出：序列M、N之间距离Distance
步骤：
m ß 序列M的长度
n ß 序列N的长度
for i = 1 to m do
 for j = 1 to n do
   D (i,j)= f (M[i], N[j]) ≥ 0  //此处f (x,y)是一个函数，用于计算x与y之间的距离，
//一般是欧式距离，其他距离函数也可以使用。
   end for
end for
for i = 1 to m do
  for j = 1 to n do
    if(i = j = 1)
      Dc(i, j) = D(i, j)
    else
      Dc(i, j) = Min(Dc(i-1, j-1), Dc(i-1, j), Dc(i, j-1)) + D(i, j)
    end if
  end for
end for
Distance ß Dc(m, n)
```

二、策略实现及参数设置

一个结合 DTW 的简单投资策略的执行步骤如下：

步骤 1：设定回测起始日期、结束日期、初始资金；

步骤 2：选定测试 d 日涨幅 $pct\_change_d(Stock_{base})$ 最高的股票为基准股票

$Stock_{base}$；

步骤 3：选定股票池为沪深 300 指数成分股；

步骤 4：以当前交易日 d 为基准，回溯交易日向前 100 交易日的收盘价序列，计算每只股票 $Stock_i$ 的收盘价序列 $closeseries_i$ 与基准股票的收盘价序列 $closeseries_{base}$ 的 DTW 距离，得到 300 只成分股的收盘价序列同基准股票收盘价序列的 DTW 距离；并计算当前交易日 d 的涨幅 $pct\_change_d(Stock_i)$；

步骤 5：利用筛选条件 F_1 筛选 5 只股票作为候选股票，将当前资产 5 等分，用每部分资产全仓买入其中一只股票，不够则不买；

步骤 6：在每个调仓日重复步骤 2～步骤 5，检查当前持有股票是否还在候选股票中，若在候选股票中，则持有不动，卖出当前持有的、不在候选股票中的股票，买入筛选出的尚未持有的候选股票；若当前持有股票不在候选股票中，则卖出当前所有股票，买入候选股票；若当前尚未持有股票，则直接买入候选股票；

步骤 7：重复步骤 6；直至回测结束，计算总收益率；

步骤 8：以沪深 300 指数为基准，比较收益率。

该策略中的涨幅定义如公式 (9-6)，F_1 的定义如公式（9-7）：

$$pct\_change_d = \frac{close_d - close_{d-1}}{close_{d-1}} \times 100\% \qquad (9\text{-}6)$$

其中 $close_d$ 是 d 交易日的收盘价，$close_{d-1}$ 是 $d-1$ 交易日的收盘价。中国 A 股市场的涨跌幅限制为上一日收盘价的 10%，故涨幅最大为 10%。

$$F_1 \frac{pct\_change_d(Stock_i) - pct\_change_d(Stock_{base})}{DTW(closeseries_i, closeseries_{base})} \qquad (9\text{-}7)$$

其中，$pct\_change_d(Stock_i)$ 是股票 $Stock_i$ 在 d 日的涨幅，$pct\_change_d(Stock_{base})$ 是基准股票 $Stock_{base}$ 在 d 日的涨幅，$DTW(closeseries_i, closeseries_{base})$ 是股票 $Stock_i$ 与基准股票 $Stock_{base}$ 的收盘价序列的 DTW 距离。根据以上投资策略设置，设置相关参数如表 9-9 所示。

表 9-9　投资策略的相关参数设置

控制的参数	取值
股票池	沪深 300 指数成分股
收益率基准	沪深 300 指数
DTW 基准	交易当日涨幅最高股票
调仓频率	每 5 个交易日

续表

控制的参数	取值
回测起始日期	2020 年 6 月 1 日
回测结束日期	2020 年 12 月 31 日
初始资金	1000000 元

9.4.3 自动投资结果分析与讨论

按照策略进行股票的买入和卖出，并在每个调仓日按照策略进行检查和操作，由于篇幅限制，这里只展示部分操作记录，如表 9-10 所示。由于股票的交易最小单位为手，1 手等于 100 股，当现金不足以买 1 手股票时，则不进行买入操作，虽然实验设置的投资组合股票数为 5，但也会出现因为现金不足而只买入 5 只候选股票中的几只股票的情况。

表 9-10　回测期间股票的部分买卖操作记录（删减）

时间	股票代码	操作	数量/手
2020-06-01	601236	买入	93
2020-06-01	002466	买入	73
2020-06-01	300136	买入	29
2020-06-01	002938	买入	22
2020-06-08	601236	卖出	93
2020-06-08	002466	卖出	73
2020-06-08	300136	卖出	29
2020-06-08	002938	卖出	22
…	…	…	…
2020-12-31	603501	卖出	6
2020-12-31	002773	卖出	28
2020-12-31	600436	买入	5
2020-12-31	600809	买入	3
2020-12-31	000858	买入	3

图 9-14 展示了该实验采用 DTW 买卖控制策略下的收益率情况与沪深 300 指数收益率情况。图 9-15 则展示了采用 DTW 买卖控制策略下总资产的变化情况。

图 9-14 指数收益率与采用 DTW 买卖控制策略收益率的对比

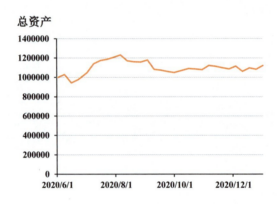

图 9-15 采用 DTW 买卖控制策略的情况下总资产的变化情况

实验结果显示,基于 DTW 距离和涨幅差的策略在部分时段收益率能比指数更好,但也有部分时间低于指数收益率,结合 DTW 实现的投资策略还存在许多可以改进的地方,以下介绍部分可以改进的点以供读者自行探索:

- 调整基准股票的数量和选取条件;
- 股票之间距离的计算方式(改进的 DTW);
- 对投资组合中的股票分别设置不同仓位;
- 买入、卖出条件的调整。

9.5 基于深度学习的自动投资方法

深度学习（Deep Learning，DL）是机器学习的一个分支，DL 概念的引入是为了更贴切地描述机器学习最初的目标——人工智能（Artificial Intelligence）。自 2006 年多伦多大学 Geoffrey Hinton 教授提出"深度学习"神经网络以来，深度学习在很多领域如计算机视觉、自然语言处理、个性化推荐等取得了重要成果，并已经潜移默化地影响着生活的方方面面，如网络安全、医疗、健康和教育等。

区别于传统的机器学习方法，深度学习是利用多层神经网络从大量的数据中学习。图 9-16 是经典的多层感知机（Multi-Layer Perceptron, MLP）网络，包含输入层、隐藏层和输出层。通过训练大量数据，隐藏层可以学习输入数据的表示，更好地预测输出。

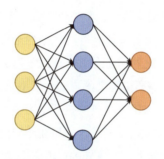

图 9-16　经典的多层感知机的结构示意图

与传统的机器学习方法相比，深度学习的优势在于不需要人为地提取所研究对象的特征或者总结规律，能够从输入的数据中自发地总结规律，自适应地调整自身结构从而可以举一反三。比如，广泛应用的人脸识别技术，传统的机器学习方法需要人为地定义需要提取的脸部特征，如脸的轮廓、眼睛之间的距离、鼻子的宽度等，再将提取的特征输入分类器如支持向量机、随机森林等进行分类判断。其中脸部特征提取的过程通常称为特征工程，选取的特征可以直接影响识别的准确度，且提取过程耗时、耗力；深度学习则省略了特征工程的步骤，通过多层神经网络可以自主学习到对识别准确度影响较大的脸部特征，性能表现好且节省人为特征提取的时间。深度学习的这些优势使得它在各种领域的任务上性能得到了显著提升，这也是深度学习日益流行的原因之一。另外，硬件如 GPU 等和分布式计算平台的兴起，进一步促进了深度学习的广泛应用。

9.5.1 深度学习为何能应用于自动投资

人工智能用于自动投资的优势早在 2007 年就有所体现。一家量化资产管理公司 Rebellion Research 在 2007 年推出了第一个纯人工智能投资基金，准确预测了 2008 年的金融危机。互联网金融数据服务商同花顺早在 2009 年便提出进军人工智能，经过几年的不断探索，已研制出了金融界的"AlphaGo"——同花顺投资机器人，以深度学习驱动智能投顾系统，包括预警持仓个股、全方面舆情分析等。根据同花顺公司数据，其机器人智能投资实盘账户自 2014 年以来累计回报率为 470.2%，收益率惊人。深度学习进行自动投资的产品日益涌现，原因主要有两个方面。

证券市场的数据特性。首先证券市场有海量的交易数据。金融行业产生了大量的报价、市场数据和历史交易数据，单是纽交所一天就会写入超过 1TB 的数据。其次数据的维度较高，包含交易、风险等。数据的形态呈现多样性，除了数值如每日开盘价、收盘价等的变化外，还有财经新闻、财务报表等文本或者图片形式的数据。复杂且海量的数据需要更强大的自动化模型来更好地融合有效信息。

深度学习的性能优势。相比于经典的机器学习模型，深度学习具有较好的拟合性，可以拟合更为复杂的非线性关系，从而在相应的结果预测上准确度较高；且深度学习具有较好的泛化能力，对未知的或者未来的结果推断能力较强。

这两个方面促进了用于自动投资的深度学习技术的快速发展。深度学习可以辅助证券投资的方方面面，包括算法交易、投资组合管理、金融文本挖掘、风险管理和欺诈检测等。本章节主要涉及基于深度学习的算法交易和投资组合管理，金融文本挖掘等方面在后面的章节中会进行详细介绍。

9.5.2 基于深度学习的算法交易

算法交易指完全通过自动化的技术来进行投资和买卖行为，这些自动化技术可以是一些简单规则、数学模型、优化过程或者是机器学习、深度学习。将深度学习用于算法交易中最常见的方面是一些与时间序列价格预测的模型相结合，以达到进行市场择时的目的，比如通过循环神经网络（Recurrent Neural Network, RNN）、长短期记忆（Long-Short Term Memory, LSTM）网络等进行价格回归。或者对市场的趋势进行分类，以触发买卖信号，比如通过深度学习模型进行因子选股或者趋势分类。也有一些研究独立的算法交易模型，通过优化买卖差价、限制订单分析、仓位大小等交易参数来关注交易本身的动态,如一些关于高频交易、配对交易的研究。这里重点介绍如何用深度学习模型 LSTM 网络进行时间序列价格的预测。

LSTM 网络是分析时序数据的一个深度学习网络,是循环神经网络 RNN 的一个特殊类型,图 9-17 可视化了 LSTM 的结构图。类似于 MLP 网络,LSTM 也包含输入层、隐藏层和输出层,不同的地方在于 LSTM 的隐藏层由 LSTM 单元构成。每个单元包含输入门、遗忘门和输出门,这三个门控制了信息流,也就是当信息进入 LSTM 的网络中,可以根据规则来判断是否有用,有用的信息被记住,无用的信息则通过遗忘门被遗忘。

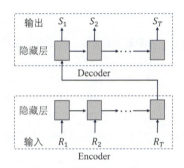

图 9-17 用于预测股票价格涨跌幅的 LSTM 网络

在图 9-17 中,下方为 LSTM 的编码器 Encoder,上方为 LSTM 的解码器 Decoder。将股票的开盘价、成交量、成交额作为输入数据送入 Encoder,Decoder 将输出对应预测的收盘价。

用 LSTM 网络进行时间序列价格预测的步骤通常如下。

步骤 1:原始数据的获取和预处理。比如收集到一只股票在 N 天的开盘价、成交量、成交额,记作 $\{R_1, R_2, \cdots, R_i, \cdots, R_n\}$,其中 R_i 是第 i 天的(开盘价、成交量、成交额),$0<i \leq N$。假设以 T 天为一个学习单位,也就是将计算好的股票收益以 T 为单位来划分,可以得到($N-T+1$)个序列,分别为:$(R_1, R_2, \cdots, R_T)$, $(R_2, R_3, \cdots, R_{T+1})$, $\cdots$, $(R_{N-T+1}, R_{N-T+2}, \cdots, R_N)$。而预测结果则是收盘价序列 $\{S_1, S_2, \cdots, S_i, \cdots, S_n\}$,其中 S_i 是第 i 天的收盘价。

步骤 2:将预处理好的数据切分为训练集、验证集和测试集,一般划分比例为 8∶1∶1。

步骤 3:将训练集送入 LSTM 网络进行训练,图 9-17 显示了 LSTM 网络的结构,模型训练期间基于验证集来决定是否已得到最佳的训练模型或者是否需要及早停止。

步骤4：在测试集上验证训练好的模型的效果，作为是否可以应用到实际交易的依据。

根据上述的实验步骤，本书基于真实的股票数据来做模拟测试。本章节选取贵州茅台（600519）的股票数据，数据形式如表9-11所示。表9-11中罗列了比较多的数据特征，这里只选取了开盘、成交量和成交额这三个维度的特征来进行模拟。图9-18是预测结果，其中蓝色实线代表真实的收盘价的波动，橙色虚线代表模型预测收盘价。可以看到LSTM模型大致准确地预测价格的波动，说明模型在真实价格预测方面的潜在有效性。

表9-11 股票（600519）的特征数据

日期	开盘	收盘	最高	最低	成交量	成交额	振幅	涨跌幅	涨跌额	换手率
2015/1/5	112.88	124.61	126.18	112.04	94515	1.88E+09	12.53	10.39	11.73	0.83
2015/1/6	122.32	120.35	124.65	118.7	55020	1.09E+09	4.77	−3.42	−4.26	0.48
2015/1/7	118.72	115.9	121.87	113.22	54798	1.06E+09	−7.19	−3.7	−4.45	0.48
2015/1/8	116.87	114.83	117.34	113.36	40525	7.78E+08	3.43	−0.92	−1.07	0.35
2015/1/9	113.59	113.51	118.48	113.33	53982	1.04E+09	4.48	−1.15	−1.32	0.47
…	…	…	…	…	…	…	…	…	…	…
2015/2/2	100.06	99.43	100.87	98.23	33983	5.93E+08	2.6	−2.12	−2.15	0.3
2015/2/3	101.85	102.66	102.91	100.68	27793	4.94E+08	2.24	3.25	3.23	0.24
2015/2/4	103.37	101.64	106.03	101.41	35294	6.34E+08	4.5	−0.99	−1.02	0.31
2015/2/5	103.2	98.73	104.96	98.68	41240	7.36E+08	6.18	−2.86	−2.91	0.36

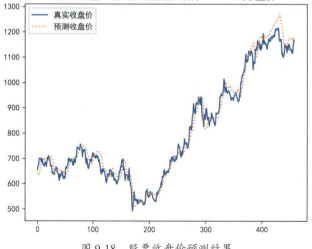

图9-18 股票收盘价预测结果

上述的步骤除了可以用于预测股票的收盘价外，也可以将预测结果调整为每日涨幅是否可以超越大部分股票，后者则将一个价格序列的生成任务转变为一个分类任务。不管是分类问题还是一个序列，本书的目标都是想要了解一只股票是否值得投资或者继续投资。并且在多个数据集上的结果显示，LSTM 比传统的机器学习模型如随机森林、线性回归等都有更好的预测效果。

9.5.3 基于深度学习模型的资产组合管理

资产组合管理是在一个预定的时期内选择投资组合中各种资产的过程。包括投资组合优化、组合选择、组合分配等。投资组合管理实际上是一个优化问题，识别在给定时期内选择表现最好的资产的最佳收益可能的过程。资产组合管理通常包括资产选择和资产价格预测两部分，在资产选择部分，目的是将资产进行打分排序，选取收益率较高的部分股票；资产价格预测的目的是估计选取的股票的份额，资产组合管理流程图如图 9-20 所示。前者可以用卷积神经网络（Convolutional Neural Network, CNN/ConvNet）或者 LSTM 网络来实现。后者可以用到 9.5.2 中介绍的方法，如用 LSTM 网络对资产在一个预定的时期内的价格进行预测。

CNN 网络是一个典型的神经网络模型，在计算机视觉、自然语言处理等领域有着广泛的应用。图 9-19 是 CNN 的模型结构图，包括输入层、卷积层、池化层和全连接层等，其中卷积层和池化层可以多组。CNN 网络能够自适应地学习输入数据特征的层级结构，自动捕捉输入和输出之间的映射关系。

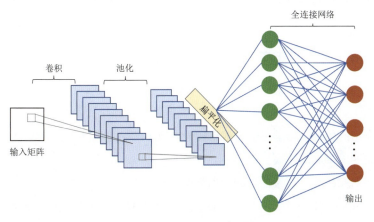

图 9-19　CNN 模型结构图

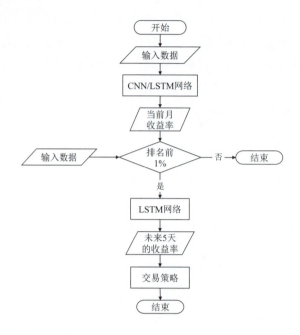

图 9-20　基于 CNN 和 LSTM 的资产组合管理流程图

在资产选择的过程中，CNN/LSTM 的输入数据可以是股票前 12 个月的月收益结合前 20 天的每日收益率，预测当月的收益率。如果该股票当月收益率在所有资产中排名前 1%，则继续基于 LSTM 网络预测其在未来 5 天的收益率，按照未来收益率来分配所选择股票购买的多少，从而决定所选择股票在组合中的份额，得到一段时间内最优的资产组合。

9.5.4　将深度学习用于自动投资的可靠性

从 Rebellion Research、同花顺的例子以及其他互联网公司的产品中，似乎可以看到人工智能或者深度学习正在代替人类胜任自动投资的任务。深度学习与前面章节介绍的传统机器学习模型相比较，有以下两个显著的优点。

1. 预测的准确度更高。
2. 应对高维度、复杂的金融数据类型更有效果。

但是它们在本质上是一样的，都是为了辅助投资者更加理性地投资，在实际使用深度学习模型时仍然需要结合其他信息，如公司的报表、收购新闻等重要信息，完全依赖深度学习模型的预测结果是不可取的。

此外，深度学习模型的稳健性还有待探讨。因为深度学习模型在面对不同频率、不同类型的数据时，可能会学习到不同的特征，从而导致模型每一次学习的结果存在差异，多次学习的整体稳健性较差。在对同一市场不同频率和维度下的检验，仍然需要大量反复的实验，才能确定模型是否符合实际情况。

本章习题与实训

一、选择题

1. （单选）序列之间的 DTW 距离越小，对应股票的相似程度越 ____。

   A. 高　　　　B. 低　　　　C. 无法判断

2. （单选）计算 DTW 距离时，点与点的匹配 ____。

   A. 可以不遵循时间顺序

   B. 可以进行时间顺序跳跃

   C. 一个点对应越多的点越好

   D. 需要遵循时间顺序

3. （多选）下述值中可以作为个体（策略）适应度衡量标准的是 _____。

   A. 策略总收益率

   B. 策略总收益额

   C. 策略超额收益率（总收益率与基准收益率的差值）

   D. 夏普比率

4. （多选）多层感知机（Multi-Layer Perceptron, MLP）的网络结构包含哪些层？

   A. 输入层　　B. 卷积层　　C. 隐藏层　　D. 输出层

5. （单选）用 LSTM 网络进行时间序列价格预测的正确步骤是 ____。

   ①将预处理好的数据切分为训练集、验证集和测试集

   ②在测试集上验证训练好的模型的效果

   ③将训练集送入 LSTM 网络进行训练

   ④原始数据的获取和预处理

   A. ①③②④　　B. ④③②①　　C. ④①③②　　D. ①③④②

6. （单选）以下说法错误的是（　）。

   A. 深度学习的优势在于不需要人为地提取所研究对象的特征或者总结规

律，能够从输入的数据中自发地总结规律

  B. LSTM 网络是分析时序数据的一个深度学习网络，是循环神经网络 RNN 的一个特殊类型

  C. 证券市场、金融行业产生的海量数据为深度学习模型的训练提供基础

  D. 使用原生的不加处理的数据来训练深度学习模型可以起到更好的效果

二、填空题

1. SVM 能有效解决机器学习领域许多原来难以解决的问题，例如神经网络的结构选择问题、局部最小点以及 _____ 等问题。

2. SVM 有三层结构，分别是 _____、_____ 和 _____。

3. _____ 的引入，很好地解决了高维和非线性问题，降低了运算难度。

4. SVM 常用的核函数有 _____、_____ 和 _____。

5. DTW 擅长计算 ____ 相似但 ____ 不对齐的序列。

6. DTW 最初应用于 _____。

7. 序列之间的 DTW 距离越小，对应股票的相似程度越 ____。

8. 基于遗传算法的投资策略所包含的六个关键步骤分别是：_____、_____、_____、_____、_____、_____。

9. 常用的价格序列预测的模型是 _____、_____ 深度学习网络。

10. 深度学习模型优于传统的机器学习模型的方面是 _____ _____。

三、判断题

1. 计算 DTW 距离时，并不是所有的点都需要匹配。（　）

2. 计算 DTW 距离时，损失矩阵中并不是所有的元素都要计算。（　）

3. 计算 DTW 距离时，两序列点与点的距离可以采用任意距离函数。（　）

4. 在用 LSTM 来预测股票价格时，用绝对的价格值序列比用收益率序列更有效。（　）

5. 在实际的交易中，本书可以完全依赖深度学习模型来决定投资策略。（　）

四、简答题

1. 简要阐述如何将 SVM 用于构建自动投资策略。

2. DTW 难以处理数量级差异明显的序列之间的相似度，如何解决这个问题？

3. 结合 DTW 算法设计一个区别于原文所述的自动投资策略，实现并进行回测。

4. 采用遗传算法中所述的编码方式，试推导其搜索空间的大小。

第9章 智能博弈决策的模型和算法

5. 你还了解哪些选择算子？试查阅文献列举一二。

6. 本节所述算法中的编码步骤是否可采用二进制编码方式？试给出你的方案。（开放性题目，言之成理、方案可行即可）

7. 深度学习模型可以用于智能证券投资的哪些方面？

8. 深度学习模型用于智能证券投资的过程中，可以采用的数据特征有哪些？哪些预测结果对于实际的投资更有意义？

9. 尝试实现一个基于 CNN 网络的股票价格预测模型。

第10章 自动投资相关技术

前文描述了多种自动投资策略相关的方法与模型，实际应用中还存在诸多辅助自动投资的技术手段，本章将介绍其中三种最为常见的技术：用户画像技术、自然语言技术和知识图谱技术。

10.1 用户画像

随着大数据技术的不断发展，收集用户信息的方式发生了巨大的转变，从原来的问卷调查、采访等方式转变为通过互联网收集。为了进一步对收集到的大量用户行为数据加以利用，分析用户的偏好习惯从而对用户进行精准服务，一个概念悄然诞生：用户画像。

用户画像这个概念是由"交互设计之父"Alan Cooper 提出的。他在《About Face：交互设计精髓》一书中提出了 Persona 概念，即建立在一系列真实数据之上的目标用户模型。该模型通过分析用户行为来了解用户，根据用户特征（如行为、观点等）的差异性将用户进行分类，然后分析总结每种用户类别的典型特征，得到不同的人物原型。以上是用户画像的雏形。随着大数据技术的飞速发展，现在的用户画像有了新的发展——利用数据库里面存储的大量用户行为数据以及存储在服务器上的大量日志数据，对海量的数据进行挖掘分析（如分析用户的自然属性信息、购买信息、浏览记录、社交信息等），进而为用户抽象出一个标签集合，每一项标签代表用户的一项或几项特征。

用户画像是通过分析用户数据得到用户的标签化表示，最终通过标签集合就可以生成用户的虚拟表示，可解释性强。通过用户画像可以了解用户在个人属性、行为特性和兴趣偏好上的独特性以及表现出的群体属性。

投资者用户画像是对投资者进行定性与定量分析的综合描述。投资者用户画像建立的目的，是通过对用户投资历史以及综合表现的分析，对其给出客观评价。从而引导投资者从了解自身的角度出发，找到适合自己投资理念的投资方法。

10.1.1 用户画像的组成与构建方法

一、用户画像表示

本节介绍的用户画像方法用五元组来表示每一项。

（一）标签名称。每一个标签是为了描述什么内容，比如行业偏好。

（二）定性描述。标签的值，比如择时能力强。

（三）定量描述。每一个标签的得分，比如择股能力：90 分。定量描述把每一个标签进行量化，更直观地展现用户每一个标签的好坏。

（四）差异性分析。展示用户所处群体的平均水平，用户在群体中所处的位置以及与平均水平的差距，差异性分析可以帮助用户了解自己和其他投资者横向比较的情况，找到自己在群体中的投资水平位置。

（五）时序分析。展示用户投资以来的各项得分的时序变化而不是仅仅局限于当下，时序变化可以帮助用户清楚地发现投资过程中的异动现象，有助于发现投资过程中的问题。

二、用户画像数学模型构建

用户画像数学模型构建首先假设可以获得用户的基本属性数据以及投资行为时序数据。其次假设模型的数据输入集合和标签输出集合可以由函数关系表示。用户画像的数学模型可以由如下几个步骤构建，第一是根据数据输入集合计算出用户画像的特征值，第二是对特征值进行处理生成具体标签，第三是对可以进行量化的标签进行量化评分（因为并不是所有标签都可以衡量好坏的），第四是根据前几步的结果对用户进行群体的划分，然后对用户所在的群体（可能有多个），进行群体差异性的分析。具体用公式表达如下。

（一）特征计算。

$$Y_t^k = \varphi\left(X_t^k\right) + \omega(t) \tag{10-1}$$

其中 Y_t^k 表示用户在 t 时刻的第 k 个分类项的输入向量 X_t^k 经过映射函数 φ 处理之后，与调整函数 $\omega(t)$ 相结合的特征值。

（二）标签生成。

$$label_t^k = \theta\left(Y_t^k\right) \tag{10-2}$$

其中 $label_t^k$ 代表由上一步输出的特征值计算出的用户 t 时刻在标签 k 的标签结果。

（三）量化评分。

$$S_t^k = score_k\left(Y_t^k\right) \tag{10-3}$$

其中 S_t^k 代表用户在 t 时刻标签 k 的得分；$score_k$ 代表针对第 k 项标签设定的评分函数，它将特征值映射为得分。

（四）群体划分。根据前面的结果对用户进行聚类，进行群体的划分，具体的聚类算法可以有多种选择。然后可以对每个群体进行相关分析：包括群体的平均水平，用户与群体平均水平的差异，大部分用户所处区间以及群体用户所呈现的分布。

三、用户画像实践概述

以海知平台的应用为例,构造用户画像的实践步骤如下。

(一)数据获取。数据的来源包括海知平台的用户投资数据以及东方财富用户的交易数据,通过爬虫脚本从目标网站爬取需要的数据。

(二)数据清洗。清洗包括清除冗余的数据、对空白的值进行插补、对文本信息的处理。随后将所有结构化以及非结构化信息抽象成数学表示,提取出数据的特征。

(三)投资者分类。采用动静结合的方式,静是投资者的自然属性信息,动则是投资者的操作行为信息,将这两部分数据进行结合作为分类的特征,输入分类器里面进行分类。

最后根据行为分析的结果对每个用户进行细化的标签描述。

10.1.2 投资者用户画像体系的构建

一、用户基础属性信息

用户的基础属性信息包括用户 ID、用户名、用户简介、投资年限和投资组合名称。用户名、用户简介和投资组合名称不单单是用户基础属性的描述,很多用户会在这部分内容中体现自己的投资风格和理念,比如很多用户会在自己的简介中提及自己是"xx 风格投资者"。此外用户的投资年限也是一个对用户类别划分产生影响的属性。

二、投资者投资结果总结

结果总结是对用户投资一段时间以来产生的结果进行总结分析,一直以来很多人对于投资结果局限于收益率的高低,收益率固然是衡量投资好坏的重要指标,但它不该成为衡量投资结果的唯一指标。结果总结板块旨在给用户从更多角度总结投资的结果。

结果总结分为两个部分:宏观总结和微观总结。宏观总结根据证券投资评测三要素理论(投资收益率、投资风险、流动性)设定盈利能力、风险控制、流动性标签,从宏观角度对用户的投资结果进行分析。微观总结则是从用户的每一次战斗入手,自底向上进行分析,设定投资策略总结和战斗情况总结(战斗分析)两个标签,每一次战斗采取了什么策略,汇总之后构成用户的投资策略总结;每一次战斗胜率如何,盈亏比如何,最成功、最失败的战斗又是怎样的,汇总成用户的战斗分析。

三、投资者能力评价

结果分析是对用户投资结果的总结，而用户评价则是对结果分析产生的分析结果进行执果索因，用户能力评价板块旨在帮助用户找到产生投资结果的根源所在。这一模块很重要的一部分是个性化，不同的投资者或许有相近的投资结果，但是导致相近结果的原因却可能大相径庭，而能力评价设计的初衷就是无论投资结果相近与否，能力评价都可以为每位用户找到产生自己结果的原因，这也是和用户画像千人千面的属性密切相关。

用户的能力评价包括但不限于择时能力、择行能力、择股能力、调仓能力，这些是对用户投资以来各项能力的总结，展示投资以来用户各种能力的变化趋势。用户可以通过这些标签对自己的能力有一个很好的认知，对于表现较好的能力项继续保持，而对于表现不好的能力项，用户可以认识自己的不足，找出自己究竟是哪个方面出现了问题，对于改善投资表现有着关键性的指导作用。

四、投资者个性描述

用户的个性描述是在上面几个板块的基础上进行的，对用户的个性归纳不能凭空而来，前面的结果总结和能力评价为用户的个性描述提供了依据。用户的个性描述板块是在用户的结果分析和用户能力评价的基础上结合用户的历史投资行为对用户各种个性偏好进行归纳总结，真正实现用户画像的千人千面，用户个性描述是体现用户画像个性化、多样化的核心板块。

用户的个性描述包括用户的风险控制偏好、流动性偏好、操作频率偏好、持仓周期偏好、持仓种类偏好、个股偏好、行业偏好、地域偏好、概念偏好、投资因子偏好、用户的投资风格偏好、用户的投资心态描述、用户对于未来走势的判断，从多个角度全方位对用户进行个性化描述。

10.1.3 用户画像的算法介绍

一、算法思想

此处我们采用 K-means 聚类方法作为用户画像的实现手段。在介绍该算法之前先看一个小故事：有四个牧师去郊区布道，一开始牧师们随意选了几个布道点，并且把这几个布道点的情况公告给了郊区所有的居民，于是每个居民到离自己家最近的布道点去听课。听课之后，大家觉得距离太远了，于是每个牧师统计了一下自己课上所有居民的地址，搬到了所有地址的中心地带，并且在海报上更新了自己的布道点位置。牧师每一次移动不可能离所有人都更近，有的人发现 A 牧师移动以后自己还不如去 B 牧师处听课更近，于是每个居民又去了离自己最近的布道点，如此循环往复。就这样，牧师每个礼拜更新自己的位置，居民根据自己的情况选择布道点，最终稳定了下来。这个故事其实就是 K-means 算法的思想。

K-means 算法的思想很简单，对于给定的样本集，按照样本集中样本间距离的大小把样本划分成 k 个簇，使得簇与簇之间的距离尽可能大，簇内样本间的距离尽可能小。用公式表达，假设簇划分为（$C_1, C_2, \cdots, C_k$），目标是最小化平方误差和：

$$E = \sum_{i=1}^{k} \sum_{x \in C_i} \|x - \mu_i\|_2^2 \quad (10\text{-}4)$$

其中 μ_i 是簇 C_i 的均值向量，表达式为：

$$\mu_i = \frac{1}{|C_i|} \sum_{x \in C_i} x \quad (10\text{-}5)$$

二、算法求解

直接求公式（10-4）的最小值是很难的，K-means 算法采取迭代的方法求取平方误差和的最小值。具体算法步骤如下。

（一）从数据集中随机选取 k 个样本作为初始的聚类中心记为 $\{\mu_1, \mu_2, ..., \mu_k\}$，最大迭代次数设为 N。

（二）对于第 n 轮迭代，$n = 1, 2, ..., N$：

1. 计算每个样本到各聚类中心的距离，并将样本划分到距离最近的类别中；样本 x_i 和聚类 μ_j 中心的距离公式为 $d_{ij} = \|x_i - \mu_j\|_2^2$；

2. 计算每个类别的平均值，作为类内新的聚类中心；

3. 如果所有的聚类中心经过步骤 2 没有发生变化，则提前结束迭代跳转到步骤（三）。

（三）将输出类别进行划分。

三、伪代码

整体算法的伪代码如下：

算法：K-means 聚类算法

输入：数据集 $D=\{x_1, x_2, ... x_n\}$，最大迭代次数 N，聚类数目 K
输出：$C=\{c_1, c_2, ... c_k\}$
步骤：
    随机生成 K 个聚类中心；

```
While ( 算法未收敛 )
    对于n个点：
计算每个点属于哪一类。
    对于K个中心点：
        找出所有属于自己这一类的所有数据点；
        把自己的坐标修改为这些数据点的中心点坐标；
end
```

10.1.4 用户画像案例展示

用户案例来源：海知平台。如图10-1所示前三个标签展示用户差异度最大的三个标签（差异度最大意味着偏离正常值最远），图10-2展示的是其余用户画像标签展示图。

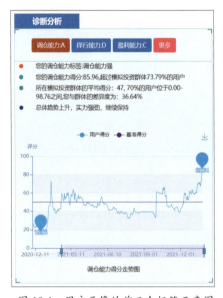

图10-1 用户画像的前三个标签示意图　　图10-2 其余用户画像标签展示图

10.2 自然语言点评

自然语言处理主要包括自然语言理解和自然语言生成两大部分，基于结构化和非结构化数据的文本是自然语言生成的重要组成部分。传统的方法是基于模板的"槽位"填充，该方法生成的文本不具备多样性，由于其出错率较低，常常应用于特定的金融、医学、体育等限定性领域。随着深度学习的迅速发展，在大规模数据集训练之后生成语言模型，像 GPT3、T5、NEZHA 等在文本生成领域的多项任务中刷新最新、最前沿的结果。深度学习模型生成的文本多样性高、流畅性较丰富，但是十分不可控，易生成错误语义文本，尤其是在开放领域的文本生成任务上的应用。用户投资行为分析过程中金融领域用户投资行为分析至关重要，依附于用户投资数据的自然语言点评能帮助用户细致化、全面地分析历史投资表现，便于以史为鉴、悟道出师。本章节主要讲解如何围绕用户的历史投资数据进行时序点评，内容主要包括目前应用的算法以及实例分析。

10.2.1　自然语言点评的原理及算法分析

金融领域文本生成往往比其他领域的文本生成更加困难，更难进行落地实用，这是因为金融领域包含的信息众多，多人之间相互交叉博弈的信息不确定性大。而基于用户投资行为的自然语言点评除此之外，更具备时序约束的特性，股票的走势、用户个人市值的变化、用户调仓数据等都具备明显的时间特性，不同时间段内各项数据的动态变化趋势包含众多信息。

基于用户投资历程的自然语言点评是依据特定时间段内用户的投资数据对其投资行为进行点评。点评是机器自动生成描述用户投资过程的自然语言文本。自然语言点评面向金融用户的投资数据，金融领域的点评过程受时序和立场性双方面约束。

点评的显著特点是时序约束，时序约束是指点评内容在受时序数据的约束下随着时间的推进生成点评文本。时序约束的重要信息点评是按照时间窗口的约束依照时间颗粒度进行，保证点评信息的时序性以及点评内容的顺序性，本书中的时间颗粒度是以天为单位。点评数据的时序性决定了点评文本需要严格按照时间顺序进行，不同时间颗粒度下点评信息存在一定的差异性。好的点评是能够随着时间的不断推进，将差异性大且信息量大的内容以流畅性的文本形式呈现。

金融点评除具备时序约束的特点之外，还具备立场性约束的特点。多空对立是金融投资市场各方博弈的体现，在多空对立的情况下，点评应具备立场性，同时立场性是从用户看待金融投资市场的角度出发。我们认为基于用户投资数据的自然语言点评的立场主要分为中性、多方和空方三种。中性是指点评要遵从客观事实，且不带任何倾向性地进行描述。多方是指点评倾向于赞同用户的任何历史投资行为，以及站在用户的角度上看好其购买的所有股票。空方是指倾向于不赞同用户的任何历史投资行为，不看好用户购买的任何股票。股市变幻莫测，我们无法预知，站在上述何种立场去点评用户的历史投资行为是合理的。

基于用户历史投资行为的自然语言点评在具备上述两种约束的前提下，在点评内容上主要从宏观评价、典型事例、因果分析三个方面对用户的投资行为进行分析。从这三个方面进行点评，易于准确生动刻画用户限定时间段内的投资表现，国内外评价用户的投资行为只是简单地从用户自身投资收益的盈亏进行评估，并没有一个详细的点评回顾体系，不利于以史为鉴和悟道出师。

用户投资行为的宏观评价至今为止没有明确的评价标准，海知证券投资评测三要素主要从用户投资收益、投资风险及流动性三个方面进行评价，在投资行为宏观点评度量评判过程中需涉及这三个方面，但是不能仅涉及这三个方面。宏观评价更加细致化，从限定时间段的大盘和用户个人市值走势两方面出发，评判用户整体的投资水平和细致化的战斗，例如，最赚钱和最赔钱的战斗，个人市值是否跑赢大盘等。用户宏观评价数据更加丰富，用户投资过程中的标签数据能够在一定程度上反映用户的投资偏好，展现用户的投资个性化爱好，信息量广且能全面评价用户投资的整体水准。

典型事例分析是点评过程中的重点内容。不同用户之间的差异性主要是从用户投资过程中多个典型战斗事例进行评判。典型事例的选取主要从投资股票的收益变化以及是否对用户个人市值产生较大影响出发，选择信息量大的内容进行点评。信息量大主要是指事例能够具有明显的特性、对市值的局部走势甚至全局走势产生较大影响。用户阶段性、全局性事例信息和用户画像信息广，重要信息的排序以及点评的时序约束是该阶段需要解决的重要难题。

因果分析是我们点评体系中的特色之处。注意：点评不仅要事实性描述用户的投资过程，更要对影响用户个人市值的信息进行点评。我们的方法主要是从影响个人市值变化的阶段性局部信息、收益率变化最大的股票、全局走势明显高于或低于大盘和个人市值三方面出发贯穿点评的始末。除此之外，外部因素如公司的新闻、财务报告、国家政策等也是影响股票波动的重要因素。股票市场的资金整体流向对大盘的走势有着较大的影响，大盘走势呈现"牛市"或"熊市"状态的时候，股票的走势往往呈现明显的上升或下降趋势，对个人市值有着显著影响。

智能点评应具备多样性，点评文本的多样性也是评价点评文本好坏的标准之一。自然语言点评文本的评价角度应包括一致性、流畅性、多样性。一致性主要是指点评的内容与点评面向的数据信息在内容上相符，尤其是金融数据的时序性描述要与客观的走势相吻合。流畅性主要是指点评文本语句之间的衔接流畅度符合人类的阅读标准。多样性主要是指在同样客观信息条件下，生成文本可以是多种多样的，例如立场不同的点评、语言风格不同的点评等。

综上所述，我们提出的点评方式原理是从宏观评价、典型事例、因果分析三方面出发，受时序约束和立场约束。点评具备信息量大、信息量广、多样性的特点。这不仅顺应文本生成的要求，也能促进金融领域文本生成的发展。

由于当前描述用户投资行为的数据隐私问题，没有相应的公开数据集，我们依据海知平台用户的模拟投资数据详细分析并刻画用户投资行为，提出一套信息量大、受时序约束的点评系统。目前应用在海知平台的自然语言点评系统是基于模板的规则点评方法。从客观、支持、反对三个立场出发，开发者研发出三种风格不同的点评系统，均展现在海知平台的操盘回放模块。

自然语言点评体系主要分为：时间约束的重点信息点评、宏观评价、立场约束。

自然语言点评的第一个要点是根据用户投资的股票、基金、债券的盈亏走势以及用户画像、用户调仓能力评估等数据总体刻画用户一段时间内的投资水平。总体点评主要包括点评时间段内用户个人收益与大盘的走势对比、用户战斗胜率、最赚钱和最赔钱的股票、个性偏好（用户画像）等。

自然语言点评 T 时间段内，大盘涨幅走势为 $G(x)$，个人市值收益率走势为 $F(x)$，此处 x 为 T 时间段内以天为单位的时间颗粒度，取值为 $x \in [T_0, T_1, \cdots, T_n]$，令：

$$F_0 = F(x_0)$$
$$F_n = F(x_n)$$
$$F_{\max} = \max(F(x)), \ x \in [T_0, T_1, ..., T_n]$$
$$F_{\min} = \min(F(x)), \ x \in [T_0, T_1, ..., T_n] \quad (10\text{-}6)$$

宏观总结主要从以下方面进行分析。

如果个人市值收益率在每一天都大于大盘涨幅走势，则说明个人市值全面跑赢大盘；如果个人市值高于大盘的天数大于阈值 0.6，说明个人市值基本跑赢大盘；如果个人市值低于大盘的天数大于阈值 0.6，说明个人市值基本跑输大盘；如果个人市值高于大盘的天数和低于大盘的天数在 0.4 与 0.6 之间说明个人市值与大盘不分上下。注意：若个人市值在点评时间段 T 的前半部分低于大盘，后半部分高于大盘，间接说明个人调仓操作水平不断提高；反之，若个人市值在点评时间段 T 的前半部分高于大盘，后半部分低于大盘，说明个人调仓操作水平没有明显改进。

如果 $F_0 < F_{\min} < F_n$，个人市值呈现整体上升的趋势，同时，$F_{\max} - F_{\min} > a$，a 是差距阈值，说明个人市值变化较大；或者 $T_{\max} < T_{\min}$，表示个人市值先上升后

下降，但是整体呈现上升趋势。如果 $F_0>F_{max}>F_n$，个人市值呈整体下降趋势；如果 $F_0>F_{max}>F_n>F_{min}$ 且 $T_{max}>T_{min}$，说明个人市值先下降后上升，但整体是下降趋势；其他情况为波动，无特殊表现。

根据用户在点评时间段内购买的股票在购买前 H 天的价格走势判断用户的购买喜好是低吸还是追涨，以及根据用户抛售该只股票时的价格判断用户购买股票是否能够高抛。用户经常低吸、追涨后不能高抛，也不能及时杀跌，侧面反映出用户投资经验是否充分。采用 Mann-Kendall 趋势分析算法，分析 H 天内股票的走势：无明显趋势、呈上涨趋势、呈下降趋势。针对无明显趋势，我们将该只股票购买日前 $h(h<H)$ 天内的股票涨幅进行分析，短期内上涨还是下跌，将此次购买行为进行上述三种情况分类。令 P_k 表示第 k 只股票抛售时的收益率，针对第 k 只股票共有四种情况： a.追涨高抛；b.追涨亏损；c.低吸高抛；d.低吸亏损。用户点评时间段内所有战斗中某一种情况占比超过阈值 0.8 说明用户投资表现具备明显的 a/b/c/d 现象。

点评时间段内所有战斗的胜率：k 次战斗中，P_k 全大于 0，则胜率百分之百；P_k 全小于 0，则胜率为零；定义阈值 γ，如果满足：

$$\sum I_{(P_k>0)} > \gamma \qquad (10\text{-}7)$$

则说明胜率较高；否则定义阈值 β，如果满足：

$$\sum I_{(P_k>0)} < \beta \qquad (10\text{-}8)$$

则说明胜率较低。

将上面用户投资行为的分析与用户画像的盈利能力、择行能力、择时能力、流动性、持仓偏好、风险控制等数据进行结合。选择差异性信息进行排序整合并对用户该段时间内的投资行为进行点评，利用衔接性词汇对如胜率百分百、追涨常常不能高抛、最赚钱最赔钱的股票、用户画像等进行点评。

自然语言点评系统的第二个要点是时间约束的重要信息点评。T 时间段内，任意一天 $x \in T$，定义时间窗口 a，时间窗口内的个人收益率依据上述计算方法对个人市值与大盘走势进行计算，从平仓操作记录、全局个人市值走势、持仓股票收益走势等方面，并依据以下信息重要性排序方法进行连续点评，主要分为四种情况。

1.大盘 / 个人市值连续上升。

Rank1.大盘短期走势好，对用户购买的某些板块、概念股票有较大的影响。

Rank2. 购买股票全部盈利或上涨，且个人市值最高点 $x_{\max} \in [x-a, x] \subseteq [T_0, T_n]$。

Rank3. 当天或多天内只有某一只或几乎全部股票的收益率在大盘基准线上。

Rank4. 多天内个人市值收益率增长最大的某只股票连续上涨。

Rank5. 连续暴涨的股票，调仓的股票涨势迅猛。

2. 大盘 / 个人市值连续下跌。

Rank1. T 时间段内市值最小值时间与该时间段重合，市值最小值点 $x_{\max} \in [x-a, x] \subseteq [T_0, T_n]$。

Rank2. $[x-a, x]$ 时间段内个人市值 $F(x)$ 走势低于大盘 $G(x)$ 走势，且某只股票收益率严重拉低市值。

Rank3. 持有的所有股票收益率几乎全部为负。

Rank4. 只有某只股票的收益率大于大盘基准线之上或几乎全部位于大盘基准线之下。

3. 大盘 / 个人市值短期先上升后下降。

Rank1. 窗口 $[x-a, x]$ 时间段内平仓操作中某只股票亏损严重，股票的收益率 P 严重拉低市值收益率。

Rank2. 某只股票的收益率下降幅度跌破阈值 θ，或购买的全部股票收益均下降。

Rank3. 短期内大盘走势下降，持仓股票的重仓操作、资金流动少，只是专注于某几只股票。

Rank4. 个人市值最低点 $x_{\min} \in [x-a, x] \subseteq [T_0, T_n]$。

4. 大盘 / 个人市值短期先下降后上升。

Rank1. 个人市值最高点 $x_{\max} \in [x-a, x] \subseteq [T_0, T_n]$。

Rank2. $[x-a, x]$ 时间段内的所有调仓操作评估数据中，某次调仓对个人市值上涨影响最大。

Rank3. 大盘走势呈现上涨趋势，平仓股票当天内上涨且能高抛。

Rank4. 持仓股票走势峰回路转，低谷反弹，促使个人市值上升。

无论是宏观总结还是时间约束的重要信息点评，上述都是基于模板填充的方法。按照重要信息进行排序，并与相应的语句模板进行匹配，最后通过连接词生成点评文本。

立场约束的点评生成是在上述算法基础上，通过带有不同情感立场的模板生成。深度学习算法建立在上述方法构造的标准点评文本的基础上，将用户的数据清洗之后按照时间顺序进行排放，模型学习到相似于标准文本的点评文本并进行实时点评。

10.2.2 自然语言点评系统实例分析

通过海知平台用户的操盘回放模块进行实例分析。主要是从中性、多方、空方三个立场进行点评分析。

一、中性点评示例

中性点评模式下，系统对大盘/股票没有明显的情感倾向，主要是从用户投资历程给出详细点评。

选取用户（昵称："鸽子散养"）在 2020 年 9 月 14 日至 2020 年 9 月 25 日的操盘记录。图 10-3 展示的是该用户 2020 年 9 月 24 日的中性点评示例。系统根据过去的投资记录，从宏观角度给出点评"择时能力需要提高"。并且在整体以及个股的收益率基础上，选择信息量大的内容进行点评。系统对当天的大盘行情进行简要分析"大盘走势下降"，同时指出造成用户当日亏损最为严重、对个人市值影响最大的两只股票"天海防务和中航飞机"亏损严重。最后给用户相应的参考建议"提高择时择股的能力"。

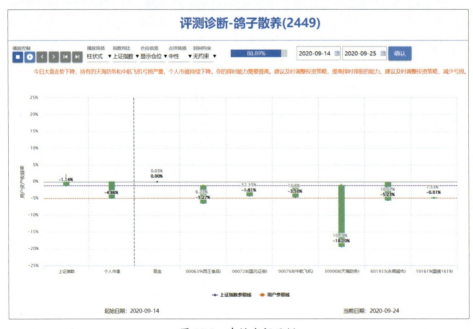

图 10-3　中性点评示例

二、多方点评示例

多方立场下的点评更倾向于鼓励用户,肯定用户正确的调仓方式。

选取用户(昵称:"鸽子散养")在 2020 年 9 月 14 日至 2020 年 9 月 25 日的操盘记录。图 10-4 展示的是该用户 2020 年 9 月 23 日的多方点评示例。系统首先指出了影响用户市值最大的两只股票的下跌情况"今日受天海防务和西王食品等的下跌影响",点明用户存在的问题。同时,多方点评风格结合用户投资近期的大盘波动情况,也对用户给予鼓励"大盘不稳定,可以理解"。

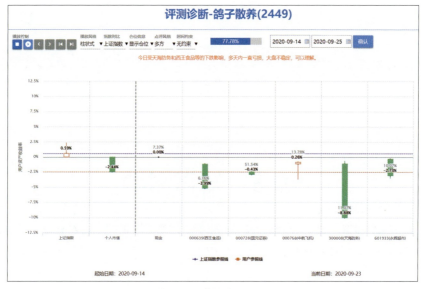

图 10-4　多方点评示例

三、空方点评示例

空方立场下的点评更倾向于直接批评用户错误的投资方式。

选取用户(昵称:"AuroraP")在 2020 年 12 月 30 日至 2021 年 2 月 1 日的操盘记录。图 10-5 展示的是该用户 2021 年 1 月 19 日的空方点评示例。截至 1 月 19 日,用户的市值是上升的,投资情况较好,系统却给出"持有的股票有些许挣扎,市值有下降风险"的警示,不是盲目地鼓励或者客观指出当天个人市值上升的原因。有助于用户在借助点评系统回放自己投资历史的时候,能够及时判断何时高抛是合理的,反对点评的警示是依据目前持有股票或当日的调仓操作对未来个人市值走势的影响进行的,对用户回顾历史投资行为是有所帮助的。

图 10-5　空方点评示例

10.3　知识图谱

近年来,知识图谱(Knowledge Graph)作为人类知识的一种结构化表示方法,引起了学术界和工业界的广泛关注。知识图谱本质上是一种叫语义网络的知识库,即一个具有有向图结构的描述事实的知识库,其中图的节点通常代表基于真实世界的实体或抽象概念,图的边通常代表实体间或者实体和概念之间的语义关系。有的知识图谱的节点和边还会包含语义描述,用于标注节点和边的属性或类型。知识图谱以"实体/概念—关系—实体/概念"三元组为基本组成单位,通过关系连接实体及其相关属性,构成网状知识结构。

10.3.1　知识图谱概述

知识图谱的研究可以分为知识获取、知识表示学习、时序知识图谱和知识图谱应用四个模块。

一、知识获取

知识获取任务的目标主要有三个,一是从非结构化文本中获取知识来构建新的知识图谱;二是完善已经存在的知识图谱;三是挖掘发现知识图谱中新的关系和实体/概念。知识获取任务根据任务目标的不同,可以细分为以下几个主要任务。

（一）关系抽取任务。关系抽取是自动化从文本中抽取未知实体和关系,用于构建大型知识图谱的关键技术。基于统计学的方法将抽取问题转化为分类问题;基于监督学习的关系抽取技术,一方面从依赖于特征工程逐渐进化为基于神经网络的深度学习方法,另一方面从流水线方法改进为端到端方法。由于标注数据缺失的情况普遍存在,使用启发式匹配的远程监督方法也受到广泛关注。

（二）知识图谱补全任务。根据图的特性和知识图谱天然的不完整性,知识图谱补全可以被分为链接预测、实体预测和关系预测等子任务。从基于词嵌入的模型（如 TransE 等）到路径推理的模型,知识图谱补全任务对关系路径的探索从一跳逐步向多跳发展。

（三）实体发现任务。该任务包含实体消歧、实体对齐、实体识别等在不同背景下对知识图谱中实体知识的工作,其目的是更进一步融合文本与知识图谱或不同知识图谱间的实体,进而增加知识图谱的规模。

二、知识表示学习

知识表示学习的目标是通过机器学习将知识图谱的语义信息表示为稠密低维实值向量,是知识图谱的重要研究部分。通过确定知识图谱中的实体/概念和关系所在的表示空间,使用可以衡量表示的合理性的评价指标,将知识图谱使用编码器映射到表示空间中,并加入与实体关系有关的辅助信息,得到的稠密低维实值向量对知识获取子任务和下游应用都有重要作用。

三、时序知识图谱

时序知识图谱技术将时序信息纳入知识图谱,重点研究遵循时间序列逐渐演化的事实对知识图谱的作用。最新的研究开始将时间信息引入知识表达学习和知识图谱补全,同时向实体动态和时序逻辑推理方面的研究也有所展开。

四、知识图谱应用

知识图谱丰富的结构化信息对人工智能的发展有着重要作用,知识图谱增加了自然语言理解任务的语义信息,在问答系统中,接受外部知识的回答能够增加信息量,提升 AI 对话的效果,在推荐系统中,知识图谱提供的信息能有效解决推荐系统冷启动和稀疏的问题,增强了推荐系统的推理能力,从而进行更精准的推荐。

随着金融科技的发展,知识图谱在金融领域已有初步应用。在国内,文因互联、合合智能知识图谱等金融科技公司试图从财务报表中提取知识;阿里、京东、苏宁等电商平台根据订单、信用、账款初步建立供应链金融的信用管理平台。在国外,

Kensho 对金融行业中的所有资产价格数据和全球发生的大事件数据进行计算与分析，构建可视化行业知识图谱，用于搜索引擎和自动化生成研报，并获得了巨大的成功。

10.3.2 股票知识图谱的构建方法

"Subject-Predication-Object"三元组是表示知识图谱的通常形式，也是知识图谱存入数据库中的常用形式。假设知识图谱 $G=(E,R,S)$，其中 $E=\{e_1,e_2,\cdots,e_{|E|}\}$ 是知识图谱的实体集合，共包含 $|E|$ 个不同实体；$R=\{r_1,r_2,\cdots,r_{|R|}\}$ 是知识图谱的关系集合，共包含 $|R|$ 个不同关系；$S \subseteq E \times R \times S$ 代表知识图谱中的三元组集合。

知识图谱的构建方式分为自顶向下和自底向上两种。自顶向下首先定义了知识图谱的本体和数据模式，接着向数据库中补充实体及知识。这种构建方式需要有已知的结构作为基础。自底向上的构建方式是从一些开放链接数据中提取出实体，选择其中置信度较高的加入知识库，再构建顶层的本体模式。

构建具有一定规模的知识图谱需要综合运用到多种信息处理技术：知识抽取技术，从非结构化的文本中提取实体、属性、关系等要素；知识融合技术，通过知识融合将不同来源的知识加入知识库，消除实体、属性、关系等要素与已有知识之间的歧义，形成高质量的知识库；知识推理等技术可以对知识图谱进行补全，丰富知识图谱的内容。在构建知识图谱的过程中，需要使用评估方法衡量构建的知识图谱的构建质量。

在变幻莫测的中国股市下，若投资者对市场动态、行业的产业链、价值链和竞争结构掌握不够全面深入，在投资的时候难免出现偏差。构建以深沪 A 股个股股票为中心的垂直行业知识图谱能够帮助投资者在评估股票的同时考虑到整个市场的效益，启发投资者从行业、概念等更高层次观察市场，作出更加合理的投资选择。

由于目前金融股票领域数据的结构化技术相对成熟，例如，在同花顺平台股票信息都以表格的形式整理完成，因此，可以基于这些已经处理好的结构化数据初步构建股票知识图谱。此外，股票知识图谱不仅要建立在同花顺等网站的公开信息上，还要包含市场上一些非结构化的开放信息上。所以，我们采用自底向上的方法构建股票知识图谱，构建过程按照以下五个步骤进行。

一、开放数据库的知识抽取

OwnThink 是最大的中文开放知识图谱，融合的知识包含两千五百多万个实体及上亿级别的实体属性关系。该知识图谱以实体—属性—值的三元组形式表示，混合存储实体—属性—值和实体—关系—实体三元组。将该大型知识图谱存入MySQL数据库，使用MySQL标准模糊匹配方法，多线程地从OwnThink中抽取出实体名称包含深沪A股股票名称的三元组，共计七十万条。

二、基于规则的数据清洗

知识图谱中的噪声会影响个股知识图谱的构建，基于规则的方法能够以粗粒度、大批量的方式快速删除模糊匹配结果中不相关的实体—属性—值三元组。根据数据统计，制定的规则包括：删除实体名称中包含特殊字符的三元组，删除实体属性值中包含"文化""书籍"等与股市无关的类别的三元组，删除名称不容易区分的股票名称及其对应的三元组。由于在知识图谱的构建目标中，每个股票拥有的属性值都需要对该股票有意义，如果一个值被许多股票共有，则这个值就不能区别这些股票，即没有区分的意义，因此需要删除类似"停用词（Stop Words）"的属性。统计股票对应的属性值中每个值出现的频数，删除超过一定频数的股票都拥有的属性值。根据规则进行的数据清洗能够大幅降低模糊匹配产生的噪声，数据清洗后的三元组共计二十五万条。

三、外部信息的知识融合

构建垂直领域的知识图谱不仅需要开放数据库提供的知识，而且需要进行查漏补缺式的外部知识的融合。由于股票行业的特殊性，股票的信息一般以结构化的形式展现在股票网站上，方便用户进行查看，因此使用简单的名称匹配，即可将股票的其他信息融合到股票知识图谱中。使用Scrapy框架，从同花顺HTML文件中解析出股票代码、股票名称、公司名称、所属地域、所属行业、主营业务、产品名称、公司简介等属性值，将每只股票对应属性值添加到知识图谱中。

若来自不同的数据源，实体间存在差异，在进行知识融合的时候可以使用实体对齐模型和现有的实体对齐框架提高知识融合的效率，比如无监督的基于词向量映射的WMD（Word Mover's Distance）算法，有监督的基于机器学习的实体对齐方法等。

四、知识图谱的补全

通过对知识图谱进行统计，发现每只股票名称拥有的实体—属性—值对数量分布不均，因此简单介绍两种常用的补全知识图谱方法，用于丰富知识图谱并均衡个股股票关系数量。

远程监督的方法。远程监督假设知识图谱中的一对实体存在关系，则提到这对实体的非结构化句子均能表现这样的关系。已知自底向上构建的深沪个股股票知识图谱,以及从同花顺个股页面爬取的新闻、研报等文字资料,通过远程监督的方法得到实体—关系—实体和对应的句子,该数据可以作为关于股票的、有监督的关系抽取的训练集。通过使用基于深度学习的关系抽取模型,可以在缺少信息的个股股票的新闻、研报中找出可以补充的实体和关系。

实体链接的方法。实体链接的定义是将文本中的短语链接到知识图谱中的实体任务,即假设文本中的短语为 M 集合,已知知识图谱的实体集合为 E,将 $m \in M$ 映射到 $e \in E$ 中。现有与股票有关的每日新闻、季度研报,先使用实体关系抽取模型从文本中抽取短语,再对这些实体消歧并链接到知识图谱中的正确的条目,将不重复的文本中的实体关系对添加到知识图谱中。

五、质量评估

构建深沪个股股票知识图谱的同时,应该考虑该知识图谱的质量评估问题,目标是保留置信度高的知识、提高知识图谱的覆盖率。对于信息抽取得到的三元组,可以使用人工评测或者标注标准测试集的方法计算添加实体和关系的准确率。对于整个知识图谱,可以将知识图谱应用在目标任务中,通过任务的效果验证知识图谱的质量。

综上所述,通过自底向上的方法构建深沪个股知识图谱,使用数据清洗、知识融合、知识补全等方法,将构建的知识图谱进一步完善。构建好的知识图谱可以在平台上进行可视化动态展示,为下游任务提供全面、精确的知识。

10.3.3 股票知识图谱的应用

将知识图谱构建技术应用在股票实体上有着重要意义。构建股票知识图谱,以结构化的方式描述股票实体在股票市场上与其他实体间的关系,将公司之间看似不相关的、零散的信息表达成便于投资者以图像、连接的方式更容易理解的关系。一方面,这有助于可视化呈现上市公司之间的潜在关联关系,挖掘出更深层次的信息,帮助投资者更清晰地认识到整个股票市场的全貌。另一方面,知识图谱能够在自动投资的过程中辅助挑选出基于用户偏好的股票,提高自动投资的个性化和智能性。

目前,行业知识图谱和概念知识图谱是金融领域较为常见的知识图谱。行业图谱表示了公司与其他所属行业及该行业其他股票之间的关系,概念图谱表示了公司与其所属多种概念及这些概念包含的其他股票之间的关系。在构建这两个知识图谱时，我们使用结构化的数据作为基础，采用自顶向下的方式构建知识图谱。将结构化数据存储在关系型数据库中，每行数据的属性是相同的。

一、行业图谱

首先定义行业图谱的数据模式。在无向的行业图谱中，实体用节点来表示，节点间的边表示实体与实体间的关系。使用爬虫获得公司股票对应的同花顺行业信息，从中抽取出股票名称、股票所属行业等相关概念作为实体，股票所属行业作为关系，完成了对行业图谱的构建。

以股票"平安银行"为例，图10-6展示了该股票在行业图谱中的查询结果。与平安银行相连的是平安银行所属的银行行业，而行业图谱展现了同属于银行行业的其他股票名称，这些公司股票与平安银行可能存在着合作关系或者竞争关系，在行业图谱中一目了然。

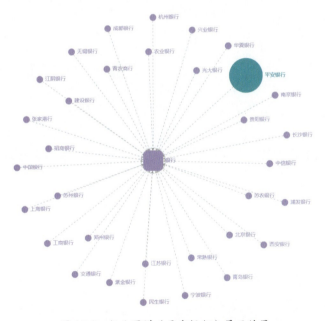

图10-6 行业图谱（平安银行）展示结果

二、概念图谱

概念图谱是一个有向图，使用爬虫获得公司股票对应的同花顺概念标签，从中抽取出股票名称、股票所属概念作为实体，股票所属概念作为关系，完成了对概念图谱的构建。

以股票"平安银行"为例，图10-7展示了该股票在概念图谱中的查询结果。

平安银行所属概念包括"融资融券""证金持股"等,而同时这些概念相关的股票也被标注了同样的颜色。两只股票同属概念越多,两者在知识图谱中的距离会越近。

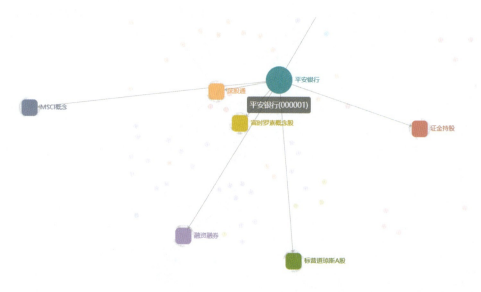

图 10-7　概念图谱(平安银行)展示结果

10.4　小结

本章分别介绍了用户画像技术、自然语言点评技术和知识图谱技术,通过本章的学习可以掌握这三种技术的基本原理,通过投资领域的应用实例进一步了解辅助自动投资相关技术的要点和应用范畴。

本章习题与实训

一、选择题

1.(多选)海知平台用户画像体系包含以下哪些部分?

　　A. 结果总结

B. 个性描述

C. 基本信息

D. 能力评价

2.(多选)用户画像面对的挑战包含以下哪些？

A. 如何充分利用海量数据之间的关联

B. 如何使用户画像适用更多不同的应用场景

C. 如何高效地处理海量的数据

D. 如何使用户画像真正做到个性化

3.(多选)基于用户投资历程的自然语言点评主要受几种约束限制？

A. 时序约束

B. 空间约束

C. 立场约束

D. 维度约束

4.(多选)自然语言点评的评价标准主要有哪些？

A. 多样性

B. 事实性

C. 一致性

D. 流畅性

5.知识图谱的基本组成单位三元组是指哪三个元素？

A. 实体—关系—实体

B. 实体—类型—实体

C. 实体—关系—值

D. 实体—类型—实体

6.(多选)以下哪些是知识图谱研究领域的任务？

A. 知识获取任务

B. 知识表示学习任务

C. 聊天对话生成任务

D. 实体消歧任务

7.（单选）第二小节中，股票知识图谱的构建方式是 ___。

    A. 自顶向下

    B. 自底向上

    C. 自外向里

    D. 自概念向实例

二、简答题

1. 简述 Alan Cooper 提出的 Persona 概念的含义。
2. 简述 K-means 聚类算法的流程。
3. 谈一谈你对用户画像的理解以及用户画像用途的展望。
4. 自然语言点评与金融领域自然语言点评的共同点和不同点是什么？
5.（开放题）请应用 10.2 节相关知识撰写一份关于自身投资的点评报告。
6. 请简述知识表示学习的目标。
7. 简要描述远程监督方法在知识图谱补全任务中的应用流程。
8.（开放题）知识图谱在金融领域可能有哪些其他的应用？

参考文献

[1]Russell S, Norvig P. Artificial Intelligence: A Modern Approach, 3rd Edition（人工智能：一种现代的方法·第三版）[M]. 殷建平，祝恩，刘越，等 译. 北京：清华大学出版社，2013.

[2] 王晓龙. 汉字编码方案的择优、统一和发展 [J]. 电子学报，1987, 000(001).

[3] 王晓龙，王幼龙. 语句级汉字输入技术 [J]. 中文信息学报，1996, 10(4).

[4] 吴晓求. 证券投资学·第四版 [M]. 北京：中国人民大学出版社，2014.

[5] 张换兆. 智慧地球，赢在中国？——对 IBM"智慧的地球"战略的思考 [J]. 高科技与产业化，2011, (2).

[6]Nolan R L. Managing the computer resource: a stage hypothesis[J]. Communications of the ACM, 1973, 16(7).

[7] 李春雷. 中小企业成长性评价指标体系分析 [J]. 中国市场，2006, (28).

[8] 蔡国喜. 中美债券市场的债券种类 [J]. 数字财富，2004, (3).

[9]Elton E J, Gruber M J, Brown S J, et al. Modern Portfolio Theory and Investment Analysis 9th Edition(现代投资组合理论与投资分析·第九版) [M]. 王勇，隋鹏达 译. 北京：机械工业出版社，2017.

[10] 黄智华. 如何判断牛市和熊市 [M]. 中山：中山大学出版社，2009.

[11] 肖毅敏. 证券投资学导论 [M]. 长沙：湖南科学技术出版社，1996.

[12] 邢天才. 证券投资分析 [M]. 北京：中国财政经济出版社，2005.

[13] 罗伯特 D. 爱德华兹，约翰. 迈吉，W.H.C. 巴塞蒂，等. 股市趋势技术分析 [M]. 郑学勤，朱玉辰 译. 北京：机械工业出版社，2010.

[14]Brinson G P, Fachler N. Measuring non-US. equity portfolio performance[J]. The Journal of Portfolio Management, 1985, 11(3).

[15] 余学斌. 证券投资学概要.（第 3 版）[M]. 北京：科学出版社，2020.

[16]Sweetland S R. Human capital theory: Foundations of a field of inquiry[J]. Review of educational research, 1996, 66(3).

[17] 卢小珠. 政治经济学 [M]. 北京：机械工业出版社，2014.

[18] 王晓龙，王开铸. 最少分词问题及其解法 [J]. 科学通报，1989, 034(013).

[19]Rubinstein M. A simple formula for the expected rate of return of an option over a finite holding period[J]. The Journal of Finance, 1984, 39(5).

[20] 刘红忠. 投资学.（第 3 版）[M]. 北京：高等教育出版社，2015.

[21]Gray JR K B, Dewar R B K. Axiomatic characterization of the time-weighted rate of return[J]. Management Science, 1971, 18(2).

[22]Simkin M G, Norman C A S, Rose J M. Core concepts of accounting information systems[M]. New Jersey: John Wiley & Sons, 2014.

[23]Mellichamp D A. Internal rate of return: Good and bad features, and a new way of interpreting the historic measure[J]. Computers & Chemical Engineering, 2017, 106(Nov.2).

[24]Kelleher J C, MacCormack J J. Internal rate of return: A cautionary tale[J]. The McKinsey Quarterly, 2004, 20.

[25]Forbes S M, Hatem J J, Paul C. Yield-to-maturity and the reinvestment of coupon payments[J]. Journal of Economics and Finance Education, 2008, 7(1).

[26] 张良桥. 进化稳定均衡与纳什均衡——兼谈进化博弈理论的发展 [J]. 经济科学, 2001, (3).

[27] 丛林. 博弈论大全 [M]. 北京: 中国华侨出版社, 2013.

[28] 朱国华, 蔡友才. 从 [327] 期货风波看我国证券市场了亟待解决的几个问题 [J]. 中国统计, 1995, (11).

[29] 何斌. 信息管理：原理与方法 [M]. 北京: 清华大学出版社, 2006.

[30]Park C H, Irwin S H. What do we know about the profitability of technical analysis?[J]. Journal of Economic surveys, 2007, 21(4).

[31]Butler S V, Rosenblatt J M. Moving averages[J]. Colloquium Mathematicum, 2008, 113(2).

[32]Klinker F. Exponential moving average versus moving exponential average[J]. Mathematische Semesterberichte, 2011, 58(1).

[33]Raudys A, Lenčiauskas V, Malčius E. Moving averages for financial data smoothing[C]. Heidelberg:International Conference on Information and Software Technologies, Springer, 2013.

[34]Galton F. Regression towards mediocrity in hereditary stature[J]. The Journal of the Anthropological Institute of Great Britain and Ireland, 1886, 15.

[35]Yule G U. Why do we sometimes get nonsense-correlations between Time-Series?——a study in sampling and the nature of time-series[J]. Journal of the royal statistical society, 1926, 89(1).

[36]Yule G U. VII. On a method of investigating periodicities disturbed series, with

special reference to Wolfer's sunspot numbers[J]. Philosophical Transactions of the Royal Society of London. Series A, Containing Papers of a Mathematical or Physical Character, 1927, 226(636-646).

[37]Harvey A C, Todd P H J. Forecasting economic time series with structural and Box-Jenkins models: A case study[J]. Journal of Business & Economic Statistics, 1983, 1(4).

[38]Arkhipov D I, Wu D, Wu T, et al. A parallel genetic algorithm framework for transportation planning and logistics management[J]. IEEE Access, 2020, 8.

[39]Deep K, Thakur M. A new crossover operator for real coded genetic algorithms[J]. Applied mathematics and computation, 2007, 188(1).

[40]Silva A, Neves R, Horta N. A hybrid approach to portfolio composition based on fundamental and technical indicators[J]. Expert Systems with Applications, 2015, 42(4).

[41]Thierens D, Goldberg D. Elitist recombination: An integrated selection recombination GA[C]. New York:Proceedings of the First IEEE Conference on Evolutionary Computation. IEEE World Congress on Computational Intelligence. IEEE, 1994.

[42]Cortes C, Vapnik V. Support-vector networks[J]. Machine learning, 1995, 20(3).

[43]Vapnik V, Levin E, Le Cun Y. Measuring the VC-dimension of a learning machine[J]. Neural computation, 1994, 6(5).

[44]张学工. 关于统计学习理论与支持向量机 [J]. 自动化学报 , 2000, 26(1).

[45]Wu D, Wang X, Su J, et al. A labeling method for financial time series prediction based on trends[J]. Entropy, 2020, 22(10).

[46]Hossin M, Sulaiman M N. A review on evaluation metrics for data classification evaluations[J]. International journal of data mining & knowledge management process, 2015, 5(2).

[47]Sakoe H, Chiba S. Dynamic programming algorithm optimization for spoken word recognition[J]. IEEE transactions on acoustics, speech, and signal processing, 1978, 26(1).

[48]Trelewicz J Q. Big data and big money: The role of data in the financial sector[J]. It Professional, 2017, 19(3).

[49]Fischer T, Krauss C. Deep learning with long short-term memory networks for financial market predictions[J]. European Journal of Operational Research, 2018, 270(2).

[50]Liu S, Zhang C, Ma J. CNN-LSTM neural network model for quantitative strategy analysis in stock markets[C]. Heidelberg:international conference on neural information processing, Springer, 2017.

[51] 许超英. 社交网络中意见领袖画像系统设计与实现[D]. 乌鲁木齐：新疆大学, 2018.

[52]Araniti G, De Meo P, Iera A, et al. Adaptively controlling the QoS of multimedia wireless applications through "user profiling" techniques[J]. IEEE Journal on Selected Areas in Communications, 2003, 21(10).

[53]Al-Qurishi M, Hossain M S, Alrubaian M, et al. Leveraging analysis of user behavior to identify malicious activities in large-scale social networks[J]. IEEE Transactions on Industrial Informatics, 2017, 14(2).

[54]Buccafurri F, Lax G, Nicolazzo S, et al. Comparing Twitter and Facebook user behavior: Privacy and other aspects[J]. Computers in Human Behavior, 2015, 52.

[55]Wang W. A NN-based Feature Engineering Method and its Application in Analysis of User Behaviors on Internet[C]. New York:ACM, 2018.

[56] 善林, 王佳佳, 代宝, 等. 在线社交网络用户行为研究现状与展望[J]. 中国科学院院刊, 2015, 30(2).

[57] Brown T B, Mann B, Ryder N, et al. Language models are few-shot learners[J]. Advances in neural information processing systems, 2020, 33.

[58]Colin Raffel, Noam Shazeer, Adam Roberts, et al. Exploring the Limits of Transfer Learning with a Unified Text-to-Text Transformer[J]. Journal of Machine Learning Research, 2020, 21(20).

[59]Wei J, Ren X, Li X, et al. Nezha: Neural contextualized representation for chinese language understanding[EB/OL]. https://arxiv.org/abs/1909.00204, 2019-08-31.

[60]Qi G L, Gao H, Wu T X. The research advances of knowledge graph[J]. technology intelligence engineering, 2017, 3(1).

[61] 刘峤, 李杨, 段宏, 等. 知识图谱构建技术综述[J]. 计算机研究与发展, 2016, 53(3).

[62]Ji S, Pan S, Cambria E, et al. A survey on knowledge graphs: Representation, acquisition, and applications[J]. IEEE Transactions on Neural Networks and Learning

Systems, 2021, 33(2).

[63]Nadeau D, Sekine S. A survey of named entity recognition and classification[J]. Lingvisticae Investigationes, 2007, 30(1).

[64]Bordes A, Usunier N, Garcia-Duran A,et al. Translating embeddings for modeling multi-relational data[J]. Advances in neural information processing systems, 2013, 26.

[65] 刘知远, 孙茂松, 林衍凯, 等. 知识表示学习研究进展 [J]. 计算机研究与发展, 2016, 53(2).

[66] 徐增林, 盛泳潘, 贺丽荣, 王雅芳. 知识图谱技术综述 [J]. 电子科技大学学报, 2016, 45(4).

[67] 茅璐璐. 基于异构信息处理的债券违约预测 [D]. 深圳:哈尔滨工业大学(深圳), 2019.

附录：
海天投资宏观定性评价体系

一、年度定性评价

给定投资区间，通常按照年度对投资者的投资收益率进行评价，对比基准一般为股票、债券、现金及等价物对应期间指数的表现，例如，股票选择上证指数或者深证成指等，债券选择国债指数或者企债指数等，现金选择银行存款利息收益或者国债回购收益等。对比投资者收益率和3个基准的收益率，将投资者的年度投资表现划分为四个等级。

1. 及格：投资者收益率高于3个基准收益率中的一个。
2. 良好：投资者收益率高于所有基准的收益率。
3. 优秀：投资者收益率高于所有基准年度最大涨幅。
4. 不及格：投资者收益率低于所有基准的收益率。

二、历史定性评价

投资就好比战场，每次开仓一个品种，就好比开始一场战斗。战场上的成绩主要看收益率。为方便记忆，对于投资者多年历史长期投资的总收益，可以形象地采用常胜军军衔对应等级评价，按照一二五倍数升级。

1. 预备役：收益率在零或零以下。
2. 士官：下士：收益率小于20%，中士：收益率小于50%，上士：收益率小于100%。
3. 尉官：少尉：收益率小于2倍，中尉：收益率小于5倍，上尉：收益率小于10倍。
4. 校官：少校：收益率小于20倍，中校：收益率小于50倍，上校：收益率小于100倍。
5. 将官：少将：收益率小于200倍，中将：收益率小于500倍，上将：收益率小于1000倍。
6. 元帅：少帅：收益率小于2000倍，元帅：收益率小于5000倍，大帅：收益率小于10000倍。
7. 杰出大元帅：收益率为10000倍以上。

迄今为止，已知报道收益率符合杰出大元帅的只有巴菲特一人。

三、理性面对评价

投资难免磕磕碰碰，有时候年度成绩不佳也是难免的，但不能总是不好，例如，最近一年，最近两年，最近五年，最近十年，这几个数字里你至少有一个良好以上评价，否则，要么离开投资领域，要么大幅度改进自己的投资风格！

投资是人生不断地长跑，不能急于求成，重要的是长时间的稳定正收益的指数增长！这样就可以在军衔上不断上升，希望有志于理性投资的同学未来成为常胜军的元帅。